Michael Schuster

Malerei im Film: Peter Greenaway

DIE SZENE

Studien zu den darstellenden Künsten
Herausgegeben von Günter Giesenfeld
und Thomas Koebner

Band 1
Michael Schuster
Malerei im Film: Peter Greenaway

1998
Georg Olms Verlag
Hildesheim · Zürich · New York

Michael Schuster

Malerei im Film:
Peter Greenaway

1998
Georg Olms Verlag
Hildesheim · Zürich · New York

∞ ISO 9706

Printed in Germany
Gedruckt auf säurefreiem und alterungsbeständigem Papier
Umschlaggestaltung: Prof. Paul König, Hildesheim
Umschlagfoto: © Peter Greenaway
Der Abdruck der Umschlagabbildung erfolgte mit freundlicher Genehmigung des Kunsthistorischen Museums Wien und des British Film Institute
Herstellung: Völker & Ritter, Marburg/L.
ISBN 3-487-10663-9

Inhaltsverzeichnis

Vorwort

Der Film, so heißt es, sei ein Gesamtkunstwerk. Diese Gesamtheit umfasse nicht nur unterschiedliche visuelle und akustische Medien, sondern eine Vielzahl technisch-gestalterischer Arbeitsgebiete und -kräfte, ja eine ganze Industrie. Dagegen benötige die Malerei das Refugium des Ateliers (jedoch nicht unbedingt die Abgeschiedenheit vom Kunstmarkt) und in der Regel geringere finanzielle Mittel für die Realisierung des Produkts. Das Schreiben - auch über Malerei und Film - bewegt sich entlang einer ähnlichen Linie: zwischen der Zurückgezogenheit des Schreibtisches und einer eventuellen Publikation.

Um den Stab seiner Mitarbeiter aufzulisten, bedient sich der Film des Vor- beziehungsweise Abspanns, jedoch wird - zumindest letzterer - häufig von ungeduldigen oder desinteressierten Kinobesuchern ignoriert, ganz zu schweigen von der beschneidenden Praxis des privaten Fernsehens, das den Abspann kurzerhand gegen die Einblendung von Werbeblöcken austauscht. Die Malerei gibt sich fast immer autark. Zumindest manches wissenschaftliche Buch verfügt dagegen über *sein* Eckchen, in dem es den Beteiligten Dank und Respekt zollt - auch wenn es dann doch vielleicht von drängelnden, übereifrigen oder zielgerichteten Lesern links liegen gelassen oder querfeldein nach bekannten Namen abgetastet wird. Das ist wiederum niemanden nachzutragen, schließlich weist diese Passage ohnehin ihren eigenen Charakter und favorisierte Adressaten auf. Ein solches Vorwort ist immerhin auch so etwas wie ein kleines, halb- oder viertelprivates Dankesbriefchen an die Helfer.

Freundliche Unterstützung erfuhr ich durch das Britische Film Institut, das Archiv des Frankfurter Filmmuseums, die Freunde der Deutschen Kinemathek Berlin, die Landesgalerie Hannover, die Filmtage Tübingen e. V., und wenn ich hier so metonymisch von diesen 'Häusern' spreche, so denke ich doch zugleich an die jeweiligen Mitarbeiter.

Mein ganz besonderer Dank gilt meinen Eltern, meinem Bruder Andreas und Karin Mertens, die sicher wissen, wofür, sowie den Freunden und Bekannten, den Diskussionen mit ihnen, dafür daß sie Korrektur lasen oder die Drachen in den diversen Höhlen der Software in Schach hielten, schließlich dafür, daß sie es ermöglichten, leichthin über ganz andere Dinge zu plaudern... - *in alphabetical order*: Christiane Barchfeld, Andreas Becker, Rainer Danne, Daphne Dieter, Benno Dittrich, Patrick Engelfried, Jörg Erfle, Manni Gühlstorf, Lisa Hartmann, Ralph Kroh, Oliver Mediavilla, Elisabeth Müller,

Hartmut Nill, Judith Norden, Thomas Pucks, Karl-Heinz Semle, Kristin Straub, Andreas Walther.

Professor Günter Giesenfeld bot mir nicht nur an, die Arbeit in der von Thomas Koeber und ihm betreuten Reihe zu veröffentlichen, sondern er erstellte zudem mit viel Einsatz, Geduld und Kenntnis eine druckfertige Fassung des (Bild-)Textes. Mein tiefer Dank gebührt ebenfalls den Professoren Hans Joachim Kunst und Heinrich Klotz für Ihr Engagement und ihren kritischen Beistand. Dem Kunsthistorischen Museum Wien sowie Peter Greenaway danke ich schließlich für die Erlaubnis, Jan Vermeers *Die Malkunst* beziehungsweise deren filmische Adaption auf dem Umschlag abbilden zu dürfen.

Bleibt anzumerken, daß diese Arbeit als Dissertation bereits 1995 fertiggestellt wurde.

Einleitung

So eigenwillig und umstritten Peter Greenaways Werk ist, so unbestreitbar gehört der Regisseur doch zu den experimentierfreudigsten seines Metiers. Er schuf Experimental-, Dokumentar- und Spielfilme, nutzte wiederholt das Medium Video, erforschte die Möglichkeiten von HDTV und Paintbox. Er fertigte eigene graphisch-malerische Arbeiten an, schrieb Geschichten und (seine) Drehbücher, inszenierte Opern, und er zeichnet verantwortlich für diverse Ausstellungen, in denen er Installationen errichtete, die seine Hauptthemen und -motive variieren. Greenaways Spielfilme sind hybride Werke, in denen sich Malerei, Literatur, Musik, Architektur, Theater und Fotografie begegnen.[1] Der künstliche und künstlerische Charakter seiner Filme beruht ganz wesentlich auf der Adaption von und Auseinandersetzung mit anderen Medien.[2] Als Vorfahren des Kinos favorisiert er die visuellen Künste, erst dahinter rangieren seiner Einschätzung zufolge die Literatur und das Theater.[3]

Peter Greenaway studierte zunächst Anfang der 60er Jahre Malerei an der Kunsthochschule. Er hatte einige kleinere Ausstellungen und schrieb in dieser Zeit auch filmkritische Artikel. Dann fand er eine Anstellung beim *Central*

---

1 Jeder seiner Filme scheint, wie ein Kritiker bemerkte, eine Reflexion über eine künstlerische Ausdrucksform zu sein: über die Zeichnung in *Der Kontrakt des Zeichners*, die Malerei in *Ein Z und zwei Nullen*, die Architektur und die Fotografie in *Der Bauch des Architekten*, das Theater in *Der Koch, der Dieb, seine Frau und ihr Liebhaber*, die Literatur in *Prosperos Bücher*. Vgl. Ciment, Michel, in einem Interview mit Peter Greenaway, in: Positif Nr. 368, Okt. 1991, S. 38-46, hier: S. 40.

Zudem tragen die einzlnen künstlerischen Komponenten häufig eine Auseinandersetzung mit der Geschichte ihres jeweils eigenen Mediums aus. Die Musik für *Der Kontrakt des Zeichners* basiert beispielsweise auf Stücken von Henry Purcell. Vgl. Michael Nyman in einem Gespräch mit Daniel Riviére und Daniel Caux, in: Pilard u.a. 1987, S. 74-91, hier: S. 79. Und: Michael Nyman in einem Gespräch mit Larry Simon, in: Millenium Film Journal, Herbst/Winter 1981/82, S. 223-234, hier: S. 233: „The material that I use is from the dominant musical culture and I do deconstruct things, Mozart for example." Vgl. auch Kapp, Hans-Jörg, Musik, Zeit und anderes. Peter Greenaway und Michael Nyman, in: filmwärts, Nr. 21, 1/92, Winter 1992, S. 6-16, hier: S. 12f.

2 „Le cinéma est un moyen idéal qui réunit la peinture et l'écriture." - Greenaway in einem Gespräch mit Michel Boujut, in: L'Avant Scène Cinéma, Okt. 1984, Nr. 333, S. 4-9, hier: S. 5.

3 „Le cinéma n'a que quatre-vingt-dix ans d'âge et je voudrais relier le cinéma à ses ancêtres qui sont pour moi les arts visuels. Je sais que d'autres le rapprochent davantage de la littérature et du théâtre. Mais ce n'est pas mon cas." - Greenaway in einem Interview mit Michel Ciment, in: Positif, April 1986, Nr. 302, S. 31-39, hier: S. 34.

Office of Information, einer britischen Dokumentarfilmstelle. In den acht Jahren, die er dort arbeitete, lernte er das Filmhandwerk hinsichtlich Schnitt und Regie von Grund auf. Seine ersten eigenen Filme waren experimentelle strukturelle Kurzfilme wie *Intervals* (1969 gedreht, 1973 vertont); dies waren Filme, die keine Narration aufwiesen, sondern nach rein formal-abstrakten Erwägungen gestaltet waren. In *Windows* (1975) kombinierte er erstmals die formale Struktur mit einer Geschichte, die als *voice-over* von ihm selbst erzählt wurde. Diese beiden frühen Kurzfilme *Intervals* und *Windows* weisen bereits für Greenaways weiteren filmischen Werdegang zentrale Elemente auf: die Verbindung einer Geschichte mit einer strengen formalen Organisation, die Vorliebe für Listen, Katalogisierungen und ähnliches, das Spiel mit Fakt und Fiktion, die Darstellung von Landschaft im Film, die statische Kamera und das symmetrisch aufgeteilte Bildfeld. In Filmen wie *Dear Phone* (1977) oder *A Walk Through H*, *Vertical Features Remake* (beide 1978) trat ein Verfahren hinzu, das für Greenaways Filme bis heute konstitutiv geblieben ist - das Zitieren und Collagieren mit Hilfe unterschiedlicher medialer und semiotischer Konkretionen: Fotos, Filmsegmente, Dias, Fernsehbilder, Landkarten, Schriftstücke, Zeichnungen, Diagramme, Gemälde bilden eine komplexe visuelle Collage. In dem über dreistündigen Film *The Falls* (1980) erreichte dieses Vorgehen einen Höhepunkt; hier setzte er außerdem zum ersten Mal Schauspieler ein. Ihr Auftreten als Interviewpartner oder Sprecher war noch dem Konzept eines (Pseudo-)Dokumentarfilms verpflichtet, aber schon mit einer aufwendigen Inszenierung verbunden.

Wesentliche Charakteristika seiner Spielfilme wurden demzufolge bereits in seinen frühen Filmen entwickelt[4]: Der strukturelle Film, dann die Vermittlung von Geschichten und Anekdoten durch einen *voice-over*-Kommentar und schließlich die umfassende Inszenierung - diese Phasen können im nachhinein als Prozeß gedeutet werden, der mit einer gewissen Logik zum Spielfilm führte. Und noch etwas blieb für Peter Greenaways Filme charakteristisch: Seine Anfänge als Maler, seine künstlerische Ausbildung, sein kunsthistorisches Wissen prägten und prägen bis heute die Gestaltung seiner Film-Bilder.

---

4 Zu Greenaways Frühwerk vgl. u.a.: Greenaway, in: Pilard, Philippe u.a., Peter Greenaway, Paris 1987, S. 94-118. Barchfeld, Christiane, Filming by Numbers: Peter Greenaway - Ein Regisseur zwischen Experimentalkino und Erzählkino, Tübingen 1993, S. 41-64. Kapp, Hans-Jörg, Musik, Zeit und anderes - Peter Greenaway und Michael Nyman, in: filmwärts, Nr. 21, Winter 1992, S. 6ff.

Den Untersuchungsgegenstand stellen hier die frühen Spielfilme Greenaways. Sie erweisen sich deshalb als so geeignet für das anvisierte Vorhaben, weil in ihnen einerseits unterschiedliche Facetten einer Begegnung zwischen Malerei und Film zum Tragen kommen und sie andererseits auf einer Metaebene selber darüber reflektieren.[5] Der Fokus auf das Spielfilmschaffen eines konkreten Regisseurs wird erweitert und überlagert von einem allgemeineren Blickwinkel, der sich auf die ästhetische Relation zweier Medien einstellt.[6] Diese Arbeit will daher kein ikonographisches Verzeichnis erstellen, um den Sinn und die Funktion der zahlreichen Zitate, Anspielungen und Rekurse, zurückverfolgt zu ihrem Ursprung, zu erhellen.[7] Dies geschieht nur anhand ausgewählter Beispiele und ist eingeordnet in das soeben umrissene Vorhaben.

---

5 Vgl. Spielmann, Yvonne, die die „nahezu szientifische Erkundung der medialen Differenz zwischen traditioneller und technischer Bilderzeugung" in Greenaways Filmen diagnostiziert: dies., Framing, Fading, Fake: Peter Greenaways Kunst der Regeln, in: Paech, Joachim (Hg.), Film, Fernsehen, Video und die Künste - Strategien der Intermedialität, Stuttgart - Weimar 1994, S. 132-149, hier: S. 132.

6 Vgl. ähnliche Versuche einer Systematisierung der Relation von Malerei im Film von Röttgen, Herwarth, im Vorwort, in: Korte, Helmut, Johannes Zahlten (Hg.), Kunst und Künstler im Film, Hameln 1990, S. 7f. Und: Kirby, Lynne, Painting and Cinema: The Frames of Discourse, in: Camera obscura (Berkeley, Kalifornien), Nr. 18, Sept. 1988, S. 95-105, hier: S. 95f.

7 Eine sehr interessante ikonographische Untersuchung bietet im übrigen ein Aufsatz über *Das Schweigen der Lämmer*: Niewöhner, Heinrich, *Das Schweigen der Lämmer* - der Film und seine Betrachter, in: Lettre, Nr. 19, Winter 1992, S. 48-54. Siehe zu diesem Verfahren auch Stelzner-Large, Barbara, Zur Bedeutung der Bilder in Alfred Hitchcocks *Psycho*, in: Korte, Helmut, Johannes Zahlten (Hg.), Kunst und Künstler im Film, Hameln 1990, S. 121-133.

1. Allegorien in Allegorien

> Mit La Tour und Caravaggio in *Der Kontrakt des Zeichners*, Vermeer in *Ein Z und zwei Nullen* und Piero della Francesca in *Der Bauch des Architekten* habe ich versucht, mich meiner Leidenschaft für die Malerei durch das Zitieren zu erfreuen. (...) Ich mag es, mich auf die Malerei als ein Beispiel der Perfektion zu beziehen, als eine Metapher des Sehens und des Blicks; dies ist meine Anerkennung im Hinblick auf zweitausend Jahre europäischer Malerei, deren ganz junger Erbe das Kino ist: Anerkennung, daß die Malerei und ich hoffe, auch der Film, gleichwertige Vehikel des Räsonierens und der philosophischen Spekulationen sind ... und schließlich als Ausdruck des reinen Vergnügens vor der Existenz solcher Objekte, den Bildern ('les icones').
>
> Peter Greenaway[8]

Wer Greenaways Spielfilme mit dem einschlägigen Vorwissen betrachtet oder die von ihm selbst verfaßten Begleittexte zur Kenntnis nimmt, der wird geradezu überwältigt von der Fülle der Zitate, Verweise und Aneignungen, die dem gesamten Fundus abendländischer Mythologie, Religion, Literatur und Kunst entstammen.[9] Wie aus einem unermeßlichen Vorratslager an Bildstrukturen, einem universalen ikonographischen Verzeichnis, einer umfassenden Bibliothek der Legenden und Imaginationen bezieht Greenaway seine visuellen Einfälle und Geschichten aus der abendländischen kulturellen Tradition unter dem Aspekt - soweit es die Malerei betrifft - „der sinnvollen Einschreibung des Films in die Kulturgeschichte der Bilder, deren Vor-Bilder die Produktion von Filmen anleiten können."[10]

Der Koch, der Dieb, seine Frau und ihr Liebhaber nahm das satirische englische Theater aus der Zeit Jakobs I. (1566-1625) zum Vorbild, „das

8 Greenaway, in: Pilard, Philippe u. a., Peter Greenaway, Paris 1987, S. 99. Fremdsprachliche Zitate sind in der Regel in deutscher ad-hoc-Übersetzung wiedergegeben, aber im Original nachgewiesen.

9 Greenaway, Peter, Fear of Drowning - Règles du Jeu, Paris 1988; und: ders., Prospero's Books, New York 1991. Diese beiden von ihm selbst verfaßten Begleitbücher zu *Verschwörung der Frauen* und *Prosperos Bücher* verdeutlichen, daß kaum ein Detail dem Zufall überlassen, bloße Staffage oder redundanter Information zuzuschlagen ist. Dekor wie Protagonsistenhandlung sind gleichwertige Akteure.

10 Paech, Joachim, *Passion* oder die Einbildungen des Jean-Luc Godard, Frankfurt a.M. 1989, S. 68.

durchwegs erotisch und ausgesprochen gewalttätig war".[11] Die Landschaftsaufnahmen mit den kostümierten Gestalten im Grünen in *Der Kontrakt des Zeichners* sind englischen Landschaftsmalern wie Thomas Gainsborough nachempfunden. Die Ausleuchtung vieler Einstellungen in *Ein Z und zwei Nullen* ist inspiriert von dem Einsatz des Lichts in den Werken Vermeers. Das seilspringende Mädchen in *Verschwörung der Frauen* ist hergerichtet wie dasjenige aus Velázquez *Las Meninas*[12]; die Komposition der Szene, in der eine der drei Cissie Colpitts ihren toten Mann beweint, geht auf eine Pietà zurück (Abb. 30) und in der Manier Mantegnas ist der Leichnam in extremer Verkürzung wiedergegeben.[13] Die Flucht der Frau und des Liebhabers aus dem Restaurant in *Der Koch, der Dieb, seine Frau und ihr Liebhaber* wird zu der „Vertreibung Adam und Evas aus dem Paradies" in Beziehung gesetzt.[14] Als Vorlage für das Modell von Prosperos Schreibzimmer diente Da Messinas *Hieronymus*. Es ist im Film umgeben von einem Raum, der eine Kopie von Michelangelos *Biblioteca Laurenziana* in Florenz ist.[15]

Diese Aufzählung umfaßt nur einige wenige Beispiele, die aber bereits anzeigen, auf welch vielfältige Weise sich Greenaway der Vergangenheit bedient: Er versucht, die Stimmung eines Gemäldes filmisch zum Leben zu erwecken, macht kompositorische[16] oder handwerklich-technische Anleihen für die szenische Gestaltung seiner Einstellungen, er orientiert sich an dem auf Gemälden dargestellten Dekor, den Requisiten, den Kostümen, und er greift auf anekdotische, narrative Topoi zurück.[17] Bei dieser Auswahl verfährt er sehr freizügig, aber getreu einer gewissen Logik:

---

11 Greenaway, Peter, Der Koch, der Dieb, seine Frau und ihr Liebhaber - Drehbuch, Zürich 1989, S. 5 (Vorbemerkung).

12 Vgl. Greenaway, Peter, Fear of Drowning. Règles du Jeu, Paris 1988, S. 11.

13 Ebd., S. 111.

14 Greenaway, Peter, Der Koch, der Dieb, seine Frau und ihr Liebhaber (Drehbuch), Zürich 1989, S. 108, 115 u. 118.

15 Vgl. Greenaway, Peter, Prosperos Bücher (Drehbuch), Zürich 1991, S. 33 u. S. 49. Vgl. auch die ausführlicher kommentierte und aufwendiger illustrierte Originalfassung: Prospero's Books, New York 1991, S. 50f. u. 59ff.

16 Die Schachtelung der Bildräume in der Unterscheidung zwischen Vordergrund und Hintergrundgeschehen in einigen Einstellungen in *Der Bauch des Architekten* geht beispielsweise auf die Raumaufteilung der *Geißelung Christi* von Piero della Francesca zurück. Vgl. Greenaway in einem Gespräch mit Michel Ciment, in: Positif, Nr. 320, Okt. 1987, S. 20-26, hier: S. 22.

17 Grundsätzlich können hier die unterschiedlichen Möglichkeiten einer Übertragung zum Einsatz gelangen, die auch in der Geschichte des *Tableau vivant* wirksam waren; dabei lassen sich „mehrere Unterarten scheiden: die genaue 'Übersetzung' eines bestimmten Werkes der bildenden Künste in allen Einzelheiten und freiere Formen, die entweder an historische Personen oder Ereignisse oder auch an Dichtungen anknüpfen oder endlich völlig frei erfunden sein

- Die Analogie der Flucht der Frau und ihres Liebhabers zu der Vertreibung Adams und Evas ist für ihn dadurch bedingt, daß hier „ein klassisches Motiv der Unschuld“ vorliegt.[18]
- Der heilige Hieronymus kann als so etwas wie der Prototyp des im Exil lebenden Gelehrten gewertet werden und ist daher für ein Vorbild des auf seine Insel verbannten, mit magischen, schöpferischen Kräften ausgestatteten Prospero prädestiniert.[19]
- Die Pietà als Formel für die Trauer über den Verlust eines geliebten Menschen erscheint auf makaber-ironische Weise gebrochen, denn schließlich hat Cissie Colpitt zuvor gehörig nachgeholfen.

So etwas wie die Existenz eines Archetypus oder die prägnante, klassische Formulierung eines Themas bilden häufig die Motivation und Legitimation für eine Referenz - aufgrund ihres Stellenwerts vermag die *Biblioteca Laurenziana* in *Prosperos Bücher* als Sinnbild einer Art Welt-Bibliothek zu fungieren.

Ein - fiktives - Detail liefert manchmal das Suchbild, mit dem die Vergangenheit einer Musterung unterzogen wird: Albert Spica (der „Dieb“) reiht sich aufgrund seiner Vorliebe für Meeresfrüchte in eine Linie ein mit - wie er sie nennt - den „großen Generäle(n)“, mit Napoleon, Churchill, Hitler, Mussolini.[20] Mit einem ähnlichen Ehrgeiz und Effekt projiziert der Architekt Stourley Kracklite in *Der Bauch des Architekten* seine Magenbeschwerden auf Etienne-Louis Boullée, den visionären Architekten des 18. Jahrhunderts, sowie auf den römischen Kaiser Augustus.

Keine wissenschaftliche Kausalität und auf historische Korrektheit gerichtete Sehweise lenkt die Auswahl. Es werden häufig gewisse Grundthemen, allgemeine Ausdruckswerte einer Vorlage heraus destilliert und in die Handlung des Films überführt. Werke und Ereignisse unterschiedlicher geschichtlicher Herkunft treffen aufeinander: *Der Kontrakt des Zeichners* spielt laut Ankündigung im Vorspann 1694; das Gemälde, diese geheimnisvolle Allegorie, die der Zeichner der Dame des Hauses vorlegt, stammt von Januarius Zick und ist erst ungefähr ein Jahrhundert später entstanden.

können.“ Langen, August, Attitüde und Tableau in der Goethezeit, in: Jahrbuch der deutschen Schillergesellschaft, Stuttgart 1968, S. 194-258, hier: S. 234.

18 Greenaway 1989, S. 108.

19 Vgl. Greenaway 1991, S. 50.

20 Vgl. Greenaway 1989, S. 139.

Der Koch, der Dieb, seine Frau und ihr Liebhaber ist in der Gegenwart angesiedelt. Im Speiseraum des Restaurants, das bezeichnenderweise „Le Hollandais" heißt, hängt im Hintergrund, in einer stark vergrößerten Fassung, das von Frans Hals 1616/17 vollendete Gemälde *Bankett der Offiziere der St. Georgs-Schützengilde*[21] (Abb. 1). Die abgebildete Begebenheit - ebenfalls eine Tischszene - wirkt wie eine Spiegelung der Geschehnisse davor. Die Parallele von dem „Dieb" Albert Spica zu den Mitgliedern der Schützengilde wird mehrfach herausgestellt. Albert ist ebenso korpulent und vollbärtig wie die Mitglieder der Haarlemer Bürgerwehr, und phasenweise sind er und der Rest seiner Gruppe ebenfalls mit einer roten Schärpe bekleidet. Tatsächlich waren die Schützengilden, die nur wohlhabenden Bürgern die Mitgliedschaft gewährten, teilweise berüchtigt für ihre Eß- und Trinkgelage.[22] In einem Film, der hauptsächlich in einem Restaurant spielt und thematisch „von der menschlichen Körperlichkeit besessen ist - von Essen, Trinken, Ausscheiden, Kopulieren, Rülpsen, Erbrechen, Nacktheit und Blut"[23] - scheint ihre Anwesenheit in Gestalt eines überdimensionalen Hintergrundbildes passend. Als Bürgerwehr einer Stadt waren sie zudem mit Waffen und mit einem gewissen Einfluß versehen.[24] Über diese sehr allgemeinen Charakteristika - Macht, Geld sowie die Vorliebe für ausgiebige Mahlzeiten - sind die Parteien im und vor dem Bild miteinander assoziiert. Demgegenüber wird ihr Opfer - der

Abb. 1 *Das Bankett der Offiziere der St. Georgs-Schützengilde* von Frans Hals (1616/17) im Film (*Koch*)

21 Im Film füllt es einen großen Teil der rückwärtigen Wand, tatsächlich weist es 'nur' ein Format von 175 x 234 cm auf.

22 Vgl. Slive, Seymour, Frans Hals, Das Festmahl der St. Georgs-Schützengilde, Stuttgart 1962, S. 4.

23 Greenaway, Peter, in der Vorbemerkung zu der deutschen Ausgabe des Drehbuchs von *Der Koch, seine Frau und ihr Liebhaber*, Zürich 1988.

„Liebhaber" ebenso wie die Rache der „Frau" durch mehrfache Anspielung mit der Französischen Revolution verbunden.

Der Konflikt zwischen Ehemann und Ehefrau sowie zwischen Ehemann und Rivale wird zu einer Parabel über den Komplex von Macht, Herrschaft, Unterdrückung und gewaltsamer Befreiung, wobei die Positionen durch die Verbindung mit geographisch und historisch divergierenden Bewegungen charakterisiert werden, die aufgrund assoziierter allgemeiner Werte dafür geeignet scheinen. Eine Bürgerwehr einer bürgerlichen Revolution gegenüberzustellen, ist, historisch gesehen, allerdings zumindest gewagt und Ausdruck von Greenaways freiem, ironisch gefärbtem Umgang mit der Geschichte.

Der allegorische Sinn

„Voraussetzung dafür", so schreibt Joachim Paech, „daß ein vor-filmisches Objekt Ausgangspunkt für eine filmische Collage oder ein filmisches Zitat werden kann, ist, daß es bereits dort in einer semiotischen Differenz zur 'puren' Realität vorhanden ist (...) Collagiert und zitiert werden kann im Film nur bereits 'semiotisch aufgeladenes Material'."[25] Wird ein konkretes Gemälde als materielles Objekt, als Bild-im-Bild im Film abgebildet, ist diese „semiotische Differenz" offensichtlich; zumeist aber handelt es sich bei den Übernahmen in Greenaways Filmen um Gegenstände und Handlungen, die, einem Vorbild entlehnt, szenisch nachgestellt, vollkommen in den dramatischen filmischen Ablauf integriert sind. Deren sekundäre Bedeutung ist nicht per se ersichtlich, da sie von Realobjekten, die nicht „semiotisch aufgeladen" sind, nur durch das Vorwissen des Betrachters unterschieden werden können. Eine solche Doppelbödigkeit ist von Greenaway intendiert, und sie entspringt einer Tradition innerhalb der Geschichte der Malerei:

> Ich mag alle europäischen Gemälde. Natürlich bin ich von Gemälden der Hochrenaissance fasziniert, aber besonders mag ich die holländische Malerei zwischen 1600 und 1660, dem Goldenen Zeitalter der holländischen Malerei (...) Zum anderen interessiert mich die Art und Weise, in der die holländischen Gemälde sehr realistisch ausgeführt sind. Wie man sieht, ist die Darstellung der realen Welt in ihnen sehr prächtig, aber gleichzeitig auch sehr metaphorisch. Wenn also, wie wir das aus Stilleben kennen, eine Zitrone im Bild erscheint, so steht

24 Vgl. dazu Levy-van Halm, Koos und Liesbeth Abraham, Frans Hals, Schütze und Maler: Das Schützenstück als historisches Dokument, in: Slive, Seymour (Hg.), Frans Hals, (anläßlich einer Ausstellung), München 1989, S. 87 -102.

25 Paech 1989, S. 65. Zu den Begriffen Montage, Collage, Zitat vgl. ebd., S. 65ff. oder ders., Literatur und Film, Stuttgart 1988, S. 129.

dies unmittelbar für die Bitterkeit des Lebens. Wenn eine Frau dargestellt ist, die eine Laute hält, so hat dies eine sexuelle Konnotation. Wenn die Saiten der Laute gerissen sind, weiß man, daß diese Frau zwei Abtreibungen und drei Fehlgeburten erlitt. So spricht die Gesamtheit der holländischen Malerei dieser Periode eine Geheimsprache, eine metaphorische Sprache, obgleich sie sich immer sehr realistisch gibt, und dies ist es, das Sie auch in meinen Filmen finden. Sie geben größtenteils die bekannte Welt wieder und sind gleichzeitig voll von Sinnbildern und Symbolen.[26]

Für das Verständnis der in seinen Film-Bildern auftauchenden Motive und Details hat dies die Konsequenz, daß die Dinge mehr bedeuten als sie auf den ersten Blick preisgeben.[27] Die Kluft zwischen Sein und Schein, zwischen primärer und sekundärer Bedeutung bezeichnet im übrigen zugleich die Distanz zwischen der Erschaffung einer Realitätsillusion im Sinne Hollywoods und Greenaways hochartifiziellem Verfahren. Seine Filme seien „kein Fenster zur Welt“[28], betont er und meint damit, daß seine Spielfilme niemals beabsichtigen oder vorgeben, die Realität widerzuspiegeln. Greenaways Filme sind Ideen-Filme[29], sie entfalten intellektuelle Reflexionen[30]:

Ich bin interessiert an einem Kino der Ideen. Kino ist keine emotionale Masturbation und Identifikation mit Charakteren. (...) Das Kino ist reich, und wir müssen das an ihm akzeptie-

---

26 Greenaway, Peter, Wider die gefräßige Gesellschaft, in: Der Tagesspiegel, Berlin, 26.11.1989.

27 Die Problematik der Wahrnehmung der symbolischen Sinnschicht begleitete schon die Rezeptionsgeschichte der künstlerischen Vorbilder, die der niederländischen Genremalerei. Lange Zeit wurde in ihren Werke nur eine realistische Schilderung von Alltagsszenen erblickt. Das Doppelbödige von naturalistisch wiedergegebenen Details oder Begebenheiten einerseits und emblematischem Bildsinn andererseits spiegelt exakt das Dilemma angesichts der Bilder des Films.

28 „Pour moi, le cinéma est une illusion, et nous devons nous en rendre compte en le regardant, il n'est pas une fenêtre sur le monde, mais un art de l'artifice créé par l'homme.“ - Greenaway in einem Gespräch mit Alain Carbonnier und Jean Roy, in: Cahiers du Cinéma, März 1988, Nr. 303, S. 47-49, hier: S. 49.

29 „Meine Filme sind sicher theoretische Überlegungen: *The Draughtman's Contract* denkt nach über einen Maler und einen Auftraggeber, aber auch über das englische Landleben und über Landschaftsarchitektur. *A Zed & Two Noughts* versucht eine theoretische Betrachtung über die Beziehung zwischen Mensch und Tier - am konkreten Beispiel von Zoos, aber darüber hinaus auch am Beispiel der Mythologie, der Literatur, der Erotik (...) Die ganze Grundlage ist ein Feld für alle möglichen Aspekte des Nachdenkens.“ - Greenaway in einem Gespräch mit Hartmut Buchholz und Uwe Künzel, in: Zoom, Nr. 22, Nov. 1988, S. 11-19, hier: S. 13.

30 Vgl. z.B. Hacker, Jonathan und David Price, Take Ten, Essay on Peter Greenaway, Oxford 1991, S. 189-227, hier: S. 195f., und ebd., S. 213.

ren, was wir angesichts der Malerei und des Theaters akzeptieren. Kino ist eine intellektuelle so gut wie eine emotionale Erfahrung.[31]

Die Bedeutung tragenden Einzelmotive, Motivkombinationen oder Sujets bilden die Einheiten einer Einstellung als Sinn-Bild, als Veranschaulichungen abstrakter Begriffe.[32] Auf diese Weise konstituieren die kleinsten und kleineren Einheiten jener allegorischen Sinn-Bilder die 'große' Allegorie des Films, die „philosophischen Spekulationen" und Reflexionen. Der Begriff der „Allegorie" ist hier im Sinne Panofskys aufgefaßt, der sie als Kombination von Personifikationen und/oder Symbolen definiert[33] - und: „Die als Abbild und damit in der Gestalt realer Existenz repräsentierten Symbole werden in der Komposition einer bildargumentativen Zusammenfügung Allegorie."[34] Die Allegorie als kompliziertes und artifizielles Gewebe von Zitaten und als visuelle Manifestation eines begrifflichen oder gedanklichen Substrats muß in ihrer diskursiven Struktur und Funktion gesehen werden; die Bedeutung der miteinander kombinierten Symbole hängt im einzelnen wie im ganzen wesentlich ab von ihrer speziellen kompositionellen und szenischen Darstellung. Im Film entwickelt sich die Allegorie als komplexe Figur im Zusammenspiel von Mikro- und Makrostruktur des Films, von visueller und auditiver Dimension. Nicht nur das Bild, sondern das „Bewegungs-Bild"[35], nicht nur das Bewegungs-Bild, sondern zudem die Sprache und der Ton realisieren im Kontext beziehungsweise in der Entfaltung einer Erzählhandlung die Allegorie des Spielfilms.

Ein Grundthema, das Greenaways Spielfilme variieren, bildet der Dualismus von „barockem" (oder romantischem) und „klassischem" Geist.[36] Die

---

31 Greenaway in einem Gespräch mit Ruth Perlmutter, in: Post Script, Nr. 2, Winter 1989, S. 56-63, hier: S. 63.

32 Die Adaptionen differieren quantitativ und qualitativ in ihrem Gewicht, in ihrem Stellenwert für den gesamten Film. Einige Motive tauchen nur als symbolisches Detail, andere als ganze allegorische 'Sets', auf; einige erscheinen nur einmalig, andere mehrfach oder sogar kontinuierlich.

33 Panofsky 1978, S. 63.

34 Warncke, Carsten-Peter, Sprechende Bilder - sichtbare Worte. Das Bildverständnis der frühen Neuzeit, Wiesbaden 1987, S. 206. Warncke führt hier ebenfalls aus, daß es sich bei diesem Verständnis der Allegorie um ein historisch ausgeprägtes handelt.

35 Deleuze, Gilles, Das Bewegungs-Bild - Kino 1, Frankfurt a.M. 1989.

36 „In all meinen Filmen gibt es einen Gegensatz zwischen dem Romantischen und dem Klassischen; gewalttätige, absurde, bizarre Themen, die mit einem ernsthaften Sinn für Kontrolle behandelt werden. Barocke Oberfläche und reiches romantisches Detail werden mit Hilfe von Zahlenreihen und Strukturen reglementiert - was, wie ich trotzalledem annehmen möchte, den Wunsch zeigt, eine rationale Sicht auf die Welt aus all ihren chaotischen Teilen zu erschaffen."

Welt Greenaways wird durch verschiedenartige Ordnungssysteme und Vorstellungen 'gebändigt': durch die vier Elemente Feuer, Wasser (immer wieder das Wasser in seinen Filmen), Erde, Luft, durch magische, alchemistische, mythologische, biblische Entwürfe; nicht von ungefähr adaptiert Greenaway mit *Der Sturm* ein Stück Shakespeares, steht seine Kosmologie doch derjenigen der Zeit Shakespeares nahe. Greenaways Taxinomien und Regeln sind wissenschaftliche und künstlerische Mischformen, ästhetische Modelle, Spielregeln. Die Landkarten in *A Walk Through H* - sie sind von ihm eigenhändig angefertigte Zeichnungen - repräsentieren diesen zwitterhaften Status auf sinnfällige Weise.

Die 'rationalen' Klassifizierungs- und Organisationsbestrebungen werden mit viel Ironie vorgetragen: „In gewisser Weise bauen meine Filme einerseits Systeme auf und verbringen andererseits zwei Stunden damit, sich über eben diese Systeme lustig zu machen."[37] In jedem Film gibt es auf der Ebene der Erzählhandlung die Typen, die eine Haltung der Rationalität verkörpern[38], und es gibt die Gegenspieler, das verkörperte Irrationale, die dunkle Seite. Ihr geht es um Geld, um Macht, und ihre Methoden sind die des Betrugs, der List, der Intrige, des Mordes. In den letzten Filmen werden ihre Mittel immer barbarischer und gewalttätiger, und einige Tabus - wie Kannibalismus, Folter, Vergewaltigung - werden gebrochen. Dabei sind es keine eindeutig oder eindimensional vorgetragenen moralischen Geschichten. Der Rationalismus der einen Seite wird genauso ad absurdum geführt, wie die Unmoral der anderen Partei mit sichtlichem Genuß in Szene gesetzt ist.

- Greenaway zit. n. Hacker, Jonathan und David Price, Take Ten, Essay on Peter Greenaway, Oxford 1991, S. 189-227, hier: S 190.

Vgl. zu Greenaways Grundthemen z.B.: - Görling, Reinhold, Barocke Perücken & Postmoderne Spielregeln. Peter Greenaways The Draughtman's Contract, in: filmwärts, Nr. 21, 1/92, Winter 1992, S. 18-27; Hagmann, Karl-Eugen, Das Lächeln der Made, in: film-dienst, 42. Jg., Nr. 23, 1989, 726-730; Ruggle, W., Von den Dualitäten des Daseins, in: Filmbulletin, 29/2, Nr. 153, 1987, S. 45-47.

37 Greenaway, Peter, zit. n. Görling 1992, S. 18.

38 In *Der Kontrakt des Zeichners* ist es der Zeichner, der die Welt durch seine Zeichenapparatur rastert und zentralperspektivisch erfaßt; in *Ein Z und zwei Nullen* sind es die beiden Biologen, die auf merkwürdige Weise den Sinn des Lebens ergründen wollen. In *Der Bauch des Architekten* ist es der Architekt mit seinen Plänen, und in *Verschwörung der Frauen* sind es der Leichenbestatter und sein Sohn, die alles zählen und in Spielen ritualisieren. In *Der Koch, der Dieb, seine Frau und ihr Liebhaber* verkörpern diese Rollen vor allem der „Koch" mit seinen ausgefeilten Menüs und der "Liebhaber" als Bibliothekar, und Prospero ist der große Magier in *Prosperos Bücher*; in *Das Wunder von Mâcon* besetzt der Bischofssohn den Part des Rationalisten.

Diese Konstellation, die den Aufbau seiner eigenen Filme widerspiegelt - in der strengen formalen Struktur einerseits und der übervollen 'barocken' Symbolik andererseits - kann auf vielfältige im filmischen Text angelegte Weise interpretiert werden. Sie kann philosophisch im Sinne einer Auseinandersetzung zwischen Irrationalismus und Rationalismus oder politisch als ideologische Konfrontation aufgefaßt werden. Und der Dualismus von Ordnung und Chaos kann desgleichen als metafiktionale Reflexion gedeutet werden, wobei der Film seine eigene Konstruktion und Strukturierung und seinen Status als artifizielles Werk thematisiert.[39] All diese Auslegungen und einige mehr sind im Werk angelegt.

Die Konstruktion der allegorischen Dimension

Im Gegensatz und in Ergänzung zu den beiden folgenden Kapiteln, die das Tableau und das *Tableau vivant* im Film thematisieren, stehen im Mittelpunkt dieses Kapitels die aus gemalten Vorbildern herausgelösten, filmisch und szenisch in das Geschehen des Films vollständig integrierten Sujets und Motive.[40] Im Zuge dieser intermedialen Übertragung - das Vorbild wird Element eines audiovisuellen Diskurses und eines narrativen Kontextes -, sind gewisse Umwandlungen des Zitierten vorprogrammiert - ein Aspekt, der exemplarisch, vorwiegend mit Hilfe einiger Beispiele aus dem dramatisierten Vorspann seines ersten Spielfilms *Der Kontrakt des Zeichners*, vertieft werden soll.[41]

---

39 Vgl. Barchfeld 1993.

40 Dazu ein Beispiel: In einer Einstellung in *Der Kontrakt des Zeichners*, in welcher der Zeichner die ihm vertraglich zugesicherten sexuellen Dienste der Dame des Hauses in Anspruch nimmt, sind zwei Vogelkäfige mit je einem Vogelpärchen zu sehen. Es gibt für die Verwendung dieses Motivs einige Beispiele in der Malerei des 17. Jahrhunderts, wobei der Sinn vieldeutig ist. Der im Käfig eingesperrte oder gehütete Vogel galt als Symbol des „Gefangenseins durch die Liebe oder auch der Jungfräulichkeit", ebenso als Sinnbild für den „Zustand der Liebenden, die sich selbst in Unfreiheit begeben". Das holländische Wort „vogelen" für den Geschlechtsakt war bereits damals bekannt und gebräuchlich, und auch in diesem Sinn scheint Greenaway das Motiv hier zu benutzen. Die Abbildung der Tiere kündigt den physischen Akt an. Vgl. Klessmann, Rüdiger, in: Die Sprache der Bilder, Realität und Bedeutung in der niederländischen Malerei des 17. Jahrhunderts; Katalog zur Ausstellung im Herzog Anton Ulrich-Museum Braunschweig vom 6. September bis 5. November 1978, S. 116f. und 158f.

41 „*The Draughtsman's Contract* is fundamentally and essentially an allegory. And more than that, it is a film about allegory." - Watney, Simon, Gardens of Speculation - Landscape in The Draughtsman's Contract, in: Picture This, Phillip Hayward (Hg.), London 1988, S. 183-192, hier: S. 183.

Vergegenwärtigen wir uns zunächst den Inhalt des Films: *Der Kontrakt des Zeichners* präsentiert zu Beginn eine Abendgesellschaft auf dem Besitz Compton Anstey im Jahr 1694: Mrs. Herbert und ihre Tochter Mrs. Talman versuchen eindringlich, den Zeichner Neville für ihre Dienste zu gewinnen. Schließlich akzeptiert er, in dem Zeitraum der bevorstehenden Abwesenheit von Mr. Herbert, dem Herrn des Hauses, zwölf Zeichnungen ihres Anwesens zu erstellen. Ein Vertrag wird aufgesetzt, der zudem die sexuelle Verfügungsgewalt des Zeichners über die Dame des Hauses regelt.

Neville macht sich am nächsten Morgen ans Werk. Nach einem festgelegten Rhythmus arbeitet er an seinen Zeichnungen, legt die Ansichten fest und kontrolliert darin weitgehend das Geschehen. Dann tauchen plötzlich rätselhafte Gegenstände innerhalb seines Bildfeldes auf: Eine Leiter lehnt an der Wand, Kleidungsstücke liegen verstreut in der Gegend; diese finden Eingang in seine Zeichnungen, denn Neville malt, was er sieht. Mrs. Talman, die Tochter des Hauses, verheiratet mit einem in Angelegenheiten der körperlichen Liebe wenig interessierten (deutschen) Mann, streut in einem Gespräch mit Mr. Neville Mutmaßungen aus, welche die Gegenstände als Indizien für ein Verbrechen an Mr. Herbert erscheinen lassen. Angeblich um Neville zu schützen, bietet sie ihm eine Übereinkunft an.

Ein zweiter Kontrakt wird aufgesetzt, welcher Mrs. Talman die physische Ergebenheit Mr. Nevilles' zusichert. Zeuge und Federführender dieses zweiten Kontraktes ist wie beim ersten Mr. Noyes, der Hausverwalter. Während die Gesellschaft sich versammelt hat, um die Rückkehr des Hausherrn Mr. Herbert zu erwarten, wird der Fund seiner Leiche im Wassergraben des Anwesens gemeldet. Nach der Abreise des Zeichners beginnt das Verdächtigen, Ränkeschmieden, Vertuschen, die Erbschleicherei. Im Mittelpunkt stehen die Zeichnungen, die zu mancherlei Deutungen und Spekulationen Anlaß geben. Bei Mr. Nevilles Rückkehr nach Compton Anstey verbringt er ein letztes Schäferstündchen mit Mrs. Herbert und muß von Mutter und Tochter erfahren, daß er in der ganzen Affäre nur dazu benutzt wurde, der Tochter einen Stammhalter und Erben zu zeugen, um so ihre Herrschaft zu garantieren. Daß er als Sündenbock für einiges andere herhalten muß, begreift er zu spät. Nachts, er ist gerade beschäftigt mit der Anfertigung einer letzten Zeichnung, wird er von den männlichen Repräsentanten des Hauses umringt, zur Rede gestellt und mit einem weiteren „Kontrakt" konfrontiert. Dessen verbale und handfeste Ausführung sind eins: Neville wird das Augenlicht genommen, ihm werden seine Kleider vom Leib gerissen, er wird erschlagen. Seine Leiche wird im Wasser versenkt. Die Zeichnungen werden verbrannt.

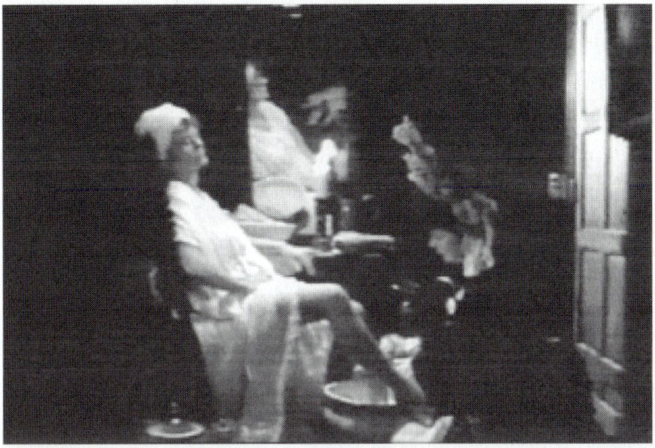

Abb. 2: Das Gewand à la Georges de La Tours *Die Frau mit dem Floh* (um 1640)

Eine Inhaltsangabe kann nicht die bei Erscheinen des Films aufgrund der langen Einstellungen, raffinierten Dialoge und der formalen Strenge als so ungewöhnlich und neuartig empfundene filmische Erzählweise fassen. Aber diese Inhaltsangabe ist ohnehin eine Interpretation: Sie täuscht eine offen zutage tretende Erzählhandlung vor, die doch erst mühsam aus der Allegorie des Films, den rätselhaften Begebenheiten und gezierten Reden konstruiert werden muß.

Für den Entwurf der Kerzen- und Fackellichtszenen in diesem Film benennt Greenaway selbst Vorbilder: die Nachtstücke von Caravaggio und Georges de La Tour.[42] Daß er sich nicht nur an den lichttechnischen Eigenschaften und der Kadrierung jener Bilder orientiert, belegt beispielsweise eine spätere Einstellung (36. Min), in der Mrs. Herbert offensichtlich das Nachtgewand und die Haube von La Tours *Die Frau mit dem Floh* (um 1640 angefertigt)[43] trägt (Abb. 2). Mrs. Herbert versucht hier, sich von den sexuellen Zusammenkünften mit dem Zeichner zu erholen und läßt sich dabei von ihrer Tochter pflegen. Die Intimität der von dem warmen Kerzenlicht beschienenen Szene steht in Kontrast zu der geöffneten Tür rechts, durch die das kühle blaue Licht der Außenwelt dringt.

42 Vgl. z.B. Greenaway in einem Gespräch mit Karen Jaehne, in: Cineaste (USA), 1984, Vol. 13, Nr. 2, S. 13-15, hier: S. 13.; oder: Greenaway in einem Gespräch mit Michel Ciment, in: Positif, Feb 1984, Nr. 276, S. 2-9, hier: S. 7f. Und: Greenaway in einem Gespräch mit Henry Welsh, in: Jeune Cinéma, Nr. 158, Apr. 1984, S. 24-27, hier: S. 24.

43 Die Datierungen sind der Publikation von Benedict Nicolson und Christopher Wright entnommen: dies., Georges de La Tour, London 1974.

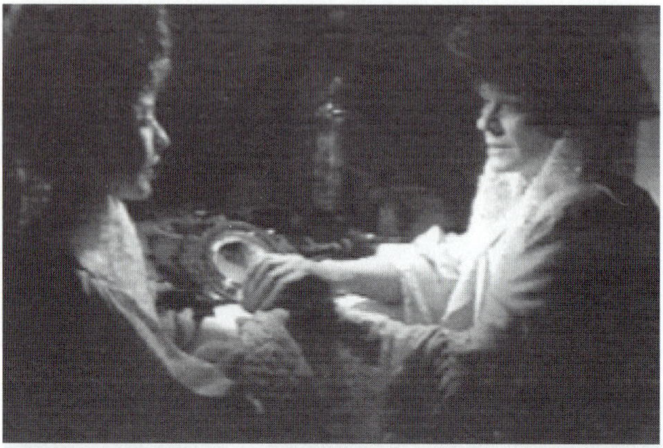

Abb. 3-5: Die Adaption der Werke Georges de La Tours (*Kontrakt*)

Abb. 4: Georges de La Tours, *Büßende Magdalena* (ca. 1639-41)
Abb. 5: Georges de La Tours, *Magdalena mit dem Spiegel* (ca. 1638-40)

Eine andere Einstellung des Films (30. Min.) nutzt augenscheinlich den Typus der *Magdalena* in einer ikonographischen Übertragung[44] (Abb. 3); das

44 Zu diesem Verfahren vgl. Warncke 1987, S. 208: „Zusammenwirken von Typus und Simile schafft die Möglichkeit, bestimmte ikonographische Typprägungen in Übertragung einzusetzen. So ließ sich etwa Lady Cockburn in einem berühmt gewordenen Porträt von Reynolds zusammen mit ihren Kindern so darstellen, daß die Pose dem Typus der 'Caritas' entspricht. Damit wird ausgedrückt, daß die Aristokratin, indem sie die Tugend mütterlicher Fürsorge verkörpert, Anspruch auf Besitz dieser Haupttugend erhebt."

Film-Bild weist angesichts der Ausleuchtung und Körperhaltung einige Parallelen zu der von Georges de La Tours geschaffenen *büßenden Magdalena* (ca. 1639-41) auf (Abb. 4), und wie bei der *Magdalena mit dem Spiegel* (ca. 1638-40) sind Kerze und Spiegel abgebildet (Abb. 5).

Die Vanitasthematik, die im übrigen in vielen Filmen Greenaways variiert erscheint, war zur Zeit der Entstehung der Gemälde sehr populär. Die junge Frau, die bei spärlichem Kerzenlicht mit einem Spiegel vor sich an einem Tisch sitzt, ihre Hand auf einem Totenschädel ruhend, berührt durch den Gegensatz des Anblicks jugendlicher Schönheit zu dem des starrenden Totenschädels. Die herunterbrennende Kerze kündet von dem Verstreichen der (Lebens-)Zeit, die eine gewisse Spanne nicht zu übersteigen vermag und deren Verlöschen unausweichlich ist. Der Spiegel erzählt von der Eitelkeit und der Zerbrechlichkeit des Seins; der abgelegte und zu Boden gefallene Schmuck der *Magdalena mit dem Spiegel* versinnbildlicht die Hinfälligkeit des Weltlichen, die Entsagung irdischen Luxus' angesichts der Erkenntnis von dessen Nichtigkeit.

Die Einstellung im Film zeigt gegenüber dem malerischen Gegenstück - bei aller Ähnlichkeit - gravierende Veränderungen: Die Erweiterung der Komposition um ein Gegenüber sowie die Worte und Tränen öffnen den Ausdruck der sinnenden und in Kontemplation versunkenen Frauengestalt des Vorbildes zu einem Akt der direkten Kommunikation im Fall der filmischen Umsetzung. Die sinnbildliche Anwesenheit des Todes in Gestalt des Schädels fehlt. Mrs. Herbert hält statt dessen einen Spiegel in der Hand, denn die symbolische Bedeutung eines Spiegels läßt sich hier in den Film integrieren, ohne die Fiktion zu stören. Im Rahmen der Vanitasthematik des 17. Jahrhunderts ist die stillebenartige Abbildung eines Totenschädels nichts ungewöhnliches, doch in der Einstellung des Films innerhalb der vorliegenden Narration würde die Wiedergabe eines Totenschädels einen irritierenden Fremdkörper darstellen und die Frage nach der handlungslogischen Motivation provozieren.[45] Das Thema des Gemäldes geht in diesem Fall - szenisch

45 Kaum jemand käme beim Anblick des gemalten Schädels auf den Gedanken, die ehemalige Identität desselben ermitteln zu wollen. Hielte Mrs. Herbert im Film unvermittelt einen Totenkopf in der Hand, könnte dies wohl derartige Erklärungsversuche in Gang setzen.
Zum Motiv des Spiegels vgl. z.B.: Von Frans Hals bis Vermeer, Meisterwerke holländischer Genremalerei (Ausstellungskatalog), Ausstellung in der Gemäldergalerie Staatliche Museen Preussischer Kulturbesitz Berlin (Dahlem), 8. Juni bis 12. August 1984, Berlin 1984, S. 108: „Spiegel haben beim Betrachter des 17. Jahrhunderts viele Assoziationen hervorgerufen: den Gesichtssinn, die Vorstellung von eitler und falscher Erscheinung, die Ideale der Selbster-

Abb. 6:. Die Kartenspieler Greenaways (*Kontrakt*)

Abb. 7 Die Kartenspieler Georges de La Tours (ca. 1620; Paris, Musée du Louvre)

umgesetzt und animiert - in dem audiovisuellen Potential und den narrativen Kontext des Films auf: Der Tod ist in der Einstellung des Films dabei vor allem im szenischen Akt des (Be-) Weinens und auf der Ebene des Dialogs anwesend.

Mrs. Herbert betrauert den von ihr zumindest mitverschuldeten Tod ihres Gatten: „Nun siehst du mich bekümmert, weil Mr. Herbert fort ist“, stößt sie unter Tränen aus, und dieses Fortsein deutet auf einen Ort, der nicht von

kenntnis und Klugheit, die Versuchungen der Sinnlichkeit und der Erotik und schließlich die Vergänglichkeit aller irdischen Dinge.“

dieser Welt ist.[46] So erscheint das Thema des Gemäldes, das an die Vergänglichkeit alles Irdischen gemahnt, im Film als ironisch gebrochenes.

Daß im Film das Sujet des Gemäldes szenisch realisiert und dabei den medialen Gegebenheiten und Möglichkeiten sowie dem narrativen Kontext entsprechend variiert wird, veranschaulicht auch ein weiteres Beispiel: das Motiv des Kartenspiels. In der Einstellung des Vorspanns, in der die vierte Anekdote erzählt wird, spielen die Darsteller Karten (Abb. 6). Dem Motiv des Kartenspiels liegt eine jahrhundertelange Tradition in der Malerei zugrunde. Caravaggio führte mit seinem Bild von 1595/96 den Falschspielergedanken ein, wobei das „mehrfigurige Halbfigurenbild in lebensgroßem Format Vorbild für eine überaus reiche Nachfolge in der europäischen Malerei des nächsten halben Jahrhunderts und darüber hinaus werden sollte".[47] Einer der vielen, die sich mit Caravaggios Œuvre auseinandersetzten, war Georges de La Tour, der zwei Versionen des Themas anfertigte. In der Variante, die im Louvre hängt (um 1620 entstanden; 106 x 146 cm), versucht der Falschspieler ein Blatt mit einem Karo As aufzubessern (Abb. 7). Der Falschspieler links, ein junger Mann rechts und eine Frau zwischen den beiden und hinter dem Tisch plaziert, bilden das Trio der Spielteilnehmer. Die Körperhaltung des Falschspielers erlaubt es dem Betrachter, das Blatt in seiner rechten Hand und dasjenige, das er hinter seinem Rücken verbirgt, zugleich wahrzunehmen. Der auf den Tisch gestützte Ellbogen schützt sein Geld vor neugierigen Blicken und dem Zugriff seitens der Mitspieler. Die Mitspielerin, den Betrüger mit einem aufmerksamen und skeptischen Blick taxierend, läßt sich von einer Bediensteten ein Glas Wein reichen. Der herausgeputzte Jüngling rechts ist augenscheinlich finanziell gut betucht, und er verspricht aufgrund seiner offensichtlichen Unerfahrenheit eine leichte Beute zu werden.

Dem Betrachter fällt es nicht schwer, sich in das dargestellte Geschehen hineinzudenken und einzufühlen - die unterschiedliche Charakterisierung der Personen, ihre Differenzierung gemäß ihren Aktivitäten, die Kommunikation mittels der Blicke und Gesten, die Akzentuierung durch Licht und Schatten laden ein zu einer Psychologisierung und lancieren eine Auffassung von dem Abgebildeten im Sinne einer pointierten Momentaufnahme eines Vorgangs.

---

46 Greenaway, Peter, Meurtre dans un Jardin anglais (Drehbuch), in: L'Avant Scène Cinéma, Nr. 333, Okt. 1984, S. 44-117, hier : S. 64. Mrs. Herbert sieht nach dem Tod ihres Ehemanns deshalb keine Veranlassung mehr für eine Aufrechterhaltung des Vertrages; der Versuch, den Kontrakt am nächsten Morgen (eine Filmminute nach dieser Einstellung) aufzukündigen, scheitert jedoch an Nevilles Veto.

47 Baumgart, Fritz, Caravaggio - Kunst und Wirklichkeit, Berlin 1955, S. 20f. Vgl. auch: ders., Die 'Falschspieler' Caravaggios, in: Das Werk des Künstlers I, 1939-40, S. 482-524.

Daß ihm darüber hinaus eine metaphorische Dimension eigen und es als moralisches Gleichnis interpretierbar ist - beispielsweise das damals nicht selten auftretende Motiv einer jungen Frau mit einem Glas Wein als Warnung, es könne ihre Sinne, ihr Mißtrauen und ihren wachen Geist umnebeln -, kennzeichnen eine Doppelbödigkeit oder ein Spannungsverhältnis, das sowohl diese Art der Malerei als auch Greenaways 'filmbildnerisches' Verfahren gleichermaßen auszeichnet.

Im Vergleich zu der Darstellung Caravaggios fällt die Georges de La Tours wesentlich zurückhaltender aus: Die sparsame Gestik der Figuren, ihre aufrechte Haltung, ihre annähernd symmetrische Verteilung verleihen der Szene eine feierliche Strenge. Seine Aufmerksamkeit widmet La Tour der Ausarbeitung der kostbaren Kleider mit den Stickereien, goldenen Bordüren, den unterschiedlichen Stoffarten und Kopfbedeckungen. Das Licht, dessen Quelle links, außerhalb des Bildausschnitts vorzustellen ist, setzt keine dramatischen Akzente in der Manier Caravaggios, sondern variiert bedachtsam und stufenweise seine Intensität in der Spannbreite zwischen dem Schwarz des Hintergrunds, dem verschatteten Gesicht des Falschspielers, dem glühenden Schimmer auf dem Antlitz der den Wein offerierenden Frau und der hellsten Zone - dem Gesicht und dem Dekolleté der Spielerin - nahezu im Zentrum des Bildes. Die kühle, zurückhaltende Darstellung, insofern sie die Präsentation von Affekten und Handlungen betrifft, die Hingabe für die Reize der Oberfläche sowie die Strenge angesichts des formalen Bildaufbaus bilden Kriterien, die auf das Bild La Tours und auf Greenaways Gestaltungsweise gleichermaßen zutreffen und diese eigenartige Atmosphäre evozieren, deren Reiz aus der Vereinigung der Gegensätze - des üppigen Dekors einerseits und des rigiden Maßes andererseits - resultiert.

Greenaways Kartenspieler befinden sich ebenfalls vor einem als schwarze Folie gebildeten Hintergrund. In Bildausschnitt und Betrachterstandpunkt beziehungsweise Einstellungsgröße und Aufnahmewinkel bestehen Parallelen zu La Tours Werk. Greenaway vergrößert jedoch die Distanz zwischen Betrachter und Handelnden, indem er die Ebene der Kerzen und Rückenfiguren einfügt, welche das Geschehen räumlich staffeln und einen spalierartigen Durchblick schaffen. Die Lichtquellen befinden sich hier im Bild, sie fungieren als kompositorische Elemente, indem sie die symmetrische Ordnung akzentuieren und den räumlichen Eindruck verstärken, da die Relation von den vorderen zu den hinteren Kerzen eine perspektivische Verkürzung suggeriert. Die Beschränkung bei der Wahl der Kostüme auf ein uniformes Weiß folgt Erwägungen, die dem filmischen Kontext verpflichtet sind: Sie versinnbildlicht die Front der 'besseren' Gesellschaft, der sich der in schwarz gekleidete, sozial niedriger stehende Zeichner als Fremdkörper und Widerpart gegenübersieht, eine Allianz, deren verschwörerischer Charakter in der gedrängten Anordnung der Figuren augenfällig wird (am Ende wird er, während die Gesellschaft Schwarz trägt, ganz in Weiß auftreten).

Es scheint jedoch das entscheidende Moment des Vorbildes zu fehlen, denn wo wird in der Einstellung des Films falschgespielt?

Da Greenaway sich ausdrücklich auf Caravaggio und Georges de La Tour bezieht, die beide das Kartenspiel in Kombination mit dem Thema des Falschspielens darstellten, kann dieses bei Greenaway als bekannt vorausgesetzt werden. Die Idee des Falschspiels dominiert tatsächlich diese Einstellung auf einer anderen Ebene: Die Person halbrechts erzählt gerade jene Anekdote, in der ebenfalls ein Künstler, ein Wasserkunstmeister, durch seinen Auftraggeber und Gastgeber den Tod findet. Diese kurze Geschichte antizipiert und konzentriert die Ereignisse der gesamten folgenden Filmhandlung, denn die Idee, seinen Besitz durch Betrug und List zu vermehren - Antrieb und Ziel eines jeden Falschspielers -, bestimmen innerhalb des Films die Taten der meisten Akteure. Der Falschspielergedanke, wie er sich im gemalten Bild konkretisiert, manifestiert sich im Film allgemein als einer des falschen Spiels, und er findet sich im Rahmen dieser Einstellung auf der Tonspur. Zentrale Aspekte des Vorbildes werden demzufolge in den Bereich der Sprache und den des filmischen Kontextes delegiert. Diese Einstellung verzichtet auf die Information, die das Element des Falschspiels visualisiert. Damit entfällt auch die optische Darstellung der Rolle des ahnungslosen Opfers an *dieser* Stelle - die Position ist jedoch über den gesamten Film hin gesehen besetzt: Sie ist eindeutig für den Zeichner Neville vorgesehen, dessen Arroganz, vor allem aber dessen Unschuld mehrfach zur Sprache kommen.

Das visuelle Geschehen des Vorbildes wird also Teil einer audiovisuell strukturierten Erzählhandlung; im Zuge dessen werden Elemente der optischen Zeichenebene in die auditive verlagert sowie durch den narrativen Kontext des Films realisiert.

Allegorie als Paradigma

Die „Allegorie" verweist auf ein Verfahren der Sinn-Konstruktion, das Greenaways Gestaltungsweise im allgemeinen umschreibt. Nicht allein der Bezug auf ein konkretes allegorisches Werk ist also gemeint, sondern darüber hinaus eine prinzipielle Methode, ein Paradigma der Etablierung von Bedeutung mit Hilfe der (dem Aufbau einer Allegorie entsprechenden) Verknüpfung von Symbolen und Symbolkombinationen. Konkrete Allegorien, beispielsweise Gemälde oder mythologische und literarische Topoi, werden demzufolge Teil der 'großen' Allegorie des gesamten Films.

Im dramatisierten Prolog befindet sich eine die Mutter und Tochter wiedergebende Einstellung, in der sich der Plan der Frauen herauskristallisiert, Neville für ihre Dienste zu gewinnen. (Abb. 8). Es ist die erste des Films und einzige des Vorspanns, in der die beiden Verantwortlichen der Intrige gemeinsam und allein abgebildet sind. Der Prolog weist die beachtliche Länge von zehn Minuten auf und ist in sich nochmals in zwei Teile gegliedert. Der erste führt in episodischer Art mittels vier in Monologen vorgetragenen Anekdoten allgemein ein in den für den Film zentralen Themenkomplex von Besitz, Erotik und Tod und schließt ab mit einem Dialog zwischen dem Hausverwalter Mr. Noyes und Mrs. Pierpoint, einer Maitresse. Die Dialogpassagen werden unterbrochen von den Einblendungen der am Film Beteiligten, und das Ausklingen der Musik, ein von Spinettspiel begleiteter Gesang, sowie die Einblendung des Namenszuges des Regisseurs, scheinen auf den Schluß des Prologs hinzudeuten. Das trifft jedoch nicht zu, denn nun beginnt, eingeleitet mit jenem besagten Gespräch zwischen Mutter und Tochter, eine Einstellungsfolge, die den Versuch wiedergibt, Neville für ihr Vorhaben zu gewinnen, das Anwesen zu zeichnen. Erst nachdem diese sich in Dialogen entwickelnden Bemühungen in den Kontrakt gemündet sind, bezeugen das Erscheinen des Titels und der Ausklang des musikalischen zweiten Teils das Ende des dramatisierten Vorspanns.

Die Ausstattung der Anfangseinstellungen dominieren Kerzen, Spiegel, Weingläser und üppige Früchtearrangements. Die Auswahl der Gegenstände erinnert ganz allgemein an die Genremalerei des 17. Jahrhunderts. Diese symbolischen Motive verwiesen auf den schmalen Grad zwischen Leben und Tod, Schönheit und Vergänglichkeit: das Glas Wein, das zur Neige geht, die Kerze, die herunterbrennt, die Früchte, die für kurze Zeit mit ihrem süßen Duft und erfrischenden Geschmack locken. Die beiden Frauen jener Einstellung sind Bestandteil einer symmetrischen Komposition; rahmenartig begrenzen die sie flankierenden Vertikalen der Kerzen das Bild. In der vorderen Bildebene befindet sich in der Mitte ein üppiges Arrangement aus verschiedenartigen Früchten, und hinter den Frauen hängt ein Spiegel mit einem Aufsatz für kleinere Kerzen. Mutter und Tochter sind aufwendig gekleidet, am Hals und an den Ohren tragen sie Schmuck, ihr Haar ist hoch frisiert und darüber türmt sich eine steil aufragende Kopfbedeckung.

Abb. 8 Mutter und Tochter als Elemente eines semiotischen Kraftfeldes (*Kontrakt*)

Trotz motivischer Parallelen zu den *Magdalena*-Darstellungen wird hier kein konkretes Gemälde imitiert. Der Genremalerei des 17. Jahrhunderts folgen die Selektion der Motive, die Komposition und Ausleuchtung der filmischen Einstellung in einer freien Übertragung - gewissermaßen als Paraphrase (und nicht als Zitat). Der Rekurs auf die Malerei gilt hier einzelnen Motiven oder auch Motivkombinationen, die als Elemente eines anderen medialen und historischen Kontextes zu Bausteinen eines allegorischen Systems innerhalb der Einstellung und somit des Films werden. Das Film-Bild wird zum Enigma: „Ihre Zeichnungen sind voll von höchst unerwarteten Beobachtungen und sie zu betrachten, das ist, als ob man einer komplizierten Allegorie folge"[48] konstatiert einer der Protagonisten in *Der Kontrakt des Zeichners* angesichts der Zeichnungen, doch zweifellos sind diese Worte zugleich auf die Bilder des Films selbst gemünzt.

Ein Grundthema des Films repräsentiert der Komplex der Früchtesymbolik, ein Thema, das auf vielfältige Weise auf der auditiven und visuellen Ebene variiert wird, wobei die wichtigste Quelle zur ikonographischen Deutung der Motive die Erzählhandlung des Films selbst bildet. *Der Kontrakt des Zeichners* beginnt mit einer Einstellung, in der Mr. Noyes in eine Pflaume beißt, und er endet mit einer, in der die 'lebende Statue' ihre Zähne in eine Ananas gräbt und den Bissen ausspeit. Daß die Pflaume traditionell Sinnlichkeit oder Wollust und die Ananas Gastfreundschaft (auf welche die Gestalt - eingedenk der Ereignisse - sinnigerweise spuckt) symbolisieren kann, vermag der Betrachter nicht unbedingt aus dem Kontext heraus zu erschließen und

48 Greenaway 1984, S. 97.

schon gar nicht den Dingen selbst abzuschauen. Dazu muß er über entsprechendes Vorwissen verfügen (beziehungsweise die Interviews mit Greenaway gelesen haben[49]). Dennoch wird die allgemeine Bedeutung der Früchte innerhalb des Films erläutert. Bereits in einem Dialog im Verlauf des Vorspanns erklärt Mr. Noyes Mrs. Pierpoint von seiner Aussicht, schon bald über mehr Vermögen zu verfügen. Der Zuschauer erfährt, daß sich an diesem Abend die Besitzenden des Landes ein Stelldichein geben, daß Mr. Noyes nicht dieser besten Gesellschaft zugehört, aber daß er irgendetwas plant und seine Position wesentlich zu verbessern gedenkt. Hinter einem üppigen Obstarrangement aus Weintrauben, Orangen und Birnen preist er gegenüber Mrs. Pierpoint den Wert und den Duft der Orangen, wobei seine Hand den Schleier über ihrem Dekolleté beiseiteschiebt (ähnlich Neville, der später, während er sich Mrs. Herberts - für den Zuschauer unsichtbar - hinter dem Sonnenschirm nähert, von dem süßen Duft der Limonen schwärmen wird).

Zum ersten Mal taucht hier innerhalb des Films die Metapher auf, die so vielfach variiert wird und die den Körper der Frau als Garten betrachtet - mit allen Implikationen von Besitz, Prestige und Verführungskraft, von Frucht und Fruchtbarkeit, wie sie Eva Hohenberger in ihrem Aufsatz ausführlich dargelegt hat.[50] Der Garten als *Liebesgarten* und *Garten Eden*, all diese Bedeutungen klingen im Verlauf des Films in den Dialogen an.[51] Eine wesentliche Dimension für das Verständnis dieser Früchtesymbolik stellt der Mythos von Demeter und Persephone dar, eine poetische Erklärung für die Existenz der Jahreszeiten: zudem eine Mutter/Tochter-Geschichte, in Analogie zu der von Mrs. Herbert und ihrer Tochter Mrs. Talman.[52] Nach dem letzten Treffen erzählt Mrs. Herbert Neville im Anblick der Granatäpfel, die er ihr als Geschenk mitgebracht hatte, die Geschichte der Persephone. Persephone war dazu verführt worden, von der Frucht des Garanatapfels zu kosten und blieb deshalb dazu verdammt, einen Teil des Jahres in der Unterwelt zu verbringen. Vor Kummer und Verzweiflung verweigert in dieser Zeit ihre Mutter Demeter, Göttin der Felder und Gärten, die Erde mit Fruchtbarkeit zu segnen. Diesen Protest überlisten die Früchte, die Neville als Gabe offeriert. Sie, die in

49 Vgl. Greenaway in einem Gespräch mit Michel Boujut, in: L'Avant Scène Cinéma, Okt. 1984, Nr. 333, S. 6. Wenn Neville also in der siebten Einstellung des Prologs, eine Pflaume zum Mund führend und zu Mr. Talman, dem Gatten der Tochter, gewandt, von der Eifersucht und der Zufriedenheit des Ehemanns spricht und bei dem Wort „unbekleidet" in die Frucht beißt, so antizipiert dies symbolisch die künftige Liaison zwischen ihm und Mrs. Talman.

50 Hohenberger, Eva, Die Früchte der Frauen, in: Frauen und Film, Nr. 40, Aug. 1986, S. 45-61.

51 Vgl. auch Watney 1988, S. 183-192.

52 Hohenberger 1986, S. 55

England wuchsen, sind das Produkt einer Gewächshauskultur, eines Verfahrens, das den Streik der Göttin bricht. Und bei diesen 'Früchten der Männer', der Besitzenden und Gärtner, die der ahnungslose Neville überbringt, handelt es sich sinnigerweise (womit sich der Kreis schließt, wie Mrs. Herbert bemerkt) wieder um Granatäpfel. Vielleicht, so wiegelt Neville ab, sind Granatäpfel, die in England wuchsen, frei von einer solch unglücklichen allegorischen Bedeutung, worauf Mrs. Herbert ihm entgegnet, daß jene Früchte selten fruchtbar seien. Das Motiv der domestizierten Natur - der französische Garten, dessen Geometrie die Frauen nach ihrer Machtübernahme mildern werden, - immer wieder taucht dieses Thema von artifzieller, regulativer Manipulation in Greenaways Filmen auf, durchgespielt als männliche, künstlerische oder wissenschaftliche Gestaltung des Naturhaften, Organischen, Fruchtbaren, letztere assoziiert mit dem Weiblichen. Mrs. Herbert zerstört das Geschenk, sie preßt den Saft des Granatapfels aus der Frucht und bringt deren „Doppelcharakter von Tod und Fruchtbarkeit" zum Ausdruck, indem sie ihren Saft mit dem „Blut von Neugeborenen und von Mord vergleicht."[53] Sie verkündet damit den Untergang des Künstlers sowie den Sieg über das 'männliche Prinzip' einerseits und anderseits die Kontinuität der eigenen Machtposition, geboren - und das ist wörtlich zu nehmen - aus der Frucht des Leibes der Tochter, aus dem Erscheinen des künftigen Erben.

Wenn die Früchte in jener Einstellung des Vorspanns vor den beiden Frauen derart auffällig, ja aufdringlich zwischen Betrachter und Darsteller plaziert sind, so liegt hier nicht nur ein dekoratives Arrangement vor, sondern eine sinnreiche Zuordnung der Früchte zu der Rolle der Frauen, der zudem durch die mythologische Referenz (Demeter und Persephone) eine personifikatorische Qualität eigen ist.[54] Die beiden Figuren in einem Ensemble aus Früchten, Kerzen und Spiegel befinden sich gleichsam in einem semiotischen Kraftfeld. Dazu gehört in ganz besonderem Maße der Dualismus von Schwarz und Weiß. Optisch ist er als Gegensatz von Hell und Dunkel in der Variation von Tag- und Nachtaufnahmen durch den gesamten Film hindurch realisiert; in den Einstellungen der Nachtszenen entfaltet er sich zwischen den Polen von Licht und Schatten. Das Licht der Kerzen entscheidet visuell über 'Sein oder Nicht-Sein' der Erscheinungen. Sie tauchen das, was sich in ihrer Nähe aufhält und ihnen zugewandt ist, in helles gelbliches Licht. Was etwas verdeckt ist und sich nicht ganz so nah befindet, bildet Partien aus rötlichem

53 Ebd., S. 55.

54 Eine Zuweisung, beispielsweise vergleichbar derjenigen in *Ein Z und zwei Nullen*, in dem die Figuren zugleich auf olympische Götter verweisen.

Halbschatten, und, da die Lichtintensität der Kerzen mit der Entfernung rasch abnimmt, bleibt alles Übrige im Dunkeln. Ein ausgeprägter Gegensatz von Hell und Dunkel, von warmen Farben und schwarzen Schatten ist die Folge. Darüber hinaus weist der Gegensatz von Hell und Dunkel eine symbolische Dimension auf, die bereits im Vorspann in einer programmatischen Ankündigung kommender Ereignisse ihren Ausdruck findet und intermittierend als Gesang zur Spinettmusik vorgetragen wird:

> At last the glittering Queen of Night with black caress kills off the day. (zweimal)
> ... for those, that walk with hopeful step in garden, in garden, in garden love to find (zweimal)
> ...their hope to find success, they're sure to make ...... the very statues breathe.

Am Ende wird die Königin der Nacht, der Finsternis, den Tag töten, und so wie der Film bei Nacht beginnt, endet er - mit der Ermordung Nevilles - bei Nacht. Der Dualismus von Tag und Nacht erscheint variiert in den Spielarten von Licht und Schatten, Hell und Dunkel, von Schwarz und Weiß. In moralischer Hinsicht versinnbildlicht er den Gegensatz von Gut und Böse, in sozialer Brechung ist er verknüpft mit der Frage des Besitzes, denn Hell oder Dunkel, Licht oder Schatten entscheiden über 'Sehen und gesehen werden' und betreffen im Kern die Frage des Repräsentierens. „Ich kann über Entzükken oder Verzweiflung eines Mannes von Vermögen entscheiden", so sagt Neville im Vorspann, „indem ich sein Haus im Schatten darstelle oder im Sonnenlicht. Es ist sogar möglich, daß ich eine gewisse Kontrolle habe über die Eifersucht oder die Zufriedenheit eines Ehemannes, dadurch wie ich seine Gattin abbilde, Sir, bekleidet oder unbekleidet." Und Mr. Herbert beklagt sich in der auf Nevilles Bemerkung folgenden Einstellung bei seiner Tochter über Mrs. Herbert: „Eure Mutter zeigt einen Sinn für Bescheidenheit, der wahrlich seinesgleichen sucht. Warum zeigt sie sich nicht öfters, sie sitzt im Schatten und grämt sich", worauf die Tochter erwidert: „Sie grämt sich nicht, Vater, oder wenn sie es doch tut, so wißt ihr sehr wohl, der Grund ist eure Gleichgültigkeit. Ein Haus, ein Garten, ein Pferd, eine Frau, die Reihenfolge Eurer Präferenzen."

Schwarz und Weiß, Licht und Schatten, bekleidet oder unbekleidet, dies sind Formeln, die ein Grundthema des Films umschreiben, das immer wieder aufgegriffen und variiert wird: das von Gut und Böse, von Besitz und Repräsentation, von Sichtbarkeit und Unsichtbarkeit, von Verhüllen und Zeigen, von Schein und Sein.

Die offene Allegorie

Das symbolische Motiv oder Sujet, das der Geschichte der Malerei und einem (oder mehreren) Vorbild(ern) entlehnt ist, existiert innerhalb des Films in einem komplexen Beziehungsfeld: Es wird Element eines inhaltlichen, narrativen Kontextes, und es erscheint innerhalb eines anderen Mediums. Der erste Sachverhalt, der das Zitat als Bestandteil eines Kontextes beschreibt, verweist auf den Tatbestand, daß die Rekurse und Zitate im Film eventuell zu partikularen, winzigen Splittern, zu scheinbar belanglosen Fragmenten und nahezu unauffälligen Versatzstücken werden, verglichen mit dem großen semantischen Strom und der Bilderflut eines Filmganzen, so daß die Frage nach der Kohärenz des Disparaten unweigerlich auftaucht - zumal die zitierten Objekte oder literarischen Vorlagen heterogenen Ursprüngen zuzuordnen sind und unterschiedlichen Medien und Epochen angehören.

Die Konsequenz ist, daß sich die Dialektik von Tradition und Innovation[55] teilweise fast verschwindend punktuell aktualisiert. Diese ist ohnehin dadurch verzerrt, und das deutet auf den zweiten Sachverhalt, daß das Alte in einem anderen medialen Zusammenhang erscheint. Mit Recht verweist Greenaway darauf, daß das Verfahren des Zitierens seit Jahrhunderten innerhalb der Geschichte der Malerei gepflegt wird.[56] Aber die Begegnung der Malerei mit dem Film im Medium des Films stellt eine Zusammenkunft mit etwas anderem dar. Während sich jedes Zitat, jeder „intertextueller Dialogismus"[57] - insofern er innerhalb des eigenen Mediums verbleibt - automatisch in ein Verhältnis handwerklich-technischer Rivalität zu dem Vorgänger und in Relation von „vorgeprägten Formen" und „Forminnovation"[58] stellt - bestehen dafür beim intermedialen Transfer kaum mehr Kriterien und Maßstäbe. Hier ist die Beziehung eine andere. Die Geschichte der Malerei repräsentiert in diesem Fall den gebenden Part und bietet so etwas wie eine ikonographi-

---

55 Vgl. Eco, Umberto, Die Innovation im Seriellen, in: Über Spiegel und andere Phänomene, München 1988, S. 155-180, hier: S. 174. Eco spricht hier von einer „Dialektik von Ordnung und Innovation".

56 Greenaway beruft sich bewußt auf eine Tradition innerhalb der abendländischen Malerei: „La grande tradition de la meilleure peinture europèene est un long processus de citations et de contre-citations, toutes faites dans une respectueuse reconnaissance de ce qui précédait", in: Pilard u.a., 1987, S. 119.

57 Eco 1988, S. 162ff.

58 Kunst, Hans Joachim, Eine Anmerkung zur Kathedrale von Reims, in: Kritische Berichte, Heft 4, 1976, S. 19-25, hier: S. 22.

sche Enzyklopädie: ein Musterbuch, eine Inspirationsquelle in Fragen der Gestaltung.

Ist das Tableau szenisch aufgelöst und animiert, sind das Vorbild oder die Teile, die ihm entlehnt sind, ohne die Erfahrung des Betrachters oder andere Hinweise nicht identifizierbar. So scheidet es nur das „*déjà vu*"[59] von seinem filmischen Umfeld. Die Schwierigkeit mit dem Zitatenspiel und den Paraphrasen ist also ganz allgemein, daß der Rückgriff, um überhaupt als solcher erkannt zu werden, bekannt sein muß. Auch wenn Greenaway häufig die symbolischen Bedeutungen nicht erklärt, sondern sich zu einem gewissen elitären Spezialistentum bekennt[60], das schließlich auch in anderen Medien wie der Malerei oder der Literatur zugelassen wird, läßt er doch den Zuschauer nicht allein. Damit die sekundäre Bedeutung, die „intellektuell statt sinnlich vermittelt wird"[61], weitgehend dechiffrierbar ist, sind die ikonographisch wesentlichen Informationen und Hinweise mit Hilfe der naheliegendsten Quelle, dem filmischen Kontext, insbesondere dem Dialog zu erschließen. Daß trotz all dieser vielfältigen Einflüsse und Metamorphosen nicht bloß ein eklektizistischer Flickenteppich entsteht, gewoben aus den Fetzen und Prunktüchern der abendländischen Kultur, liegt daran, daß die ausgewählten Elemente Teil einer originären filmischen Narration und Reflexion werden. Diese liefern das Programm, das die unterschiedlichen Quellen entspringenden Sujets motivisch vernüpft, aber sie motivieren jene häufig nur sehr lose: Es existiert kein narrativer Zwang, keine handlungslogische Notwendigkeit dafür, beispielsweise eine Sterbeszene zu einer Pietà zu stilisieren, mit der Gestaltung einer Bibliothek eine Arbeit Michelangelos zu imitieren oder das Personal eines Zoos mit einer mythologischen Referenz zu versehen. All das wäre nicht nötig, wenn es nur darum ginge, eine Geschichte zu entwerfen und zu erzählen. Aber ein solches Unterfangen zielt auf mehr: Es betreibt das Spiel des Zitierens oder Paraphrasierens mit Methode.

Die Sujets innerhalb des Films repräsentieren - semiotisch formuliert - nicht einfach eine Signifikant-Signifikat-Relation, sondern eine „Zeichen-Zeichen-Beziehung", da in der Allegorie eine „Beziehung des Signifikanten zu (mindestens) einem früheren Zeichen" herrscht.[62] Das identifizierte Zitat ist von einem virtuellen 'Rahmen' umgeben: Es ist einerseits parallel ausge-

59 Paech 1989, S. 41.

60 Vgl. Greenaway, in: Pilard, Paris 1987, S. 116.

61 Panofsky 1978, S. 37.

62 Kahl, Michael, Der Begriff der Allegorie in Benjamins Trauerspielbuch und im Werk Paul de Mans, in: Reijn, W., Allegorie und Melancholie, Frankfurt a.M. 1992, S. 292-318, hier: S. 302.

richtet gemäß der filmischen Erzählhandlung, und es stellt sich andererseits quer dazu, in eine andere Richtung, zu einem anderen Ursprung weisend. Dieses Oszillieren zweier Bewegungen oder Ausrichtungen im 'Kopf' des Betrachters öffnet gleichsam immerfort Seitenblicke auf dem Weg durch die Anlage des narrativen, filmischen Gangsystems; in diesen flankierenden Räumen sind die Geschehnisse auf eigenartige Weise gespiegelt: mitsamt den Abweichungen und Brechungen, die der Eintritt in eine andere mediale Umgebung zur Folge hatte. Ein solches methodisches Vorgehen unterhält ein ästhetisches und intellektuelles Spiel zwischen Konstruktion und Dekonstruktion, das parallel zur Hervorkehrung formaler strukturierender Werte (wie sie in einem späteren Kaptitel beschrieben werden) auf seine Weise, die filmische Illusion konterkariert.[63] Das Kino, so schreibt Pascal Bonitzer, sei eine „machine illusioniste", es habe seine Beziehung zur Malerei durch den *trompe-l'œil*-Effekt.[64] So wie der Zweck dieser Malerei weniger in der Täuschung als vielmehr in der „Ent-Täuschung"[65] lag, intendieren die Film-Bilder Greenaways eine Desillusionierung des Betrachters, der, in dem „Bewußtsein der Differenz von Dargestelltem und Darstellung"[66], den Bild-, den Kunstcharakter des fotografisch getreu Wiedergebenen erkennen soll. Es fällt für den Betrachter eines Films im Vergleich zur Malerei augenscheinlich schwerer, die Dinge und Handlungen in ihrer ikonographischen Bedeutung nicht nur wahrzunehmen, sondern darüber hinaus auch anerkennen und goutieren zu können. Zu dominant ist möglicherweise der fotografische, 'realistische' Charakter, der den Betrachter dazu verleitet, die Details und Ereignisse 'wörtlich' sehen zu wollen, und zum anderen scheint der Zuschauer Metaphorik im allgemeinen eher zu akzeptieren, wenn sie aus der Erzählhandlung

---

63 Daß Greenaway diese Spiele mit Parallelen und Analogien auch mit britisch-trockenem Humor praktiziert, verdeutlicht zum Beispiel die Person des Nasenabschlägers, der in *Der Bauch des Architekten* mit einem Hammer bewaffnet umherzieht, um antiken Statuen die Nasen abzuklopfen und einzustecken. Er folgt damit seiner Obsession, seinem Nasenleiden - wiederholt schneuzt er sich in sein Taschentuch - genauso wie der Architekt mit seinen Bauchschmerzen Bäuche berühmter Männer sammelt und kopiert.

64 Vgl. Bonitzer, Pascal, Le Plan-Tableau, Cahiers du Cinéma, Nr. 370, April 1985, S. 17-22, hier S. 20.

65 Kemp, Wolfgang, Kunstwerk und Betrachter: Der rezeptionsästhetische Ansatz, in: Belting, Hans u.a. (Hg.), Kunstgeschichte - Eine Einführung, Berlin 1985, S. 203-223, hier: S. 216.

66 Bätschmann, Oskar, Einführung in die kunstgeschichtliche Hermeneutik, Darmstadt 1984, S. 91.

heraus möglichst unaufdringlich entwickelt ist.[67] Bei Greenaway sind Metaphorik und Symbolik jedoch prominent und Teil eines bewußt und intensiv betriebenen Verfahrens, wie es unter anderen eine bestimmte Art - allegorischer - Malerei charakterisierte.

67 Angesichts der allegorischen Dimension der Filme Pasolinis spricht Thomas Elsaesser von „visual overstatement". Vgl. Elsaesser, Thomas, Reflection & Reality, Narrative Cinema in the concave Mirror, in: Monogram, Summer 1971, Nr. 2, S. 2-9, hier: S. 9.
Anne Hollander ist der Meinung, daß die ikonographisch 'belasteten' Objekte im Film „anticinematic" seien: „Narrative paintings that ostentatiously describe all the objects inside them in terms of significance, like many of the Pre-Raphaelite compositions such as *The Awakening Conscience*, are anticinematic", Hollander, Anne, Moving Pictures, in: Raritan: A Quarterly Review, Winter 1986, Nr. 5, S. 82-102, hier: S. 99.
Vgl. Bodmer, Michel, Technik und Handwerk. Peter Greenaway und William Shakespeare, in: filmwärts, Nr. 21, 1/92, Winter 1992, S. 29-35, hier: S. 32: „Obschon er (Greenaway) sich in *Prosperos Bücher* hinsichtlich der computergestützten Kontrolle über sein Bildmaterial mehr denn je als Maler betätigen konnte, ließ sich nicht immer verhindern, daß manches, das im (Renaissance-) Gemälde stilisiert wäre und sofort symbolisch begriffen würde, im naturalistischeren Medium Film viel direkter wahrgenommen wird. Schon in *The Cook, the Thief, his Wife and her Lover* hatte sich Greenaway mit dem Unterschied zwischen naked und nude auseinandergesetzt; in *Prospero's Books* wirken manche der Nebenfiguren, Geister und Dämonen, die als Akt gedacht sind, eben nur nackt. Andere Bildelemente, die in der Malerei sofort als Embleme erkannt würden, wie die dynastische Krone, die am Ende über dem Paar Miranda und Ferdinand erscheint, wirken in ihrer vergleichsweisen Phantasielosikeit und Trivialität kitschig bis lächerlich."
Das Problem wurde schon früh im Hinblick auf die Fotografie formuliert; vgl. Kaufhold, Enno, Bilder des Übergangs. Zur Mediengeschichte von Fotografie und Malerei in Deutschland um 1900, Marburg 1986, S. 133, zit. n. Photographische Rundschau, 20. Jg., 1906, S. 3.: „Der Fotograf kann nicht ein Mädchen, unter blühenden Bäumen photographiert, 'Der Frühling' nennen oder eine alte Bäuerin für 'Das Alter' ausgeben (...) Die Kunstproduktion ist an die Gegenständlichkeit der Dinge gebunden."

2. Das Tableau im Film

Malerei bringt heim. Das Kino befördert woandershin.
John Berger[68]

Es gibt in Greenaways Spielfilmen einige Beispiele dafür, daß gemalte Werke abgebildet im Film erscheinen: In *Der Kontrakt des Zeichners* steht Neville, der Zeichner, nach seiner Rückkehr, gegen Ende des Films, in einem Zimmer, an dessen Wand Frauenportraits hängen - Gemälde, die die Funktion einer Herrschaftsbestätigung erfüllen, das heißt den Autoritätsanspruch seitens der Frauen innerhalb der Erzählung des Films visualisieren. Und als Mr. Noyes, der Verwalter des Anwesens der Maitresse Mrs. Pierpoint von der glücklichen Entwicklung der Dinge berichtet, die auch für sie von materiellem Vorteil sein könnten, befindet sich im Hintergrund die Abbildung von Rubens' *Samson und Delilah.* Dieses Gemälde beziehungsweise der zugrundeliegende Text versinnbildlicht die Schwäche der Männer gegenüber der Stärke der Frauen; die Männer erliegen der Verführungskraft der Frauen, die ihrerseits ihre Reize zu ihrem Vorteil einzusetzen wissen. Diese Konstellation bezeichnet das Verhältnis des Hausverwalters zu der Maitresse, und es spiegelt ebenso die Unterlegenheit des Zeichners gegenüber den beiden Frauen des Hauses wieder, den Frauen, die die Fäden der Intrige in der Hand halten und die Männer als ihre Marionetten zu bewegen wissen. Dasselbe Bild von Rubens tritt in *Verschwörung der Frauen* wieder auf, und hier variieren die Ereignisse der Filmhandlung das im Gemälde dargestellte Thema: Cissie Colpitt schneidet ihrem Mann das Haar, und der kleine Junge Smut beschneidet sich eigenhändig unter dem Einfluß des seilspringenden Mädchens - ein Akt der „symbolischen Kastration".[69] In *Ein Z und zwei Nullen* tauchen eine Reihe von Bildern Vermeers in unterschiedlichen Erscheinungsformen auf (als Gemälde, als Abbildung in einer Zeitschrift, als Ausgangspunkt einer szenischen Umsetzung und als *Tableau vivant*).

Das im Film als Bild-im-Bild anwesende Tableau vermag auf unterschiedliche Weise in die Narration einbezogen zu werden: Es kann scheinbar passiv, zufällig und absichtslos wie ein bloßes Dekorationsstück im Hinter-

68 Berger, John, goodbye, in: Sight & Sound, June 1991, S. 14-17, hier: S. 15.
69 Greenaway, Peter, Fear of Drowning. Règles du Jeu, Paris 1988, S. 5.

Abb. 9 Januarius Zick, *Allegorie auf Newtons Verdienste um die Optik* (ca. 1794), Landesgalerie Hannover.

grund hängen (dabei dennoch, aufgrund seiner ihm eigenen Bedeutung, 'semiotisch teilnehmend'), und es kann durch die szenische oder filmische Aktivität miteinbezogen werden. In *Der Koch, der Dieb, seine Frau und ihr Liebhaber* erzeugt die Ausleuchtung eine Korrespondenz von der Figur des Diebes zu einer Person des Gemäldes *Bankett der Offiziere der St. Georgs-Schützengilde* von Frans Hals.

Das Beispiel, das hier im Mittelpunkt der Untersuchung stehen soll, um die konkrete Funktion eines gemalten Werks im Kontext eines Films sowie die ästhetischen Aspekte einer solchen Adaption exemplarisch zu beleuchten, befindet sich ungefähr in der Mitte von *Der Kontrakt des Zeichners* (Abb. 9). Dieses Gemälde wird innerhalb der Spielhandlung zum Gegenstand der Reflexion. Der Zuschauer blickt in der Sequenz, in der es erscheint, nicht nur auf das filmisch vermittelte Gemälde, sondern er sieht auch sich zu dem Bild

Abb. 10 bis 13: Das Tableau innerhalb der Filmhandlung (*Kontrakt*)

Abb 10. 1 3
2 4

verhaltende Akteure: Der Zeichner Neville stellt es vor, nimmt es von der Wand, plaziert es direkt auf einem Stuhl vor ihnen, um es im Dialog zu erörtern. (Abb. 10.1/2).

Die allegorische Bedeutung des Tableaus

Anläßlich eines intimen Treffens in einem obskuren Nebengebäude konfrontiert der Zeichner Mrs. Herbert mit jenem Bild, das er sich, da es sein Interesse weckte, aus dem Hause geliehen hat. Es handelt sich dabei um ein vergleichsweise unbekanntes Werk, und keine Mitteilung gibt dem Zuschauer Aufschluß über Urheber und Titel der Arbeit. Statt dessen lenkt Neville mit Hilfe einiger Bemerkungen und suggestiver Fragen die Betrachtung des Bildes ganz gezielt: Er fragt, um zu erkunden, warum sich so ein ungewöhnliches Bild im Besitz des Hausherrn befinde, ob dieser über einen besonderen Sinn für „optische Theorie", für das „Leiden von Liebenden" oder für das „Verstreichen der Zeit" verfüge - Bemerkungen, die jeweils verbunden sind mit der kurzen (drei- bis fünfsekundenlangen) Einblendung der Gesamtan-

Abb. 11. 1 3
2 4

sicht des Gemäldes (Abb. 10.3), dann mit dem Ausschnitt, der die Gruppe heimlicher Beobachter zeigt (Abb. 10.4), die sich leicht verdeckt vom Buschwerk ganz links hinter einem Baum verbirgt und drittens mit dem Detail der Sonnenuhr, die sich im Bild rechts auf einem Obelisken befindet (Abb. 11.1). Eine zweite Wiedergabe der Gemäldetotalen schließt die erste Einstellungsfolge ab (Abb. 11.2), bevor dann die beiden Protagonisten wieder im Bild erscheinen (Abb. 11.3/4).

Mrs. Herbert konstatiert - angesichts Nevilles Neugier, warum Mr. Herbert das Bild wohl gekauft habe -, daß das Bild einen Garten darstelle. Neville drängt auf die Erkundung der Ereignisse, die sich in diesem Garten abspielen - Gelegenheit zur Einblendung desjenigen Ausschnitts, in dem ein Putto unter dem Spiegelbild der deutenden Gestalt im Inneren eines Rundtempels steht und zwei Gestalten nach rechts abgehen (Abb. 12.1). Die Frage, unter anderen Fragen, ob sie in diesen Episoden eine Geschichte erkenne und ob sich nicht dramatisches in diesem übervölkerten Garten abspiele, wird von der folgenden Einstellung begleitet, in der die Figur, die in Siegerpose ihren Fuß auf eine vor ihm liegende Gestalt setzt und mit dem Arm nach rechts

Abb.12 1 3
2 4

deutet - eine Geste, die mit ihrem aus dem Rundtempel hervorscheinenden Spiegelbild korrespondiert (Abb. 12.2).

Während die beiden Darsteller wieder zu sehen sind (Abb. 12.3), vermutet Neville unter anderem eine im Bild dargestellte Intrige.

Es folgt der dritte und letzte kurze Block mit Einstellungen, die das Tableau wiedergeben. Das Detail des Blitzes ist parallel zu Nevilles Frage zu sehen, ob dem bildlichen Geschehen eine Jahreszeit zuzuordnen ist (Abb. 12.4), und anläßlich der Einblendung der besiegten Gestalt mit Maske und Fackel (Abb. 13.1) forscht der Zeichner weiter nach den dargestellten Treulosigkeiten.

Die diese Sequenz abschließende Einstellung mit der dritten Abbildung der Gesamtansicht des Gemäldes (Abb. 13.2) mündet in der Frage: „Denken Sie, daß ein Mord vorbereitet wird?“

Das Gemälde scheint die Ereignisse der Erzählhandlung aber auch den enigmatischen Charakter des Films auf geheimnisvolle und wunderbare Weise zu fokussieren. Das liegt zunächst daran, daß das gesprochene Wort die Wahrnehmung des Bildes seitens des Betrachters in diesem Sinn anleitet - da ist die Rede von einem Garten, von Intrige und Mord. Der Film enthält alle

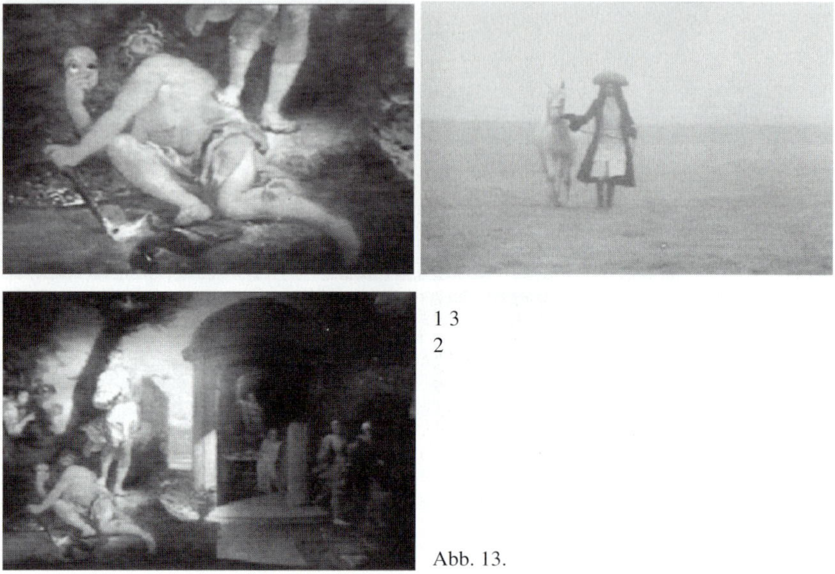

1 3
2

Abb. 13.

Informationen vor, die dem Bild besondere Eigenständigkeit zuerkennen könnten: Der Zuschauer erfährt weder, wer es anfertigte, noch, wann dies geschah oder was der ursprüngliche Titel beziehungsweise das Thema gewesen ist. Bar jeglicher Legende und aller originären Bedeutung läßt sich dieses vergleichsweise wenig bekannte Werk ungestört in den narrativen und filmischen Kontext eingliedern.

Tatsächlich handelt es sich bei dem Bild um eine Arbeit von Januarius Zick (1730-97), 1794 angefertigt, die laut Titel eine *Allegorie auf Newtons Verdienste um die Optik* darstellt (Abb. 9). Nevilles Anspielung, die dem Hausherrn und Besitzer des Gemäldes ein „Auge für optische Theorien" attestiert, ist also vom Titel des Bildes her verständlich. Es stellt sich die Frage, warum Greenaway, der - zumindest ganz allgemein - mit dem ursprünglichen Thema des Bildes vertraut ist, dieses im Film einsetzt. Verwendet er das Bild nur, weil die in ihm enthaltenen Motive sich so illustrativ mit Ereignissen der Filmhandlung zur Deckung bringen lassen, oder nimmt er darüber hinaus Bezug auf den allegorischen Gehalt des Gemäldes?

Anläßlich des Ankaufs der Bilder durch das damalige Provinzialmuseum in Hannover im Jahre 1926 findet sich die Erwähnung, daß nun „zwei

Abb. 14 Januarius Zick, *Allegorie auf Newtons Verdienste um die Gravitationslehre* (ca. 1794; Landesgalerie Hannover)

inhaltlich äußerst komplizierte Allegorien" das Rokokokabinett bereichern.[70] Die „zwei" bezieht sich auf ein von derselben Hand angefertigtes Pendant, das die Allegorie auf Newtons Verdienste um die Gravitationslehre thematisiert (Abb. 14). Dazu vermerkt der Katalog der Landesgalerie Hannover, in der das Bild heute hängt: „Die neun Musen huldigen Newton. Die Kugel am Fuß deutet seine Studien über die Schwerkraft an. Kopie des Pegasus auf dem Berg nebst Wasserfall: Titelbild der Iconologie für Dichter, Künstler und Kunstliebhaber ...".[71] In einer anderen Publikation wird das Bild eingehender gewürdigt[72] und dargelegt, daß Zick auf das traditionelle Thema *Apoll und die Musen* zurückgreift, um „durch die Umdeutung beziehungsweise Umbesetzung eines vorhandenen ikonographischen Schemas mit letztendlich barocken Mitteln eine völlig neue Ikonographie zu schaffen".[73]

70 Ferber, E., in: Kunstchronik und Kunstliteratur, Beilage zur Zeitschrift für Bildende Kunst, (Heft 11, Feb. 1927), 60. Jg. 1926/27, S. 123.

71 Stuttmann, F. (Hg.), Katalog der Gemälde Alter Meister in der Niederländischen Landesgalerie Hannover, Hannover 1954, S. 167.

72 Reinhardt, Brigitte (Hg.), Januarius Zick und sein Wirken in Oberschwaben, Ulmer Museum, München 1993, S. 118-120.

73 Ebd., S. 120: „Dort thront Apoll auf halber Höhe des Helikon, umgeben von den neun Musen, ähnlich wie hier Newton auf einer Erhebung am Fuß des Berges lagert. Auf dem Gipfel läßt Pegasus als Symbol geistiger Eingebung und unsterblichen Ruhms durch seinen Hufschlag die Quelle Hippukurene entspringen. Daß Newton dieser Ruhm zuteil wird, zeigt die Gestalt

Zur „Optik"-Variante ist auch hier nichts weiter vermerkt[74] ; der Hannoveraner Katalog notiert immerhin: „Newton hat den Versuchungen der Liebe widerstanden. Diogenes und Sokrates waren seine Vorbilder. Links: der Genius der Reinheit tritt auf die Lüge. Das Spiegelbild im Innern des Tempels bezieht sich auf Newtons Beschäftigung mit dem optischen Gesetz."[75]

Der „Genius der Reinheit" Newton, dominiert aufgrund seiner Größe, Helligkeit, farblichen Akzentuierung und erhöhten Stellung, und er artikuliert seinen Herrschaftsanspruch innerhalb des Bildgeschehens durch Körperhaltung und Gestik - mit dem auf den Bezwungenen gestellten Fuß, den auf den Tempel und auf sich weisenden Handbewegungen. Über ihm schwebt eine Taube mit Zweig im Schnabel, christliches Symbol der Seligkeit oder der zum himmlischen Frieden gelangten Seele, und darüber, vermittelt durch das Motiv des Baums, ruht das Licht, das in diesem Kontext gesehen als ein spirituelles verstanden werden muß. Ob der vereinzelt dastehende Baum den *Baum der Erkenntnis* oder *Baum des Lebens* und daher als Tugendsymbol (aufgrund der Gleichsetzung des Gartens Eden mit den Tugenden) bezeichnet, sei dahingestellt. Newtons Sieg über die niedergerungene Kreatur erinnert jedenfalls an den traditionellen Bildtypus des Kampfes von *Tugend und Laster*.

Im Rundtempel auf einem Altar unterhält ein Putto ein Feuer mit Hilfe von Pflanzen, die er aus einer füllhornartigen Tasche entnimmt. Offensichtlich handelt es sich um eine kultische Handlung und angesichts der Rotunde um einen Memorialbau oder einen Ruhmestempel - das darüber situierte gespiegelte Bild Newtons bezeichnet das Objekt des Gedenkens oder der Verehrung. Auf der Beherrschung des zu seinen Füßen liegenden Wesens gründet Newton seine Forderung. Dieses ist fast nackt, nur ein Tuch bedeckt seine Blöße, sein Haupt umrankt langes, zotteliges Haar; die Attribute Maske

---

der von rechts herbeieilenden Muse, die ihm eine Schale mit der göttlichen Speise Ambrosia reicht. Hinter ihm sitzt Urania, die Muse der Astronomie, und hält seine linke Hand an der Kette. Sein rechter Fuß ist an eine Kugel gekettet, die eigentlich als Attribut zu Urania gehört. Kugel und Kette sind hier als vielschichtige Symbole für die Schwerkraft, für die Vollendung und Harmonie des Kosmos beziehungsweise für die Verbindung von Himmel und Erde zu deuten. Sie werden zu unmittelbaren Sinnbildern Newtons selbst, der durch seine wissenschaftlichen Erkenntnisse, die in den aufgeschlagenen Büchern festgehalten sind, eine neue Harmonie des Kosmos beschrieben hat."

74 Auch Wagner beschränkt sich in seinen Ausführungen auf die Gravitations-Variante. „Auf Zicks Allegorie der Optik", so schreibt er, „möchte ich des schwer zu deutenden Bildinhalts wegen hier nicht näher eingehen." Wagner, Fritz, Zur Apotheose Newtons. Künstlerische Utopie und naturwissenschaftliches Weltbild im 18. Jahrhundert, München 1974, S. 14.

75 Stuttmann 1954, S. 167.

und Fackel kennzeichnen es zusätzlich als heidnisch-unzivilisierte Kreatur. Sie liegt am Boden, im Schatten, wogegen sich über ihr die in Licht getauchte Gestalt Newtons frei und selbstbewußt erhebt. Seine geistige Überlegenheit ist offenkundig, sein Anspruch exzeptionell: Was vor ihm da war, stellt er buchstäblich - er verbannt die beiden männlichen Figuren aus dem Lichtbereich des Tempels - in den Schatten.

Die Schilderung dieser Szene ähnelt in Aufbau und Gestik vom Typus her einer *Vertreibung aus dem Paradies*. Ein Blitz, dessen Darstellung in der Kunst häufig Teophanien begleitet, ist genau auf das Haupt der linken männlichen Figur ausgerichtet, das Ereignis überhöhend und sanktionierend.[76] Nachdrücklich erhebt Newton seine Forderung auf den Platz im Tempel, die beiden anderen, bisherigen Würdenträger, vertreibend. Einer von ihnen hält eine Laterne, der andere, ein alter Mann, trägt Zirkel, Lineal und Winkelmaß in der Hand sowie ein unter den Arm geklemmtes Buch. Der erste stellt anscheinend - wie der Katalog ebenfalls bemerkt - Diogenes dar (4. Jh. v. Chr.), den Begründer der kynischen Lebensweise oder Philosophie, über den eine Reihe Anekdoten der Nachwelt übermittelt sind, unter anderem die, daß er sich am hellichten Tag mit einer Laterne auf die Suche nach einem „wahren Menschen" begab.[77] Der rechte repräsentiert aufgrund seiner Attribute wohl Euklid (ca. 3. Jh. v. Chr.) - und nicht Sokrates. Euklids geometrische Konstruktionsverfahren sind lange grundlegend geblieben, und seine Abhandlung *Optica*, die sich der „Lehre vom Sehen" widmete, übte ihren Einfluß in Fragen der Proportionslehre und der Perspektive auch auf die Kunst der Neuzeit aus.

Doch nun macht Newton den beiden großen Geistern ihren Platz streitig. Der Obelisk, hier bezeichnenderweise zusätzlich bekrönt, rangiert zugleich als Sonnen- und Herrschaftssymbol; ganz funktional diente er (und dient er auf zahlreichen öffentlichen Anlagen in Italien bis heute) als Gnomon, als Zeiger einer Sonnenuhr. Auf dem Bild ist der Obelisk nicht Bestandteil, sondern materieller Träger eines solchen Meßinstrumentes. Häufig wurden diese mit Sinnsprüchen geschmückt, die an die Vergänglichkeit alles Irdischen erinnerten.[78] Da den beiden Alten Meistern im Bild der Obelisk samt Sonnenuhr zur Seite gestellt ist und da diese Zuordnung durch die beiden zeigestock-

76 Vgl. Rieth, Adolf, Der Blitz in der Bildenden Kunst, München 1953.

77 Zick hat ihn und diese Tat bereits in einem Bild *Diogenes mit der Laterne* (1794) gesondert gewürdigt.

78 Vgl. Loske, Lothar M., Die Sonnenuhren - Kunstwerke der Zeitmessung und ihre Geheimnisse, Berlin - Göttingen - Heidelberg 1959. Hier sind am Ende des Bandes einige dieser Sinnsprüche wiedergeben.

artigen Schrägen - die des Blitzes sowie des Schattenstabes -, deren gedachte Verlängerungen sich auf dem Haupt des „Diogenes" schneiden, bekräftigt wird, scheint der Adressat der Mahnung sichergestellt. Die beiden Männer erleiden ein Schicksal, demzufolge der Lauf der Zeit einen Größeren ins Licht der Geschichte treten läßt, um ihnen ihren Platz streitig zu machen.

Der Blick der heimlichen Beobachter im Bild links mag die bewundernde Augenzeugenschaft der Gesellschaft repräsentieren, jedenfalls ist es der Blick von Außenstehenden, deren Andersartigkeit gegenüber den antikisch gewandeten Figuren zudem durch die zeitgenössischen Kostüme hervorgehoben wird. Die Sonderstellung des Bereichs, den die Gruppe der Betrachtenden im Bild einnimmt, wird auch kompositorisch bekräftigt: Sie ist dem in sich abgestimmten, nahezu symmetrisch geordneten Hauptteil des Gemäldes - mit dem Rundtempel in der Mitte, dem Baum links und dem Obelisken rechts - in einem Seitenfeld nebengeordnet.

Im Sinne der Aufklärung wird die Figur Newtons zur Ausnahmeerscheinung des vernunftbegabten Menschen stilisiert, der alles dumpfe, triebhafte, 'dämonische' überwunden hat. Divinatorische Zeichen - Taube, Baum, Licht - sowie Darstellungstopoi, die christliche Bildformeln aufgreifen - Triumph der Tugend über das Laster, Vertreibung aus dem Paradies -, verleihen der Gestalt Newtons eine Weihe, die sie in die Nähe des Göttlichen rückt.[79] So wie Boullée sich „Newton zum Inbegriff des neuen, freien, weil wissenschaftlich erkennenden Vernunftwesens Mensch erkor"[80], und ihm einen gewaltigen Kenotaph entwarf (den Greenaway in *Der Bauch des Architekten* eine wesentliche Rolle zuerkennt), feiert Zick in einem anderen Medium und im ungleich kleinerem Maßstab diese Inkarnation eines emanzipatorisch-aufklärerischen Geistes.

Das Motiv des Spiegels bringt den optischen Effekt der Reflexion auf eine die Intention des Bildes decouvrierende Weise ein: Newton deutet, seinem Blick und seiner Armhaltung zufolge, unzweifelhaft auf die beiden Männer rechts - jedoch seinem Spiegelbild nach zu schließen zielt seine Gestik klar auf das Tempelinnere. Diese falsche Reflexion, diese Winkelverschiebung, die eine zu erwartende Profilansicht verkehrt, gipfelt in der am oberen Spiegelrand reflektierten Taube - sie, die eigentlich exakt von hinten wiedergege-

---

79 Diese Idealisierung und kultische Verehrung Newtons durch ein Kunstwerk reiht sich ein in zahlreiche vergleichbarer Arbeiten. In Boullées Newton-Kenotaph, diesem gantischen Projekt eines mit architektonischen Mitteln inszenierten Geniekults erreichte diese „neue(n) Form von Heiligenverehrung" in dieser Zeit ihren einsamen Höhepunkt. Vgl. Wagner, 1974, S. 24.

80 Ebd., S. 22.

ben sein müßte, präsentiert sich auch in ihrem gespiegelten Bild frontal. Ähnlich falsch bietet sich die Ausbreitung des Lichts dar: Der Blitz leuchtet die untere Partie des Tempels, dessen flachen Sockel, den Platz davor aus; erstaunlicherweise krümmt sich das - räumlich hinter beziehungsweise über der Architektur entspringende - Licht aber ebenfalls um den Eckpfeiler des Eingangsbogens, um auch den Putto in Helligkeit zu tauchen. Solche Brechungs- oder auch Reflexionsphänomene entbehren jeder empirischen oder physikalischen Grundlage. Zick zeigt die gespiegelte Erscheinung Newtons oder die der Taube nicht von hinten, weil dies ihrer Bedeutung widersprechen würde, daß heißt er malt nicht, was er sieht oder sehen würde, seine Malerei folgt nicht einfach dem Wissen von der optisch richtigen Wiedergabe der Dinge, sondern, wie dies ja häufig in der Geschichte der Malerei zu konstatieren ist, zugleich der Darstellung von Bedeutung. Sie dominiert die Stellung im Bildfeld (die erhöhte Position Newtons), die Größe der Personen und den Einsatz der Farbe und des Lichts, das die in der Manier einer scheinwerferartigen Bühnenausleuchtung selektiert und akzentuiert. Inszenatorische Entscheidungen rangieren vor einer empirisch-theoretisch stimmigen Erfassung.

Newtons Ausnahmeposition basiert im Kontext dieses Bildes auf einem speziellen naturwissenschaftlich-physikalischen Gebiet: der Optik. Der Begriff „Optik“ bezeichnete in der Antike „die Lehre vom Sehen“. Die Optik, ebenso wie die anderen Gebiete, Katoptrik, Skenographie, Dioptrik wurden nur als geometrische Optik behandelt. „Die Fragen über das Wesen des Lichts, den Vorgang des Sehens, rechnen die Griechen zur Philosophie, und sie finden dort wegen des spekulativen Charakters der Behandlung auch ihre richtige Stätte.“[81] Physikalisch ernst zu nehmende Lichttheorien (nämlich auch gestützt auf wesentliche experimentelle Erfahrungen, die über die Geradlinigkeit der Lichtausbreitung hinausgehen) entstehen erst im 17. Jahrhundert. Insbesondere bei Newton und Huygens verdichten sich die Ansätze und teilweise vagen Vorstellungen ihrer Vorgänger zu einer Theorie im eigentlichen Sinne. Mit Newton (1642-1727) und Huygens (1629-95) wird gemeinhin der Beginn der neuzeitlichen Lichttheorie angesetzt.

Das Bild von Januarius Zick bildet ein visuell-künstlerisches Paradigma dieser gewaltigen Verehrung und Wertschätzung Newtons, aber es wird auch klar, daß es keine künstlerische Visualisierung der komplizierten optischen Theorie Newtons leisten kann und will. Es sind in dieser Nachtszene fünf verschiedene, natürliche und künstliche Lichtquellen als selbstleuchtende Objekte wiedergegeben: Mond und Blitz, Fackel, Kerze und Feuer. Es gibt

81 Hoppe, Edmund, 1926, S. 240.

die angestrahlten Objekte - die Sonnenuhr, den Obelisken -, deren Schattenspur auf das Licht verweist, und es existiert vor allem der das Licht reflektierende Spiegel. Die optischen Lichtphänomene innerhalb des Bildes wirken wie Allusionen, Reminiszenzen, wie Zeichen einer komplizierten, physikalischen Theorie, vor allem aber visualisieren sie eine Lichtmetaphorik ganz anderer Art. Wagner charakterisiert die „Auswüchse einer 'Physikotheologie'" im 18. Jahrhundert: „Uralte Lichtsymbolik kam zu neuen Ehren, und die physikalische Beobachtung wurde zur Metapher für Erkenntnis, Wahrheitsfindung, Erleuchtung, für den vernunftgemäßen Fortgang des Jahrhunderts, für die Emanzipation des forschenden Geistes, für die Verinnerlichung der Gottsuche."[82] Diogenes (der trotz des Tageslichts ausschließlich seiner eigenen Lichtquelle als Sehhilfe vertraute), taucht auf dem Gemälde von Zick auf, obwohl er nichts mit optischen Phänomenen zu tun haben scheint; er verweist allerdings auf die erkenntnisorientierte Dimension des Sehens, welche die „Lehre vom Sehen" in einer Suche nach Wahrheit aufgehen läßt.

Die medial vermittelte Welt - das Gemälde, die Zeichnungen, der Film

In dem Tableau *Allegorie auf die Verdienste Newtons um die Optik* kommen optische Allusionen (der Spiegel, die Lichtphänomene) weniger als Indices einer naturwissenschaftlichen Wissenschaftstheorie zum Tragen, als vielmehr unter der Prämisse symbolischer Bedeutung und künstlerischer Repräsentation. Mit der Absicht einer effektvollen Inszenierung greift Zick, wie gesehen, auf traditionelle ikonographisch-kompositionelle Schemata zurück, die er für seine Zwecke variiert. Greenaway präsentiert das Gemälde im Film zunächst aufgrund motivischer Berührungspunkte mit den Geschehnissen innerhalb des Films, weil in dem Bild ein Garten, diverse mysteriöse Gestalten, heimliche Beobachter, das Motiv des Kampfes beziehungsweise des Sieges und andere stimmige Details abgebildet sind: „In *Der Kontrakt des Zeichners* gibt es ein bezeichnendes Gemälde für alle Aktivitäten, die sich im Garten abspielen und welches das Werk eines deutschen Malers ist, Januarius Zick, Bewunderer Newtons ... Sein zweiter Titel ist 'Hommage an die Optik Newtons'."[83]

82 Wagner 1974, S. 12.

83 Greenaway in einem Gespräch mit Michel Ciment, in: Positif, Nr. 320, Okt. 1987, S. 20-26, hier: S. 23.

Der Betrachter, der wie Greenaway mit dem Thema des Bildes vertraut ist, weiß darüber hinaus, was im Film nicht verraten wird, daß es sich um eine künstlerische Verehrung Newtons handelt. Die Gestalt Newtons repräsentiert den Wissenschaftlertypus par exellence. Newton ist der Inbegriff jenes rationalen, systematisierenden, wahrheitssuchenden Geistes, wie er in jedem von Greenaways Filmen in unterschiedlicher Ausprägung personifiziert auftritt. Sein 'kleiner Bruder' innerhalb von *Der Kontrakt des Zeichners* ist die Gestalt des Zeichners Neville, der die Welt mit Hilfe seines Rasters zeichnerisch zu erfassen versucht, sie zentralperspektivisch bannt und geometrisch konzipiert und der den Bereich innerhalb des Bildfeldes streng, aber zunehmend erfolglos zu kontrollieren versucht. Die Frage nach einer im Gemälde verschlüsselt dargestellten Intrige und insbesondere diejenige, ob hier ein Mord vorbereitet wird (die nun bei aller Phantasie nicht vor dem Gemälde allein gestellt werden könnte), deutet nicht nur Mr. Herberts, sondern auch sein eigenes Ende an. Das Gemälde wird in Paralelle zur filmischen Narration gesetzt, aber diese Tableau-Sequenz wird darüber hinaus auch zur Zelle der Allegorie des Films; zur Zelle, weil sie - wie zu zeigen sein wird - wesentliche Informationen des gesamten Films in sich vereint.

Die Zeichnungen sind das Resultat von Nevilles Ehrgeiz, nichts zu verfälschen und alles so aufzuzeichnen, wie es sich seinem Blick darbietet. Dieser mimetische, pseudo-objektive Ansatz, der sich scheinbar jeder Interpretation der Welt enthält, wird jedoch unterlaufen: Die Zeichnungen werden im Rahmen der Erzählhandlung Gegenstand unterschiedlicher Deutungsversuche. In der Manier einer Kriminalstory treten innerhalb der Erzählhandlung Indizien auf, die die Suche nach einer kohärenten Geschichte in Gang setzen. In der knapp viertelstündigen Passage nach Nevilles Abgang und vor dessen Wiederkehr (zwischen dem Ende der 63. und dem der 77. Minute) beflügeln die Zeichnungen dann die Phantasie und Rhetorik der Auslegenden: Mr. Noyes sieht in ihnen mögliches Beweismaterial für Nevilles Mitschuld am Tod von Mr. Herbert, und Mr. Talmann werden durch Mr. Noyes' geschickte Rede die rätselhaften Versatzstücke als allegorische Anspielungen auf den Ehebruch seiner Frau einsichtig gemacht; diese kontert mit einer Darlegung, die ihren Gatten als Hauptverdächtigen hinstellt, bevor sie diese Position dann Mr. Neville zuschanzt - alles in allem eine einfallsreiche Studie über die Unzertrennlichkeit von Erkenntnis und Interesse sowie die Macht der Fiktion. Sicher tragen die beiden Frauen, Mutter und Tochter, die Hauptlast an dem Mord - genügend Bemerkungen deuten in diese Richtung. Die knifflige Aufgabe, die Teilstücke zu einem Gesamtbild zu ergänzen, somit die Fragen der kriminalistischen Wahrheit „wer, wie, wo, wann, warum?“ zu ergründen, kann mit einigem Erfolg bis zu einer gewissen Grenze zelebriert werden, außerhalb derer das Ungewisse, die reine Spekulation beginnen. Hier stehen weniger das Resultat der Auflösung des Verbrechens, als vielmehr die Spurensuche und der Akt der Interpretation selbst im Mittelpunkt. Es wird nicht zuerst die Leiche gefunden, um den Prozeß der Ermittlungen zu initiieren; zunächst werden Andeutungen ausgesprochen und Fingerzeige buchstäblich ausgestreut und im Medium der Zeichnungen (und des Films) gebannt. Greenaway hat die Schuldigen einmal selbst 'denunziert': für ihn sind alle verantwortlich, da jeder Nutzen aus dem Tod von Mr. Herbert ziehen könnte: „Wie im *Mord im Orient Express* gilt: Jeder ist schuldig."[84] Aber im Vergleich zum *Orient Express* entspricht *Der Kontrakt des Zeichners* nicht der klassischen Kriminalstory. Das Gespinst aus Intrige, Sex & Crime entwirrt sich zum Schluß nicht vollständig. „Greenaway spielt hier mit der an die Genrekonventionen herkömmlicher *murder mysteries* gebundenen Erwartungshaltung der Zuschauer, die eine Erklärung für den Mord und die Entlarvung des Mörders erwarten."[85] Während dort die Wahrheit existiert, gibt es hier nur Sehweisen, Interpretationen, Motivationen. Neville bietet keinen Ersatz für einen Hercules Poirot: Er, der anfangs alles so gründlich festlegt und zu kontrollieren scheint, irrt mehr und mehr umher, um gegen Ende zuzugeben, daß ihm das Ganze ein völliges Rätsel sei. Und er, der arglos das Gesehene kopierte und viel zu spät erkennt, in welchem Maße er mißbraucht wurde, kann nur einen Verdacht formulieren, der sich gegen alle richtet, ohne ihn jedoch fundieren zu können. Am Ende wird er für seine Blindheit, bevor ihn der Tod ereilt, konsequenterweise mit Blendung gestraft.

Die Wahrheit Nevilles, der scheinbar objektiv, neutral und unverfälscht die vor ihm liegenden Erscheinungen aufzeichnet, entdeckt der Film als Blindheit. Seine Naivität formt ihn zum Spielball derjenigen, die in der Lage sind zu sehen, das heißt die Zeichnungen (in ihrem Sinne) zu interpretieren, und, davon ausgehend, zu manipulieren. Mr. Noyes und Mr. Talmann dechiffrieren die Geschehnisse, die in den Zeichnungen gebündelt sind auf eine Weise, die vor allem eins verrät: die Angst vor der Meinung der anderen, vor den Augen der „Welt", die Mr. Talmann mit den Namen der anderen Mitspieler belegt. Und diese Augen sehen, was sie sehen wollen, gegründet auf handfesten, materiellen Interessen - schließlich war der Anlaß ihrer Anfertigung das Bestreben, Besitz künstlerisch zu repräsentieren: so sind sie Reprä-

84 Greenaway in einem Gespräch mit Karen Jaehne, in: Cineaste, Vol 13, Nr. 2, 1984, S. 13-15, hier: S. 15.

85 Barchfeld 1993, S. 87.

sentations-Objekte im kompletten Sinne - Resultate gelungener künstlerischer Abbildungsleistung und Demonstrationen gesellschaftlicher Bedeutung.

Während Neville als sozialer Außenseiter in seiner Künstlerrolle in einer Mischung aus „Unschuld und Arroganz" die Dinge für unschuldig hält und künstlerisch seiner mimetischen Auffassung huldigt, interpretiert die 'bessere' Gesellschaft die Details der Zeichnungen mit ihrem ideologischen Blick. Ihre Ambitionen mögen zwar in sich heterogen sein, nach außen hin demonstrieren sie Einigkeit. In dem laufenden Intrigenspiel avancieren die Zeichnungen zu Beweismaterial, dessen Beseitigung erwogen wird. Mr. Noyes Vorschlag gegenüber Mr. Talmann, die vergänglicheren Zeichnungen durch ein dauerhaftes Denkmal zu ersetzen, welches ein „Teil der Landschaft" würde und diese nicht nur repräsentierte, erkennt die Gefahr, die von den Zeichnungen ausgeht, die eben darin besteht, daß sie als 'Gegen-Teile' entlarvende Indizien bergen, die sich gegen eine Integration in die soziale „Landschaft" sträuben. Aus diesem Grund beschleunigen einige Personen die angesprochene Vergänglichkeit der Zeichnungen ganz erheblich: Der Film endet mit ihrer Verbrennung und beendet so das Spiel der Auslegungen.

Der Rekurs auf das Gemälde geschieht im Dialog des Films ausdrücklich über den Begriff der Optik, genauer der „optischen Theorie". Dieser mit dem Sehen assoziierte Komplex bildet als einziger direkter Hinweis auf den ursprünglichen Sinn des Tableaus anscheinend einen wesentlichen Anknüpfungspunkt. Neville vertritt die Meinung, daß er die Dinge so malt wie sie sind, ohne etwas auszulassen oder zu verzerren, und er verweigert sich jeder Interpretation der rätselhaften Gegenstände innerhalb seiner Arbeiten. Er sieht keinen Zusammenhang der Dinge untereinander, noch bewertet er sie als Zeichen für etwas anderes - für ein Verbrechen oder ein Unglück etwa, wie Mrs. Talmann ihm nahelegen möchte. Mrs. Talmann veranlaßt das zu dem polemischen Schluß, daß ein wirklich intelligenter Mann nur einen mittelmäßigen Maler abgibt, denn die Malerei erfordere eine gewisse Blindheit, dagegen wird ein intelligenter Mann über das, was er zeichnet, mehr wissen wollen als das, was er sieht.[86]

---

86 Mrs Talmann: „Mr. Neville, I have grown to believe that a really intelligent man makes an indifferent painter, for painting requires a certain blindness - a partial refusal to be aware of all the options. An intelligent man will know more about what he is drawing than he will see." - Greenaway, Peter, Meurtre dans un Jardin anglais (Drehbuch), in: L'Avant Scène Cinéma, Nr. 333, Okt. 1984, S. 44-117, hier: S. 90. Vgl. dazu Barchfeld 1993, S. 75 und Prill, Meinhard, Vom Illusions-charakter der Medien, in: Medien und Erziehung, 28. Jg., Nr. 6, 1984, S. 343-349.

Es sei nochmals auf das verwiesen, was Mr. Seymour (das Wortspiel Seymour - *see more* ist des öfteren erkannt worden), der damit die Position eines „intelligenten Mannes" einnimmt, im Anblick der Zeichnungen ausspricht: „Sie zu betrachten, das ist, als ob man einer komplizierten Allegorie folge"[87]. Diese Differenz zwischen Sehen und Erkennen, Sein und Schein, zwischen denotativer und konnotativer Bedeutung bezeichnet das Dilemma angesichts jeder Allegorie. Der Film thematisiert diesen Aspekt anhand einer Kriminalgeschichte und reflektiert zugleich den eigenen artifiziellen Status.[88] Nevilles quasi-mechanische 'Auf-Zeichnung' der Natur repräsentiert die (pseudo-)objektive Aufnahme der Erscheinungen durch eine Kamera.[89] Die Analogie des Zeicheninstruments zu einer Kamera hat Greenaway selbst häufig angesprochen. So wie der Regisseur/Kameramann den Standpunkt der Kamera, und damit eine bestimmte Perspektive und einen Ausschnitt festlegt, verfährt Neville angesichts der Ansichten des Anwesens: Beide anvisieren ihr Objekt durch einen Sucher, und beide sind in ihrem Resultat von einem Querformat abhängig. Die Aufnahmen aus einer leichten Untersicht, die viele Einstellungen resultieren desgleichen in ihrer Anpassung an eine Sitzposition aus dieser Analogie zwischen Kamera und Zeichenapparatur.

Nevilles unreflektierter mimetischer Auffassung hält Mrs. Talmann eine aktive, intellektuelle Leistung in Fragen der künstlerischen Auseinandersetzung mit dem Wahrgenommenen und deren Aufzeichnung entgegen. Die filmische Darbietung gibt ihr recht: Sie thematisiert und veranschaulicht, daß diese Beziehung vielfach gebrochen ist, u.a. angesichts der Festlegung des Standpunktes, des Ausschnitts, des Lichtes (der Wahl der Tageszeit), des wahrnehmenden Auges und Kopfes sowie der tätigen Hand. Der filmische Diskurs veranschaulicht die Differenzierung und zugleich Unablösbarkeit der Zeichnungen in bezug auf das Motiv (die abzubildende Landschaft), die technische Apparatur (die Zeichenvorrichtung) und den Anteil des aktiven Subjekts (des Auges bzw. der Hand des Zeichners). Besonders augenfällig wird das in den Sequenzen, in denen die 'Störungen' eintreten in Gestalt von Gegenständen, die neu im Bildfeld auftauchen. In der Passage beispielsweise, in der Neville die Leiter entdeckt, entwickelt sich die Aktion in mehreren Einstellungen:

- Nevilles Hand, einen Stift haltend, liegt auf der Zeichnung ,
- er schaut durch den Sucher und stutzt,

87 Greenaway (Drehbuch) 1984, S. 97.

88 Vgl. Barchfeld 1993, S. 88.

89 Ebd., S. 70ff.

- der Realitätsausschnitt in der Totalen mit der Leiter,
- der Ausschnitt der kritischen Stelle auf der Zeichnung - ohne Leiter,
- entsprechend in der Realität - mit Leiter,
- wieder Neville,
- die Zeichnung mit der Spitze des Stifts, die die Leiter einträgt.

Der Film, betont Greenaway, „ist im wesentlichen über einen Zeichner, der eine Landschaft zeichnet, und die Facetten des Zeichenvorgangs und der Landschaft treten auf einer anderen Ebene der Repräsentation zueinander in Beziehung, dem Film". Greenaway wollte, „daß diese drei Ideen in der gesamten Struktur des Films gegenwärtig sind, um stets daran zu erinnern, daß wir die ganze Zeit vergleichen zwischen der wirklichen Landschaft, Mr. Nevilles Bild von ihr und, zuletzt, uns als Betrachter, die wir diese im Film repräsentierten Ideen wahrnehmen".[90]

Läßt sich die Zeichenvorrichtung in Analogie zu einer Kamera begreifen, verweisen die Zeichnungen auf das filmische Bild. Der filmische Diskurs belegt den gleichermaßen medialen und subjektiven Eingriff, veranschaulicht, daß die künstlerische Produktion gekoppelt ist mit kreativer Entscheidung und technischer Vermittlung.[91] In Konsequenz daraus erfordert die Rezeption einen aktiven Part, der davor bewahrt, „Perzeption als Apperzeption mißzuverstehen".[92] und der den künstlichen und künstlerischen Charakter erkennt und somit die Dinge als Zeichen zu deuten imstande ist. Dies betrifft nicht nur den Zeichner und die innerfilmischen Interpreten der Zeichnungen, sondern - in Fortführung der Analogie - den Betrachter, der den Film sieht. Nevilles Auffassung von der Kunst als einer rein reproduktiven, objektiven Tätigkeit transponiert die Auseinandersetzung mit dem vergleichbaren Anspruch einer bestimmten Art von Dokumentarfilm - wie es das Werk Greenaways zuvor viele Jahre beherrschte - in den Spielfilm. Unterminierte Greenaway diese 'Dokumentarfilme' mit absurden Einfällen, ironischer Selbstbespiegelung und schwarzem Humor, tritt nun in einem Spielfilm die Gestalt des Zeichners als Personifikation der dokumentarisch-positivistischen 'Tugend' auf, um innerhalb einer Erzählhandlung zu scheitern. Neville repräsentiert somit keinen Positivismus getreu der Ausprägung vergangener Jahr-

90 Greenaway in: Watney, Simon, Gardens of Speculation - Landscape in *The Draughtman's Contract,* S. 183-192, hier: S. 191.

91 Vgl. Barchfeld 1993, S. 75.

92 Spielmann, Yvonne, Framing, Fading, Fake: Peter Greenaways Kunst der Regeln, in: Film, Fernsehen, Video und die Künste - Strategien der Intermedialität, Joachim Paech (Hg.), Stuttgart - Weimar 1994, S. 132-149, hier: S. 133.

hunderte, sondern reflektiert kritisch jüngere mediale Entwicklungen - insbesondere den Realismusanspruch des fotografischen (und filmischen) Bildes.

Die Sequenz, in der das Tableau von Januarius Zick zum Gegenstand der Interpretation wird, bündelt all dies: In modellartiger Gestalt, miniaturhaft aber analog ausgebildet, findet hier eine Auseinandersetzung mit einem allegorisch verschlüsselten Kunstprodukt statt. „Sehen Sie, Madam", so fragt Neville angesichts des Gemäldes von Januarius Zick, „eine Geschichte in diesen scheinbar unzusammenhängenden Episoden?" Neville wirft hier eine für den gesamten Film eminent wichtige Frage auf (an dessen Beantwortung er kläglich scheitert), denn für die Klärung des Sinns der disparaten Fundstücke, die innerhalb des Bildfeldes seiner Zeichenapparatur auftauchen, bedarf es - seitens der inner- und extrafilmischen Interpreten - desselben kreativen Prozesses, um die einzelnen Elemente kausal miteinander zu verknüpfen.[93]. Auch wenn der Betrachter nicht mit der allegorischen Bedeutung des Gemäldes selbst vertraut sein sollte, ist er es doch mit seiner Funktion, denn es fungiert als Vorlage für eine semiotische Übung. Verstand Greenaway die zeichnerische Wiedergabe der Außenwelt als Sinnbild einer filmischen, so reflektiert das Verhältnis des innerfilmischen Betrachters (also das der Akteure) zu den Zeichnungen dasjenige von Betrachter zum Film, thematisiert mithin der Film den Akt seines eigenen Ausgelegtwerdens auf der Ebenen des filmischen Geschehens, und die Versuche der Deutungen und Interpretationen verlängern sich - gebrochen - ins Extrafilmische. Hatte sich also der Aufzeichnungsprozess seitens Nevilles in Analogie zum filmischen setzen lassen, so scheint es sinnvoll, die Gespräche über dessen Resultat - den Zeichnungen -, entlang derselben Achse zu spiegeln, um die Diskussion (auch die wissenschaftliche) über den Film selbst darin projiziert zu sehen, was jeden aktiven Betrachter (vor dem Film) - getreu der Logik dieser Symmetrie - als Teilnehmer eines im Film angelegten Spiels denkt.

Bei der Präsentation des Tableaus und dessen Betrachtung seitens Mr. Neville und Mrs. Herbert ist bisher der aktuelle Anlaß ihres Beisammenseins unterschlagen worden. Er besteht in der Neville vertraglich zugesicherten

93 Mrs. Talmann bietet Neville schließlich genau aus diesem Grund ihren Schutz an, da sie sich imstande sieht, die Einzelteile in einem sie verbindenden und erklärenden Plot aufgehen zu lassen. Die Frage des Zeichners nach dem Zusammenhang des einzelnen ist fraglos auf die Konstruktion der eigenen filmischen Narration selbst bezogen: „Seine Fragen an Mrs. Herbert berühren jedoch auch einen zentralen Punkt der der Reflexionen des Films - das Verhältnis von Erzählung und statischem Bild - und bilden einen Kommentar zur Struktur des Films. Die Frage nach dem erzählerischen Zusammenhang der scheinbar unzusammenhängenden Episoden des Filmes kann sich auch der Zuschauer am Ende des Films stellen." - Barchfeld 1993, S. 76.

Befriedigung sexueller Wünsche. Während der Zeichner Hypothesen darüber aufstellt, warum der Hausherr dieses Bild erwarb - und schon zuvor dessen „Auge für optische Theorie" anführte - attestiert er ihm kurz darauf ein Interesse für „pictorial conceit", für „visuelle Übertreibung". Simultan dazu bedient sich Neville, um die Schnüre an Mrs. Herberts Kleid zu öffnen, einer Schere, und während er akustisch sein Verständnis für „visuelle Übertreibung" kundtut, steht seine Handlung dem nicht nach: Mit gezielten Schnitten legt er den Rücken ihres Oberkörpers frei (Abb. 11.3/4 u. 12.3)

Es sei daran erinnert, daß bereits der Prolog dieses Films eine symbolische Ebene einführt, die die Dualismen „Licht und Schatten" oder „bekleidet und entblößt" als Ausdruckswerte des Komplexes von „sehen und verbergen" zueinander in Beziehung setzt; so verwundert es nicht, wenn die Mäeutik im Anblick des Gemäldes in ironischer Verdoppelung mit der entbindenden Aktivität angesichts der Kleider zusammenfällt - sind doch beide Bewegungen hier durch einen recht gewaltsamen Drang nach Enthüllung gezeugt.

Das optische Thema des Gemäldes schlägt sich in der Allegorie des Films - dem Komplex des Sehens und Auslegens - auch in der Variation der symbolischen Bedeutung des Lichts nieder. Optik als „Lehre vom Licht" verweist auf dasjenige Medium, welches das Sehen und Erkennen - wie Diogenes mit seiner Laterne veranschaulicht - physiologisch erst ermöglicht (und das die Voraussetzung des Mediums Film ist). Nicht nur Januarius Zick, sondern auch Greenaway arbeitet mit der metaphorischen Dimension des Lichts: Der Gemäldesequenz geht eine fast vierzigsekündige Einstellung voraus, die die Rückseite des Anwesens mit Blick über die Schafweide auf der Ostseite her wiedergibt. Innerhalb dieser Einstellung bewegt sich das zwischen den Wolken hindurchscheinende Sonnenlicht aus dem Hintergrund heraus in den Vordergrund; es taucht zunächst den entfernten Teil des Anwesens in strahlendes Licht, um sich allmählich über die Weide hin nach vorn zu tasten, die Schatten durch Helligkeit verdrängend, bis es das Zeichengerüst erreicht (und den Standpunkt der Kamera), das allein ohne Zeichner dasteht und dessen das Licht reflektierender Rahmen im Wind zu zittern beginnt. Die dazu leise einsetzende Musik leitet in die Gemäldesequenz über, vereint die Passagen und verleiht der 'Lichteinstellung' den Sinn einer visuellen Ouverture, einer ästhetischen Meditation über optische Phänomene. Zugleich leitet sie ein in den symbolischen Komplex der Tableau-Sequenz, die doch eine Suche nach „Wahrheit" und „Klarheit" darstellt - Werte die das Licht konnotiert. Dem klaren Licht des Vorspiels in bezeichnender Polarität entgegengesetzt, schließt sich direkt nach der Tableau-Sequenz eine Einstellung an, in der aus dem diffusen Nebel heraus ein Bediensteter tritt, das reiterlose Pferd des

Hausherrn am Zügel führend (Abb. 13.3). Neville stellt synchron dazu die Frage, ob Mrs. Herbert glaube, daß ein Mord vorbereitet wird, eine Frage, die noch den dargestellten Ereignissen des Gemäldes gilt, aber auf der Tonspur hinüber bis in die folgende Einstellung reicht und damit der Szene mit dem reiterlosen Pferd eine unheilvolle Bedeutung unterschiebt. Zugleich wird auf diese Weise der Kommentar angesichts des Tableaus mit dem narrativen Kontext des Films tontechnisch verzahnt.

Inwieweit Greenaway die Bedeutung der Allegorie Zicks im einzelnen versteht und inwiefern seine Deutung von der hier vorgeschlagenen im Detail abweichen könnte, mag dahingestellt sein. Wesentlich ist, was Greenaway bekannt ist, das optische Thema des Gemäldes, und daß es einen der großen Rationalisten und Wahrheitsuchenden verehrt, dessen Verdienst und Anliegen es war, die den Erscheinungen zugrunde liegenden Gesetzmäßigkeiten zu entdecken. Die Sequenz mit dem Tableau von Januarius Zick pointiert und konzentriert einen zentralen thematischen Komplex des gesamten Films. Bezeichenderweise befindet sich diese *mise en abyme* zeitlich etwa in der Mitte des Films, so daß die temporal zentrale Stellung der ideellen entspricht. Scheinbar in der Art chinesischer Schachteln oder russischer Figuren existiert das Motiv der Erkenntnis und Wahrheitssuche (auch wenn die 'absolute Wahrheit' längst suspendiert wurde), von 'innen nach außen' gestaffelt: auf dem Gemälde, in der Sequenz, im Ganzen des Films, im Angesicht des Films.

Die filmästhetische Verwandlung

John Berger formuliert, ausgehend von den Eindrücken der Fresken Giottos in der Scrovegni-Kapelle in Padua, eine Unterscheidung zwischen Malerei und Film (beziehungsweise Kino):

> Nichtsdestoweniger gibt es einen sehr offensichtlichen Unterschied zwischen Kino und Malerei. Das Kinobild bewegt sich und das gemalte Bild ist statisch. Und dieser Unterschied verändert unsere Beziehung zu dem Ort, an dem wir die Bilder anschauen. In der *Scrovegni* stellt sich das Gefühl ein, daß alles, was im Laufe der Geschichte geschah, dorthin gebracht wurde und zu einer ewigen Gegenwart in der Kapelle in Padua gehört. Die Fresken (...) erwecken einen Eindruck transzendentaler Dauer. Das gemalte Bild macht das, was abwesend ist - ob das was geschah weit weg oder lang her ist - gegenwärtig. Das gemalte Bild befreit das, was es darstellt, für das Hier und Jetzt. Es sammelt die Welt und bringt sie heim. Ein Seestück von Turner scheint dem, was ich gerade gesagt habe, zu widersprechen. Aber selbst vor einem Turner bleibt dem Betrachter die Farbe ('pigment') bewußt, die auf die Leinwand aufgetragen ('scraped') wurde - und tatsächlich ist dieses Bewußtsein Teil des Reizes. Turner kommt aus dem Sturm mit einem Gemälde. Turner überquert die Alpen und bringt ein Bild der ehrfurchtgebietenden Natur *zurück*. Die Unendlichkeit und die Oberfläche spielen Versteck in einem Raum, in dem das Gemälde aufgehangen wurde. Das ist es,

> was ich meinte, als ich sagte, Malerei sammelt die Welt und bringt sie heim. Und das kann sie, weil ihre Bilder statisch und unveränderlich sind. Man stelle sich eine Kinoleinwand vor, die in der Scrovegni-Kapelle installiert wurde und auf die ein Film projiziert wird. Nehmen wir an, es sei die Szene, in der der Engel bei den Schäfern erscheint, um die Geburt Christi in Bethlehem zu verkünden. (...) Den Film betrachtend, würden wir aus der Kapelle *heraus* irgendwo auf ein nächtliches Feld befördert werden, wo Schäfer im Gras liegen. Das Kino, weil seine Bilder sich bewegen, nimmt uns *weg*, von da, wo wir sind, zu der *Szene der Handlung*. (...) Malerei bringt heim. Das Kino befördert woandershin.[94]

Es bliebe nachzuprüfen, inwieweit diese wirkungsästhetische Einschätzung historisch zu relativieren ist. Vielleicht sah der Betrachter früherer Tage, vor der Erfindung des Kinos und vor der Erfindung der Fotografie (oder auch der heutige Betrachter sogenannter primitiverer Kulturkreise), ein Gemälde mit anderen Augen; es weckte möglicherweise seine Imagination und schickte ihn ebenfalls auf Reisen; jedoch mit dem heutigen und hiesigen Blick gesehen trifft diese Bemerkung sicher zu. Sie ist interessant im Hinblick auf die Beziehung von gemaltem Bild und Film, weil sie darauf verweist, welche Veränderung das gemalte Bild als ein abgefilmtes erfährt: Das Gemälde wird Teil der forttragenden Bewegung des Films.

Benjamin bewertete dies als ein „ablenkendes Moment“: „Man vergleiche die Leinwand, auf der der Film abrollt, mit der Leinwand, auf der sich das Gemälde befindet. Das letztere lädt den Betrachter zur Kontemplation ein; vor ihm kann er sich seinem Assoziationsverlauf überlassen. Vor der Filmaufnahme kann er das nicht. Kaum hat er sie ins Auge gefaßt, so hat sie sich schon verändert. Sie kann nicht fixiert werden“[95].

Selbstverständlich existiert die Bewegung auch bereits innerhalb des statischen Bildes, beispielsweise wie Anne Hollander feststellt, in der „Dialektik von Hell und Dunkel“, wo das „veränderliche chiaroscuro uns die veränderliche Welt sehen und erkennen läßt“; aber: „Film verdoppelt den Effekt der Bewegung des Lichts dadurch, daß er sich tatsächlich bewegt. Das Bild steht niemals still, genauso wie das Licht dies niemals tut - und genauso wie das Auge dies niemals tut.“[96] Zwar kann das gemalte Bild Bewegung und Zeit auf unterschiedliche Art und Weise visualisieren, aber es ist dies doch immer ein Suggerieren; der Betrachter weiß, daß der Eindruck des Veränderlichen auf einer wesentlich anderen Art der Illusion beruht als auf derjenigen, auf der

94 Berger 1991, S. 15.

95 Benjamin, Walter, Das Kunstwerk im Zeitalter seiner technischen Reproduzierbarkeit, in: Illuminationen, Frankfurt a.M. 1977, S. 136-169, hier: S. 164.

96 Hollander, Anne, Moving Pictures, in: Raritan: A Quarterly Review, Nr. 5, Winter 1986, S. 82-102, hier: S. 89.

die Kinematographie fußt (als Transport von Einzelbildern ...). Der Betrachter vor einem Gemälde weiß daher auch, daß er sich - bei aller internen Bewegtheit - Zeit lassen kann, dieser Bewegung nachzuspüren - im Gegensatz dazu nimmt die Bewegung des Films den Betrachter mit, trägt ihn weiter.

André Bazin vertrat die Auffassung, daß die Begrenzung der Filmleinwand - im Gegensatz zum Rahmen (*cadre*) des gemalten Bildes - eine Maske (*cache*) darstellt: „Der Rahmen (*cadre*) polarisiert den Raum auf sein Inneres hin, alles, was uns dagegen die Filmleinwand zeigt, dehnt sich unendlich ins Universum aus. Der Rahmen ist zentripetal, die Filmleinwand zentrifugal."[97] Joachim Paech beschreibt die Konsequenzen einer solchen Betrachtungsweise für das gemalte Bild im Film: „Das gemalte Bild wird trotz seiner besonderen ästhetischen Struktur von den raum-zeitlichen Eigenschaften des Films affiziert, es nimmt teil am virtuellen Bilduniversum, zu dem es nach allen Seiten ausufert, sobald es seine ihm eigene ästhetische Grenze, seinen Rahmen verloren hat. Das Ergebnis ist eine Art ästhetischer Symbiose zwischen Malerei und Film."[98]

Das Gemälde verliert sein Format: Es erscheint in Abhängigkeit von der Einstellungsgröße des Films vergrößert (oder in selteneren Fällen verkleinert) auf die Größe der Filmleinwand und überführt in ihr Querrechteck. Eisenstein hatte bereits 1932 gegen „das liegende Leinwandformat (das sich so sehr für den faulenzenden Geist geziemt!)" polemisiert und für das „dynamische Quadrat"[99] geworben, das auch Vertikalkompositionen erlauben würde.[100] Die

97 Bazin, André, Peinture et cinéma, in Qu'est-ce que le cinéma?, Paris 1981, S. 188. Die deutsche Übersetzung ist zit. n. Paech, Joachim, Passion oder die Einbildungen des Jean-Luc Godard, Frankfurt a. M. 1989, S. 42.

98 Paech 1989, S. 42.

99 Eisenstein, Sergej, Das dynamische Quadrat (1932), in: Das dynamische Quadrat. Schriften zum Film, Leipzig 1988, S. 157-176, hier: S. 162.

100 Ebd., S. 159ff.: „Ich setze mir zum Ziel, diese 50 Prozent der von der Leinwand verbannten gestalterischen Möglichkeiten zu verteidigen. Ich möchte eine Hymne auf die starke, mutige, aktive Vertikalkomposition anstimmen (...) Es ist das Quadrat, die räumliche Form des Rechtecks, die ein Beispiel für die gleiche Länge seiner bestimmenden Achsen liefert. Das ist die einzige Form, die gleichsam fähig ist, mittels einer abwechselnden 'Abplattung' der rechten und linken Seite bzw. oben oder unten die ganze Fülle der auf der Welt existierenden ausdrucksintensiven Rechtecke zu umfassen (...) Wie die theoretischen Voraussetzungen auch immer aussehen mögen, erst das Quadrat wird uns endlich die reale Möglichkeit bieten, zufriedenstellende Filmaufnahmen von vielen Objekten zu liefern, die es bis zum heutigen Tage noch nicht auf der Leinwand gibt: schmale Gassen aus dem Mittelalter; oder gewaltige gotische Kathedralen, die über ihnen lasten ..." Eisenstein führt sogar evolutionstheoretische Argumente an: „Ich möchte aber unterstreichen, daß der Übergang zur vertikalen Fläche bei unseren behaarten Vorfahren ein Übergang zu einem höheren Entwicklungsniveau war. Diese

Beschränkung auf ein fixes, vorgegebenes Format ist ein Manko des Films, verglichen mit der Freiheit, die die Malerei in dieser Hinsicht genießt.[101]

Die „ästhetische Symbiose" basiert auf einer weiteren Vorraussetzung. John Berger hatte im Hinblick auf die Bilder Turners auf die Materialität des Farbauftrags hingewiesen, die mitverantwortlich für die Wahrnehmung der Gegenwart des Bildes als ein Unveränderliches ist.[102] „Es gibt einen großen Unterschied zwischen der Malerei und dem Kino, einer Einstellung und einem Gemälde", schreibt Hubert Damisch. „Keine Oberflächenqualität, keine taktile Qualität läßt sich mit dem auf die Filmleinwand projizierten Bild verknüpfen."[103] Der Eindruck räumlicher Tiefe sei beim Film nicht wie in der Malerei mit dem der Dicke oder Dichtheit ('épaisseur') verbunden, in der dadurch die Tiefenwirkung zurückgeworfen wird auf die Bildebene, auf die materiellen Werte der Oberfläche.[104] Die taktile Qualität, die Oberflächenwerte der Malerei verschwinden im Medium des Films in der „mechanische(n) Faktur"[105], das heißt in der nivellierenden Schicht des Filmstreifens beziehungsweise der Filmleinwand als Bildträger.[106]

Dieser wesentliche Unterschied zwischen Film und Malerei beruht auf der fotografischen Qualität des Films, (liegt also bereits in der Differenz zwischen Fotografie und Malerei begründet) „als Ergebnis der grundverschiedenen Herstellungsprozesse"[107]. Ernst Kallai beschrieb diese Differenz im Hinblick auf die „Faktur" eines Gemäldes, der die Fotografie nur ihre „Textur" entgegenzusetzen habe: „Das Eingreifen in alle Wirkungsmomente der Malerei hat äußerst wesentliche Folgen für die besondere Eigenart und Gesetzmä-

vertikalen Tendenzen lassen sich in ihren biologischen, kulturellen, intellektuellen und industriellen Erscheinungsformen verfolgen. Wir fingen einst, wie die Würmer auf dem Bauch kriechend, an. Danach liefen wir jahrhundertelang horizontal auf allen Vieren. Doch erst in dem Augenblick, da wir uns auf die Hinterbeine erhoben und eine vertikale Lage einnahmen, ähnelten wir dem menschlichen Geschlecht. Der gleiche Prozeß wiederholt sich jetzt bei der 'Vertikalisierung' unseres Gesichtswinkels."

101 Die mögliche Erweiterung, die Greenaway in seinen letzten Filmen realisierte, ist die Entscheidung für eine noch ausgeprägtere Horizontalkomposition, das extreme Breitformat.

102 Das die Materialität der Farbe Bewegung suggerieren kann, gehört, wie gesagt, zu einer anderen Art der Illusion.

103 Damisch, Hubert, in einem Gespräch mit Jean-Pierre Touati und Santiago Amigorena, L'epée devant les yeux, in: Cahiers du Cinéma, Nr. 386, Juli/Aug. 1986, S. 26-32, hier: S. 30.

104 Vgl. Damisch 1986, S. 30.

105 Behne, Adolf, zit.n. Kemp 1979, S. 121.

106 Vgl. Damisch 1986, S. 30: „Il y a une grande différence entre la peinture et le cinéma, un plan et un tableau: aucune qualité de surface, aucune qualité tactile, ne s'attache à l'image projetée sur l'écran."

107 Kemp 1979, S. 112.

ßigkeit der Bildgestaltung in dieser Kunst. Die feinsten Sehwerte einer Komposition werden entscheidend gefordert durch die Tastwerte ihrer Faktur: durch Stoff, Menge, plastische Struktur und Oberfläche ihres Materialauftrages."[108] Gegenüber dieser „spannungsvoll konsistente(n) Stofflichkeit" der Faktur beschränkt sich das „Licht-Bild" „auf den matten Hauch der lichtempfindlichen Schicht von Platte oder Film".[109] Wolfgang Kemp hat es treffend formuliert: „Die Malerei - das hat Kallai wohl als erster überzeugend herausgearbeitet - macht das Problem von Nähe und Ferne, von Schicht und Schein gewissermaßen mit sich ab. Den Medien fehlt die innere Strukturiertheit und damit auf höherer Ebene zugleich die inhaltliche Spannung zwischen realstofflicher Erscheinung und Abbildungsleistung."[110]

Das gemalte Bild bleibt dem Betrachter daher in viel stärkerem Maße in seinem Bildcharakter bewußt, und das Dargestellte von einer es umgebenden Realität geschieden: „Die Komposition, die Farbgebung. die malerische oder lineare Wiedergabe, die gesamte offensichtlich erreichte Einheit von Farbe und Oberfläche läßt das Bild innerhalb einer Welt der Farbe und den Betrachter in Sicherheit bleiben (...) „Egal wie turbulent oder eigenartig die Handlung innerhalb der Rahmens ist, sie kann nicht heraus."[111]

In der Imagination des Betrachters gelingt ihr dies jedoch angesichts der Leinwand des Films, und der Intensität des leuchtenden Farb- und Kontrastfelds im dunklen Raum des Kinos. Nachdem das Licht verlöscht ist und die Vorführung begonnen hat, verliert die Projektionsfläche ihre Materialität: „Sobald die Lichter ausgehen, ist die Leinwand nicht länger eine Oberfläche, sondern ein Raum (space). Keine Wand wie die Wände der Scrovegni-Kapelle, eher ein Himmel."[112] Damit ist zugleich eine weitere, unter rezeptionsästhetischen Gesichtspunkten wesentliche Verwandlung des Gemäldes im Film umschrieben.[113]

---

108 Kallai, Ernst, Malerei und Fotografie (1927), in: Kemp 1979, S. 115.

109 Ebd.

110 Ebd., S.27. Selbst dort, so ließe sich ergänzen, wo die Spuren des Werkprozesses durch die Handarbeit des Künstlers getilgt wurden - etwa bei den Arbeiten des Fotorealismus -, ist der Betrachter vor dem Werk in der Lage, die individuelle, manuelle Faktur (und sei es hier in der Eigenschaft ihrer Glätte) wahrzunehmen.

111 Hollander 1986, S. 87. Hier gelten dieselben Einschränkungen wie hinsichtlich der Sätze Bergers. Die „Sicherheit" des Betrachters ist eine historisch und kulturell gewachsene.

112 Berger 1991, S. 15.

113 Vgl. beispielsweise Breitmoser-Bock, Bild, Filmbild, Schlüsselbild. Zu einer kunstwissenschaftlichen Methodik der Filmanalyse am Beispiel von Fritz Langs Siegfried, München 1992, S. 40f.

Die filmische Transformation eines Gemäldes eröffnet andere -medienspezifische - Möglichkeiten der Gestaltung und Manipulation. Der in diesem Kapitel behandelte Fall der Adaption eines gemalten Werkes verdeutlicht die Macht des Zugriffs, die im narrativen Kontext sowie im Medium begründet ist: Das Gemälde von Januarius Zick wird durch filmische Mittel im Sinne der Erzählhandlung des Films 'narrativiert'. Erstens wird das Tableau in diverse Ausschnitte zerlegt, die - obwohl der Betrachter das ganze Tableau in seinem Gedächtnis bewahrt haben mag - ein eigenes Bild-im-Bild (des Gemäldes) definieren, und zweitens werden die Teile, die Ausschnitte sowie die Gesamtansichten, in einer bestimmten Reihenfolge montiert[114]; es kommt drittens hinzu, daß die Einstellungsdauer relativ kurz ist, so daß sich dem Betrachter kaum Gelegenheit bietet, das Bild selbständig zu erforschen; da die Wahrnehmung ohnehin durch die Verbindung von Bild und Kommentar gesteuert wird, bleibt dem Zuschauer gerade genug Zeit, die gesehenen Auschnitte im Gesamten des Bildes zu identifizieren und zu verorten.[115]

Der Film zieht noch aus einer zweiten Eigenschaft des Tableaus seinen Nutzen. Er vertraut auf dessen Aura, auf den Eindruck der Kostbarkeit des historischen, gemalten Werkes, seiner Ausstrahlung des Geheimnisvollen. Der Begriff der Aura ist hier anders zu verstehen als bei Benjamin, der ja gerade angesichts des technisch reproduzierten Werks deren Verlust meldet.[116]

Die medial und fiktional erzeugte Aura

Angesichts der Reproduktion eines Originals beschreibt Benjamin den Verlust der „Aura“, der „Echtheit“, „Einmaligkeit und Dauer“ des Kunstwerks in

114 Vgl. Thiele, Jens, Das Kunstwerk im Film - Zur Problematik filmischer Präsentationsformen von Malerei und Grafik, Frankfurt a.M. und München 1976. Thiele untersucht in seiner Arbeit die Verfilmung von Bildern und markiert vier „Problemkreise“: „Die Wirkung der ausschnitthaften Verkürzung des Kunstobjekts, die Einstellungsdauer. Die Frage einer Reihenfolge von Einzelinformationen über ein Kunstobjekt. Die Wirkung der vor dem Objekt bewegten Kamera (Schwenk, Fahrt)“; ebd., S. 48. Der letzte Gesichtspunkt ist für den vorliegenden Fall nicht relevant, da Greenaway die Kamera vor dem Gemälde Zicks nicht bewegt.

115 Vgl. Thiele, Jens, Das Kunstwerk im Film - Zur Problematik filmischer Präsentationsformen von Malerei und Grafik, Frankfurt a.M. und München 1976. Thiele untersucht in seiner Arbeit die Verfilmung von Bildern und markiert vier „Problemkreise“: „Die Wirkung der ausschnitthaften Verkürzung des Kunstobjekts, die Einstellungsdauer. Die Frage einer Reihenfolge von Einzelinformationen über ein Kunstobjekt. Die Wirkung der vor dem Objekt bewegten Kamera (Schwenk, Fahrt)“; ebd., S. 48. Der letzte Gesichtspunkt ist für den vorliegenden Fall nicht relevant, da Greenaway die Kamera vor dem Gemälde Zicks nicht bewegt.

116 Benjamin 1977.

der „Flüchtigkeit und Wiederholbarkeit" sowie der massenweisen Vervielfältigung der neuen Medien.[117] Benjamin konstatiert ein paralleles Phänomen angesichts der Leistung des Filmschauspielers, dessen Vermögen durch eine Apparatur vermittelt wird und sich aus partikularen Artikulationsmomenten zusammensetzt, aus einer „Reihe von optischen Tests"[118], die nachträglich zu einer vorgeblichen Einheit montiert werden:

„Das Publikum fühlt sich in den Darsteller nur ein, indem es sich in den Apparat einfühlt. Es übernimmt also dessen Haltung: es testet. Das ist keine Haltung, der Kultwerte ausgesetzt werden können"[119]. Im Gegensatz zu dem Wirken des Bühnenschauspielers charakterisiert Benjamin die filmische Leistung als eine andersartige: „...zum ersten Mal - und das ist das Werk des Films - kommt der Mensch in die Lage, zwar mit seiner gesamten lebendigen Person aber unter Verzicht auf deren Aura wirken zu müssen. Denn die Aura ist an sein Hier und Jetzt gebunden. Es gibt kein Abbild von ihr"[120]. „Der Film antwortet auf das Einschrumpfen der Aura mit dem künstlichen Aufbau der 'personality' außerhalb des Ateliers. Der vom Filmkapital geförderte Starkultus konserviert jenen Zauber der Persönlichkeit, der schon längst nur noch im fauligen Zauber ihres Warencharakters besteht."[121]

Benjamin unterschätzt hier vielleicht den Einfluß der Apparatur selbst. Die filmische Aufzeichnung der Arbeit eines Schauspielers bildet nicht nur eine Art Testreihe, sondern kann gerade und in stärkerem Maße als das Theater dazu geeignet sein - in Gestalt einer zielgerichteten Inszenierung und Regie -, eine Aura aufzubauen und zu vermitteln. Die „Aura", die Benjamin als „einmalige Erscheinung einer Ferne, so nah sie sein mag" definiert, findet sich in dem Begriff des Stars, der die Gleichzeitigkeit der Präsenz auf der Leinwand und sternengleicher Entrücktheit faßt. John Berger, der, wie oben geschildert, eine Filmleinwand anstelle der Fresken Giottos in die Scrovegni-Kapelle imaginiert, beschreibt dies auf seine Weise: „Sobald die Lichter ausgehen, ist die Leinwand nicht länger eine Oberfläche, sondern ein Raum (space). Keine Wand wie die Wände der Scrovegni-Kapelle, eher ein Himmel. Ein Himmel gefüllt mit Ereignissen und Menschen. Woher sonst sollten Filmstars kommen, wenn nicht von einem Film-Himmel?"[122].

---

117 Ebd., S. 139ff.

118 Ebd., S. 150.

119 Ebd., S. 151.

120 Ebd., S. 152.

121 Ebd., S. 154.

122 Wie am Beispiel Newtons gesehen, wurde die christliche Idolisierung, die 'An-Himmelung' weltlicher Personen via Medium schon früher betrieben.

Benjamins Feststellung, daß die technische Aufzeichnung von der natürlichen Wahrnehmung abweichende Aufnahmen ermöglicht und daß das Abbild das Kunstwerk aus seinem Zusammenhang reißt[123] sowie damit das „Hier und Jetzt" eines Kunstwerks entwertet wird, trifft zu, aber sie ist dennoch zu relativieren. Denn gerade die mediale Repräsentation ist aufgrund ihrer Möglichkeiten in der Lage, die Präsenz, das „Hier und Jetzt" eines Werkes (in der Vorstellung des Betrachters) vorzutäuschen, ja in gesteigertem Maße erfahrbar zu machen. Der Film vermag nicht nur als Vehikel zu dienen, um die Aura eines Werkes in der Vorstellung eines mit dem Original eng vertrauten Betrachters zu aktivieren, sondern er ist in der Lage, eine Aura erst zu erschaffen. Ein Film kann die Rezeptionshaltung ganz entscheidend beinflussen, indem er die Zugangsbedingungen steuert und die Atmosphäre auflädt. Im Spielfilm erlangt der Rezipient Zutritt zu dem Werk durch technische und fiktionale Bedingungen. Abstand, Sehwinkel und Dauer sind vorgegeben, wenn der Zuschauer das Gemälde von Januarius Zick betrachtet; vor allem aber wird er mittels der Handlung disponiert und involviert - das Gemälde wird Element des Imaginären des Films, und der Betrachter nimmt teil an der Entdeckung des Gemäldes: Neville hat es zu seiner Überraschung irgendwo im Haus gefunden, und nun befindet es sich in diesem dämmerigen Nebengebäude. An diesem Ort, bei einem solchen Licht, mit Hilfe der Dialoge, der Musik und im Rahmen dieser Erzählhandlung vermag das Gemälde eine Wirkung zu entfalten und eine Aufmerksamkeit zu erwecken, die den Reiz des Originals auf der weißen Wand des Museums, bei neutralem Licht und inmitten all der anderen Gemälde, womöglich übertrifft. Gerade die derart präsentierte reproduzierte Version vermittelt ein Gefühl des Geheimnisses der Allegorie und läßt die Augen des Betrachters mit der Frische der Entdekkungsfreude an dem Fund teilhaben.

123 Benjamin 1977, S. 140: „Erstens erweist sich die technische Reproduktion dem Original gegenüber selbständiger als die manuelle. Sie kann, beispielsweise in der Photographie Ansichten des Originals hervorheben, die nur der verstellbaren und ihrem Blickpunkt willkürlich wählenden Linse, nicht aber dem menschlichen Auge zugänglich sind, oder mit Hilfe gewisser Verfahren wie der Vergrößerung oder der Zeitlupe Bilder festhalten, die sich der natürlichen Optik schlechtweg entziehen. Das ist das Erste. Sie kann zudem zweitens das Abbild des Originals in Situationen bringen, die dem Original selbst nicht erreichbar sind. (...) Die Kathedrale verläßt ihren Platz, um in dem Studio eines Kunstfreundes Aufnahme zu finden; (...) Die Umstände, in die das Produkt der technischen Reproduktion des Kunstwerks gebracht werden kann, mögen im übrigen den Bestand des Kunstwerks unangetastet lassen - sie entwerten auf alle Fälle sein Hier und Jetzt."

Allerdings ist ein solcher Begriff der Aura deutlich anders besetzt als der Benjamins. Er erhebt nicht mehr die unmittelbare, materielle Gegenwart des einmaligen Objekts zur Grundlage, sondern betrifft eine durch ein Medium (mittels einer szenischen, filmischen und fiktionalen Aufbereitung) in der Imagination des Betrachters geschaffene Aura.

Nicht darum handelt es sich hier, die Gleichartigkeit oder -wertigkeit von Original und Reproduktion zu postulieren oder die Grenzen zwischen beiden zu verwischen[124]; vielmehr ist daran zu erinnern, daß es eine Art medial und fiktional gespeister Aura gibt - inwieweit diese das Orignal bewußt mystifiziert, stilisiert oder verfälscht, gilt es dann von Fall zu Fall zu diskutieren.

„Die Echtheit einer Sache", so sagte Benjamin, „ist der Inbegriff alles vom Ursprung her an ihr Tradierbaren, von ihrer materiellen Dauer bis zu ihrer geschichtlichen Zeugenschaft."[125] Die Frage nach der Echtheit und das

124 Weisner, Ulrich, Original und Reproduktion, Sonderdruck aus der Zeitschrift Westfalen, 55. Band, Heft 1-2, Münster 1977, S. 205-219, hier: S. 218: „Tatsächlich hat aber das Original mehr die Aufgabe ihn (den Betrachter) zu neuen Erfahrungen zu führen, so daß die unterschiedliche Funktion von Original und Reproduktion aufgefaßt werden kann als Vermittlung neuer Erfahrungen dort und Vermittlung von Vorstellungen hier. Unsere Vorstellungen werden vor allem durch Reproduktionen genährt; um Erfahrungen zu sammeln, ist aber der Umgang mit Originalen notwendig. Erfahrungen bilden sich durch bewußt verarbeitete Wahrnehmungen. Während sich also das Original mit dem Bgriff der Erfahrung verknüpfen läßt, ist die Reproduktion mehr mit dem Begriff der Erinnerung verbunden." - Es stimmt, die Untersuchung vor dem Original ermöglicht weitergehende Erfahrungen, dennoch darf der Reproduktion nicht die Leistung aberkannt werden, Erfahrung auf der Grundlage „bewußt verarbeite(r) Wahrnehmungen" zu ermöglichen. Das Konzept eines „sehenden Sehens" wie Imdahl es entwickelt und auffaßt, ist beispielsweise nicht generell auf das Original angewiesen. Imdahl bestreitet denn auch nicht die Überlegenheit des Originals, wenn er schreibt: „Wie immer das Original seiner Reproduktion überlegen ist - ganz zweifellos - so kann es sich kulturpolitisch doch nicht darum handeln, der Aura des Originals im Sinne eines Originalfetischismus das Wort zu reden. Kulturpolitischer Medienarbeit müßte es um das gehen, was geistig, was vestehend und erlebend erfahren werden kann. Man kann vor dem Original blind bleiben und vor einer Reproduktion eine Erkenntnis gewinnen." - Imdahl, Max, Moderne Kunst und Medien, in: Das Kunstwerk, Zeitschrift für moderne Kunst, Jg. XXXVI, Feb. 1983, S. 18-21, hier: S. 21.

125 Das sind Kriterien, die doch inzwischen schon auf die modernen Aufzeichnungs- und Reproduktionsmedien zutreffen. Denn schon tragen ihrerseits wieder die alten neueren Medien, die alten Fotografien und Filme, die materiellen Spuren der Zeit und strahlen aufgrund des damaligen Standes der Technik, jene Patina, jenen Charme, jene „Aura" des (zeitlich) Entfernten aus, des Vergangen, das doch in der Rezeption des Werkes so real scheint - eine gewisse Melancholie oder Nostalgie, wie sie gerade diese Medien vermitteln können, beruht auf dem Wissen darum, daß die damals aufgezeichneten Gegenstände und Menschen noch leibhaftig anwesend waren in der Welt.

Bewußtsein von der Aura eines Kunstwerks tauchen in dem Moment verstärkt auf, in dem sie durch technisch-industrielle Entwicklungen als bedroht erachtet werden. Inzwischen drehte sich das Rad weiter; im 'Zeitalter der technischen *Produzierbarkeit*', der digitalen Kunst, der Konstruktion virtueller Realität(en), und der Aussicht auf bio-medizinisch erzeugte menschliche Kopien stellt sich das von Benjamin formulierte Interesse an der sinnlich erfahrbaren (und gewußten) Echtheit und Einmaligkeit ebenso komplex wie brisant dar.

Vor diesem Hintergrund gesehen rangiert das Gemälde im Film dagegen (immerhin) noch als Repräsentant eines im traditionellen Verständnis existierenden Originals. Der Betrachter einer fotografischen oder filmischen Abbildung eines Originals weiß um deren Authentizität, indem er gleichsam durch das reproduzierte Dargestellte hindurch das originale sieht, das für die 'Echtheit' der Kopie bürgt - im Kern unberührt von allen technisch begründeten Abweichungen (der Farbechtheit, des veränderten Formats ...).[126]

Der Betrachter vor dem Film vermag das Gemälde im Film nur durch die filmische Vermittlung wahrzunehmen, und dieser Blick auf das Tableau gleicht nicht einfach einer Schlüssellochperspektive, deren Ränder von einer medialen oder fiktionalen Logik konstituiert werden, da hier nicht nur wie mit einer Lupe oder einem Filter für sich bestehende und in sich Bedeutung tragende Objekte herausgehoben oder abbildet werden; vielmehr affiziert die filmische Darstellung das Dargestellte, und die Selektion, Kombination und Präsentation der Zeichen konfiguriert zugleich die semantische Dimension. Deshalb täuscht der Eindruck, daß bei dem Beispiel von Januarius Zick die Betrachterebenen sich wie chinesische Schachteln von 'innen nach außen' - innerbildliche[127], innerfilmische, extrafilmische Betrachter - staffeln. Die Betrachterebenen existieren nicht in dieser phänomenologischen Selbständig-

126 Die pauschale Unterscheidung in Original und Reproduktion verwischt die Vielfalt möglicher Präsentationsweisen des Originals durch die Reproduktion; dies betrifft die Frage nach dem Medium sowie dem konkreten Kontext und der Funktion, in dem die Reproduktion erscheint. „Auch darin", schreibt Weisner, „kann der Wert einer Reproduktion liegen, daß in besonderen Situationen - etwa in Mangelsituationen, wenn Originale unerreichbar sind - eine einzige Reproduktion so kostbar wird, daß sie in den Augen des Betrachters die Aura und den Wert eines Originals annimmt." Weisner 1977, S. 216. So gesehen, also hinsichtlich des Effekts auf die Vorstellung des Wahrnehmenden, kann die Aura doch durch ein Abbild hindurch wirken.

127 Der Betrachter, findet sich innerhalb des Gemäldes in dem Motiv des heimlichen Beobachters abgebildet.

keit, denn das filmische Werk leitet seine Wahrnehmung (sein Wahrgenommenwerden) an.

In diesem hier analysierten Fall werden viele Register gezogen, um das Gemälde in die Fiktion des Films einzufügen; zugleich aber wird diese Vereinnahmung auch thematisiert. Technisch-materiell, filmisch, szenisch, narrativ und in seinem intellektuellen (allegorischen) Gehalt erscheint das Tableau im Spielfilm angesichts seiner Rezeptions- und Produktionsbedingungen (und Gestaltungsmöglichkeiten) als ein umgewandeltes: Das filmisch adaptierte Tableau verschmilzt mit dem Film: Es wird zum „Bewegungs-Bild“[128], es verliert im Zuge der „ästhetischen Symbiose“ seine Autonomie, seine ihm eigenen Begrenzungen und Ausdehnungen, seine Materialität. Das Gemälde wird zum Element des filmischen Diskurses: Es wird in Ausschnitte zerlegt, deren zeitliche Präsenz und syntaktische Anordnung werden fixiert. Darüber hinaus steuert die Inszenierung die Wahrnehmung des Tableaus - in der Wahl des Settings, der Ausstattung, des Lichts, der Spielhandlung vor dem Gemälde, des Dialogs, der Musik. Und das Gemälde Zicks beziehungsweise die Sequenz, in der es erscheint, steht im Kontext des gesamten Films. Dies betrifft seinen Stellenwert als Element einer filmischen Fiktion und, abstrakter betrachtet, seine allegorische Dimension.

128 Vgl. Deleuze, Gilles, Das Bewegungs-Bild, Kino 1, Frankfurt a.M. 1989.

3. Das *Tableau vivant* im Film

> Der Historienmalerei gegenüber habe ich den großen Vorteil, 24mal pro Sekunde ein neues Bild machen zu können, ich kann mich zentimeterweise oder in großen Schwüngen über eine größere Leinwand bewegen. Ich kann das Licht nach meinem Geschmack verändern, die Figuren in Bewegung zeigen und mich um 360° drehen.
>
> Peter Greenaway[129]

Ungefähr in der Mitte von Greenaways zweitem Spielfilm *Ein Z und zwei Nullen* erscheint das von Vermeer um 1667 gemalte Bild *Die Malkunst* - mit einigen Abweichungen - als *Tableau vivant* nachgebildet (Abb. 15 u. 16)[130]. Ein Gemälde als *Tableau vivant* nachzustellen bedeutet, daß die Teile des Ensembles, die Objekte und Figuren, getreu dem flächigen Vorbild im Raum angeordnet und ausgeleuchtet werden. Die Kamera begegnet einem dreidimensionalen Ensemble, das nicht mehr Gemälde ist, aber aufgrund seines anderen Ursprungs und seiner Immobilität innerhalb des Films ein anderes darstellt.[131] Zwischen der Anwesenheit eines Tableaus im Film einerseits und der dramatisierten, animierten szenischen Adaption eines Gemäldes andererseits, stellt das *Tableau vivant* - als szenisch belebtes Gemälde und stillgestellte Handlung zugleich - so etwas wie eine ästhetische Zwischenstufe, einen Zwischenschritt dar, auf dem Weg der Übersetzung eines Gemäldes in ein filmisches Spielgeschehen.

„Die mit malerischen Mitteln dargestellte Szene“, schreibt Joachim Paech, „wird zur Szene ihrer Darstellung vor der Kamera; die *Tableaux vivants* sind nicht die Gemälde, die sie bedeuten. Ihre Funktion erfüllen sie als szenische Darstellungen auf der Grenze, sowohl dieses bestimmte Bild, als auch eingewebt in den 'Text' des Films zu sein.“[132] Das *Tableau vivant*, so weiß Pascal Bonitzer, kann verschiedene Funktionen haben: Sein Kunstwert mag dazu dienen, denjenigen des Films aufzuwerten; es kann das dramatische Gesche-

129 Greenaway, Peter, in den Anmerkungen zum Drehbuch von *Das Wunder von Mâcon*, Hamburg 1993, S. 301.

130 Die Datierungen der Bilder Vermeers sind übernommen von Wheelock, Arthur K., Jr., Jan Vermeer, Köln 1992.

131 Für weitere Beispiele des Einsatzes eines *Tableau vivant* im Film - vgl. Baron, A. M., Tableaux vivants du Cinéma, in: Cinéma, Nr. 420, Dez. 1987, S. 7-10.

132 Paech, Joachim, *Passion* oder die Einbildungen des Jean-Luc Godards Frankfurt a. M. 1989, S. 65.

Abb. 15 Das *Tableau vivant* der Malkunst (*Z 00*).

hen des Films als Parodie oder Enigma kommentieren, und dadurch daß es die Zeit in der Bewegung des Films (scheinbar) anhält, verweist es unmittelbar auf die Artifizialität des Films selbst und bewirkt eine Art von Desillusionierungsstrategie, als deren Folge ein Nachdenken seitens des Betrachters geradezu erzwungen wird.[133] Aufgrund seines semiotischen und ästhetischen Sonderstatus' ist das *Tableau vivant* dazu geschaffen, seinen (filmischen) Kontext zugleich gleichsam von innen und von außen zu spiegeln.

Das *Tableau vivant* der *Malkunst* ist Bestandteil eines recht bizarren und schwer zugänglichen Films, in dem, nach eigenem Bekunden Greenaways, in der Tradition der Pop Art und speziell in Anlehnung an Verfahrensweisen Kitajs die unterschiedlichsten Dinge vereinigt werden:

> Zumindest mit Filmen wie *The Falls* und *Ein Z und zwei Nullen* beziehe ich mich auf diese zeitgenössische angelsächsische Schule, die versucht, disparate Objekte an einem einzigen Ort zusammenzubringen. (...) Ich bewundere in dieser Hinsicht den anglo-amerikanischen Maler Kitaj sehr (...) Das ist ein Verfahren, das vor den 60er Jahren noch kaum möglich war: etwas Seite an Seite zu setzen, das von Kandinsky oder Malewitch herrührt, dem 'Neuen Realismus' oder dem industriellen Zeichnen (...) Die Pop Art hat all dies popularisiert (...) Das ist ein wenig das, was ich mit *Ein Z und zwei Nullen* ins Kino übertragen

133 Vgl. Bonitzer, Pascal, Le Plan-Tableau, Cahiers du Cinéma, Nr. 370, April 1985, S, 17-22, hier S. 17f.
Diese Unterbrechungen werden von Roland Barthes und Joachim Paech im Sinne des brechtschen epischen Theaters verstanden; vgl. z.B. Paech 1989, S. 45: „Die Unterbrechung (der Kontinuität) der Handlung produziert keine Lücke, deren Leere mit Reflexion angefüllt wird, sondern einen Zustand, der organisierende Funktion für Sinn und Zweck des Gesamtverlaufs haben soll."

Abb. 16:
Jan Vermeer,
Die Malkunst
(ca. 1673;
Kunsthistorisches
Museum Wien)

wollte, ohne darin wirklich Erfolg gehabt zu haben, glaube ich (...) Das beweist wiederum, in welchem Maße die Malerei dem Kino voraus ist[134].

In einer Collage heterogener Ausdrucksmittel und inhaltlicher Rekurse begegnen sich Vermeers Malkunst, griechische Mythologie, Darwins Evolutionslehre, Dokumentarfilmausschnitte, Verwesungssequenzen im Zeitraffer, alte Kinderlieder, Tierdarstellungen, die Musik Michael Nymans und anderes mehr in einem kryptischen, artifiziellen filmischen Kosmos, der erst bei näherer Betrachtung seine strenge - greenawaysche - Logik preisgibt.

Der Inhalt des Films:
Die Brüder Oswald und Oliver Deuce verlieren durch einen Autounfall ihre Ehefrauen. Die Fahrerin Alba Bewick, die einzige Überlebende des Unfalls, gerät zunächst in die Hände des Chirurgen Van Meegeren; dieser ist zugleich ein Fälscher der Werke Vermeers, und er setzt alles daran, Alba für die Posi-

134 Greenaway, Peter, in: Pilard, Philippe u.a., Peter Greenaway, Paris 1987, S. 110.

tion der Geliebten und des Modells zu gewinnen. Die bevorzugt es allerdings, ihre Zuneigung und ihren körperlichen Trost Oliver und Oswald zu schenken. Bei den beiden Brüdern, die Naturwissenschaftler und Angestellte eines Zoos sind, initiiert der tödliche Unfall ihrer Frauen eine merkwürdige Form der Trauerarbeit: Um dem Sinn des tragischen Unglücks, dem gewisse teleologische Züge zuerkannt werden, auf die Spur zu kommen, verfolgen sie die Entwicklung des Lebens von seinen Anfängen bis zum Erscheinen des homo sapiens. Während Oliver nach und nach die Tiere des Zoos frei läßt, installiert Oswald eine kameratechnische Apparatur, die es ermöglicht, den Verwesungsprozeß aufzuzeichnen. Unterschiedliche Tiere, von einfachen bis zu immer komplizierteren Lebensformen, in Anlehnung an die Evolutionstheorie Darwins, dienen als Objekte - am Ende legen sich die Brüder ihrerseits, nachdem sie sich die tödliche Spritze verabreicht haben, in die innerhalb einer abgeschiedenen Landschaft errichteten Installation. Hier verurteilt die Natur die makabre Obszession zum Scheitern: Eine Invasion von Schnecken verursacht im Morgengrauen einen Kurzschluß.

Als den „visuellen Zeremonienmeister“ dieses Spielfilms bezeichnet Greenaway Vermeer[135]: „Die Hommage an Vermeer angesichts der Komposition, Gesten und Bilddetails geschieht häufig und unverfroren.“[136] Einige seiner Gemälde tauchen auf; sie, oder Motive daraus, werden szenisch nachgestellt und filmisch animiert - ein offensichtliches Beispiel dafür ist die ein Schriftstück lesende Alba, neben der *Briefleserin* Vermeers. Die Assistentin Van Meegerens, Caterina Bolnes, trägt den Namen der Ehefrau Vermeers; ihr Kostüm und Kopfbedeckung gleichen Vermeers *Mädchen mit dem roten Hut.*

Van Meegeren, der Chirurg, firmiert zugleich im Rahmen der Filmhandlung als Fälscher Vermeers - als angeblicher Vetter des gleichnamigen, berühmten Fälschers, welcher in den 30er Jahren die Fachwelt täuschte.[137] Doch ist dieser van Meegeren im Film kein üblicher Fälscher aus einem anderen Grund, denn der Sinn des Fälschens besteht in der Vorspiegelung eines Originals. Van Meegeren jedoch erstellt kein malerisches, sondern ein fotografisches ‘Duplikat’, und er kopiert nicht das Werk, sondern zeichnet dessen szenisch nachgestelltes Arrangement auf.

---

135 Greenaway, Peter, A Zed & two Noughts (Drehbuch), London 1986, S. 14.

136 Ebd.

137 Vgl. Coremans, P.B., Van Meegeren's faked Vermeers and De Hooghs, Amsterdam 1949.

Die inszenierte Inszenierung

Vermeers Maler-Modell-Szene ist im Gegensatz zu den gängigen zeitgenössischen Atelierdarstellungen, die eher Werkstattcharakter aufweisen, in einem bürgerlichen Interieur situiert (Abb. 16).[138] Schon der schwere, zurückgeschlagene Vorhang lädt in seiner „Dialektik von Enthüllen und Verbergen"[139] das Geschehen dahinter mit der Atmosphäre kostbarer Besonderheit auf. Das Zimmer weist keine Spuren handwerklicher Arbeit auf: Nichts liegt auf dem Boden, der Wams des Malers trägt keine Farbflecken, und nicht einmal Farbbehältnisse oder seine Palette finden sich abgebildet. Den Pinsel hält er wie eine Feder, aber dominanter als dieser wirkt der Malstock, der ihn einem Zepter gleich ziert. Die Malerei hat gewissermaßen ihren Sonntagsstaat angelegt, sie zeigt sich buchstäblich in ihrer reinsten Gestalt.

Den Eindruck, daß dieses Bild eine über die Schilderung einer realistischen, alltäglichen Atelierszene hinausgehende Bedeutung vermittelt, lege Sedlmayr zufolge bereits das Stilleben auf dem Tisch nahe, denn es zeige „nicht einfach Requisiten des Malens, sondern Attribute der Malkunst: Das aufgeschlagene Heft versinnbildliche den 'Disegno', die Maske die 'Imitazione', das aufrechtstehende Buch möglicherweise die 'Buona regola' und die Tücher vielleicht, was nicht eindeutig zu klären ist, den 'Decoro'."[140] Andererseits wurden die Objekte als Attribute der drei Musenschwestern der Klio (die das Modell verkörpert) gedeutet: „als Buch der Polyhymnia, Musikheft der Euterpe, Maske der Thalia. Da aber der Gipsabguß ein Gesicht mit geschlossenen Augen darstellt, nicht eine Maske, hat man ihn auch als Symbol der Skulptur verstanden und das Skizzenheft der Architektur zugewiesen, so daß zwei Schwesterkünste der Malerei repräsentiert schienen."[141] Asemissen wiederum interpretiert die Dinge „als stellvertretend für die Berufe (...) mit denen die Malerei in der Lukasgilde verbunden war".[142]

---

138 Vgl. van Mengden, Lida, Vermeers Schilderkunst in den Interpretationen von Kurt Badt und Hans Sedlmayr, Frankfurt 1984, S. 50.

139 Kemp, Wolfgang, Kunstwerk und Betrachter: Der rezeptionsästhetische Ansatz, in: Kunstgeschichte - Eine Einführung, Hans Belting u.a. (Hg.), Berlin 1985, S. 203-223, hier: S. 214. Zur Geschichte des Vorhangmotivs vgl. Eberlein, Johann Konrad, Apparitio regis - revelatio veritatis. Studien zur Darstellungen des Vorhangs in der bildenden Kunst von der Spätantike bis zum Ende des Mittelalters, Wiesbaden 1982.

140 Sedlmayer paraphrasiert von Lida von Mengden 1984, S. 44.

141 Asemissen, Hermann Ulrich, Jan Vermeer - Die Malkunst, Frankfurt a.M. 1988, S. 19.

142 Ebd.

Das Modell trägt einen Lorbeerkranz auf dem Kopf, eine Posaune in der rechten Hand und ein Buch auf dem linken Arm. Cesare Ripas Iconologia zufolge repräsentiert es die Muse Klio: „Klio ist die Muse der Geschichte, mit ihrer Posaune verkündet sie den Ruhm der großen Taten, ihr unverwelklicher Lorbeerkranz drückt aus, daß sie der Erinnerung daran Ewigkeit verleiht. Vermeers Maler also malt die Göttin der Geschichte, deren Erinnerungen im Bild aufzubewahren, nach der italienischen humanistischen Tradition als höchste Aufgabe und höchste Rechtferigung der Malerei galt“[143].

Im Rahmen dieser Untersuchung ist es zweitrangig, welcher Erklärung im Detail der Vorzug zu geben ist, und vernachlässigt seien an dieser Stelle ebenfalls die Bedeutungen einzelner Motive (zum Beispiel die der Wandkarte[144] oder des Leuchters[145]) - in jedem Fall repräsentiert das Bild eine Allegorie der Malerei, deren „bewahrende(r) Charakter“[146] versinnbildlicht wird: „Nach Ripa ist der immergrüne Lorbeerkranz der Klio ein poetisches Sinnbild für das Fortleben der vergangenen wie der gegenwärtigen Dinge in der Geschichte“[147]. Hier wird die Malerei gepriesen, und Greenaway sieht in der Posaune (beziehungsweise der Trompete) die Musik und in dem Buch die Literatur symbolisiert, die hier beide der Kunst der Malerei untergeordnet sind.[148]

Asemissen erkennt, daß Klio nicht wie eine olympische Göttin auftritt, sondern augenscheinlich nur wie ein Modell, „das nach Anleitung des Malers als Klio posiert. Wenn somit überhaupt eine Inspiration stattfindet, dann in umgekehrter Richtung: nicht der Maler wird von einer Muse inspiriert, sondern er inspiriert das Modell, eine Muse darzustellen. Um die Darstellung

---

143 Badt, Kurt, 'Modell und Maler' von Jan Vermeer, Köln 1961. S. 101.

144 Greenaway versteht die Landkarte auch als eine persönliche Referenz an seinen Film *A Walk through H* von 1978. Karten faszinieren Greenaway aufgrund ihrer abstrahierenden Zeichenhaftigkeit sowie als ästhetisches Objekt. Vgl. Greenaway, Peter, in: Peter Greenaway, Philippe Pilard u.a., Paris 1987, S. 99f.
Zur Ikonographie der Land- bzw. Wandkarte vgl. z.B. Asemissen 1988, S. 25-34; ebenso: Alpers, Svetlana, Kartographie und Malerei in Holland, in: dies., Kunst als Beschreibung - Holländische Malerei des 17. Jahrhunderts, Köln 1985, S. 213-286, hier: S. 282-286; und: Hedinger, Bärbel, Karten in Bildern. Zur politischen Ikonographie der Wandkarte bei Willem Buytewech und Jan Vermeer, in: Bock, Henning u. Thomas W. Gaehtgens (Hg.), Holländische Genremalerei im 17. Jahrhundert, Berlin 1987, S. 139-168.

145 Vgl. Asemissen 1988, S. 53ff. oder Badt 1961, S. 116f.

146 Asemissen 1988, S. 64.

147 Ebd., S. 62 und 64.

148 Vgl. Greenaway, in: Pilard 1987, S. 99.

Abb. 17 Vermeer als Zeremonienmeister (*ZOO*)

einer Darstellung also handelt es sich."[149] Dasselbe gilt für die Inszenierung des *Tableau vivant* im Film: Van Meegeren ist der Initiator und seine „Klio" posiert für ihn.[150] Die Inszenierung von Vermeers *Die Malkunst* (Abb. 15) bemüht sich nicht darum, das fällt dem Betrachter sofort auf, eine getreue Kopie zu erstellen. Allzu augenfällig sind die Abweichungen im Vergleich von Original zu Fälschung: Zwar behält das *Tableau vivant* des Films die Künstler-Modell-Situation bei, aber es verbannt die motivische Anwesenheit der Malerei und ersetzt sie durch die Fotografie. Der Maler ist ein Fotograf; vor ihm aufgebaut befindet sich keine Staffelei, sondern ein Fotoapparat samt Stativ; das Modell posiert nackt, statt eines Lorbeerkranzes trägt es den besagten roten Hut. Greenaway verwendet die zentralen Stücke des Mobiliars und Inventars - Vorhang, Leuchter, Tisch, Schemel, Stuhl, Wandkarte - und plaziert sie in einer Weise in Anlehnung an das Vorbild, daß die Unterschiede nur umso klarer hervortreten. Der schwere, zur Seite geschlagene Vorhang trägt ein anderes Muster, wirft andere Falten, trägt andere Farben; die Posaune kehrt als Trompete wieder; der metallene Leuchter hängt zu weit rechts usw.

149 Asemissen 1988, S. 50f.; Vermeers Modell repräsentiert in der Argumentation Asemissens eine „poetische Figur", und die Malkunst ist zugleich in Beziehung zur Dichtkunst gesetzt, was zugleich erklärt, "daß Vermeer vom Handwerkszeug des Malers nur den Pinsel und den Malstock zeigt, als ginge die Imagination - wie beim Schreiben und ebenso sauber - direkt vom Kopf in die Hand"; - ebd., S. 62.

150 Vgl. Paech 1989, S. 45: Im *Tableau vivant* „sind die Körper der Zeichen der im Tableau dargestellten Figuren ... zu bezeichnenden Körpern geworden, getrennt in einen Darsteller und eine Rolle".

Abb. 18 Jan Vermeer,
Die Musikstunde (ca. 1662/65;
Royal Collection, St. Jame's Palace)

Abb. 19 Jan Vermeer,
Das Konzert zu dritt (1665/66;
Boston, Isabella Stewart Gardner Museum)

Im Zuge der Übersetzung des Gemäldes in das Film-Tableau werden Objekte verändert, weggelassen (die Maske auf dem Tisch), hinzugefügt. Die Ausstattung stellt geradezu den Charakter einer Bastelarbeit mit Hilfe von Versatzstücken offen zur Schau: Die den Hintergrund beherrschende Wandkarte simuliert oder schafft erst den Wandeindruck, denn sie hängt tatsächlich frei zwischen den rahmengleichen Pilastern der Holzdekoration; die Fäden, an denen sie aufgehängt ist, sind deutlich sichtbar. Auch hier ist kein perfektes Duplikat intendiert - die Dinge bleiben Requisite, Staffage.

Angesichts einer Einstellung (Abb. 17), die nicht einmal zwei Filmminuten später (52.-55. Min.) erscheint und die Vorbereitung eines *Tableau vivant* wiedergibt, das *Die Musikstunde* (um 1662/65) und *Das Konzert zu dritt* von Vermeer kombiniert, wird dies noch deutlicher (Abb. 18 u. 19).

Diese Einstellung offeriert, wie erwähnt, kein fertiges *Tableau vivant* - sie zeigt dessen Vorbereitung (Abb. 20.1-4). Das Kostüm wird Alba angelegt, sie wird auf dem Hocker vor dem Klavier (im Original ein Virginal) plaziert. Das Bild Baburens, *Bei der Kupplerin* (1622) steht noch halb verhangen auf einer Staffelei; der teppichartige Tischdeckenstoff liegt zusammengeknüllt da - allerdings auf der rechten Bildseite plaziert - wie in *Das Konzert zu dritt* (Abb. 19). Der weiße Krug findet sich als Motiv - ebenso wie der über dem Instrument hängende Spiegel - in *Die Musikstunde* (Abb. 18). Der rote Stuhl ist aus dem Tableau und dem *Tableau vivant* von *Die Malkunst* bekannt - auf

Abb. 20.1-3 Die Vorbereitung eines *Tableau vivant (Z 00)*

1 3
2

Abb. 20

dem Gemälde *Die Musikstunde* ist er blau. Das *Mädchen mit dem roten Hut*, im Film als Assistentin Van Meegerens in Erscheinung tretend, geht, wie erwähnt, auf eine andere Arbeit Vermeers zurück. Im Hintergrund sind unten auf dem Boden noch weitere Gemälde Vermeers zu sehen.

Vermeer vergleichbar, der selbst oft identische Zimmer und Raumausschnitte - die seines eigenen Hauses und Ateliers - als örtliche Komponenten unterschiedlicher Gemälde verwandte, verwandelt Greenaway selbst in den à la Vermeer inszenierten Einstellungen (Abb. 15, 17 u. 24) ein und denselben Raum mit seinen Wandtäfelungen den pilasterartigen Motiven und Ornamenten hinsichtlich Dekoration, Ausleuchtung sowie der Wahl des Ausschnitts. In ihren Händen halten Van Meegeren und seine Assistentin ein Blatt, das allem Anschein nach die Abbildung des Vorbildes wiedergibt, damit sie die Umsetzung ihres *Tableau vivant* im Vergleich mit der Vorlage stets kontrollieren können.

Ebenfalls im Hinblick auf die Stellung und Haltung der Schauspieler sind die Kompositionen des holländischen Meisters anwesend: In einer Phase der Einstellung, in der die Zwillinge die am Instrument sitzende Alba flankieren (Abb. 17), geschieht dies in einer Art - mit auf dem Instrument aufgelegten

Unterarm und zur Spielerin gewendet - die derjenigen des Musiklehrers auf dem Bild *Die Musikstunde* gleicht, und so wie Van Meegeren und seine Assistentin - rechts im Bild - ihre Vorlage studieren, ähneln sie der Sängerin mit ihrem Noten- oder Textblatt aus dem *Konzert zu dritt*. Dieses Vermeer-Pasticcio stellt den Prozeß seiner szenischen Gestaltung ostentativ zur Schau. Dies geschieht auch, indem die Einstellung mit Hilfe von Ausschnitten aus unterschiedlichen Werken Vermeers eingeleitet und durchsetzt wird, um dem Betrachter die Vorbilder als Referenzobjekte und zur Orientierung vorzuführen (Abb. 20.2).

Licht, Schatten und Farben

Die Licht- oder Hell-Dunkel-Gestaltung stellt, neben der Ausstattung, das wichtigste Verfahren dar, den angesichts der Einstellungen Greenaways so häufig zum Ausdruck gebrachten gemäldeartigen Eindruck zu evozieren. Mit Sacha Vierny, Greenaway arbeitet mit ihm seit seinem zweiten Spielfilm *Ein Z und zwei Nullen* zusammen, steht ihm ein erfahrener Kameramann zur Seite, der diese Art artifizieller Lichtgestaltung virtuos beherrscht.

Die gesamte Palette der Ausdrucksmöglichkeiten, die die Arbeit mit dem artifiziellen Licht im Studio ermöglicht, liegen in den Händen des Kameramanns und des Regisseurs. Sie entscheiden über Anzahl und Art der Lichtquellen, über die Eigenschaft und Intensität, über die Position und Richtung des Lichts sowie des Schattens; sie können die Dinge sichtbar ins Licht tauchen, sie im Halbschatten dämmern lassen oder im Dunkeln verborgen halten, dramatische Kontraste oder sanfte Übergänge schaffen. Die Ausleuchtung kreiert die Atmosphäre, die emotionale Grundstimmung, aber darüber hinaus vermag sie, das Bild entsprechend der Verteilung der Lichtakzente flächenmäßig oder räumlich zu strukturieren. Neben und mit anderen Entscheidungen, der Disposition der Subjekte und Objekte und deren Relation und Verschiebung zu- und untereinander, neben formalen linearen, flächenhaften oder räumlichen kompositorischen Werten organisiert - auf der Ebene der *mise en scène* - der Einsatz des Lichts das Geschehen, den Blick des Betrachters anziehend und zumindest ansatzweise anweisend. Das Licht ist damit ein wesentliches Ausdrucksmittel des Films und grundlegend für die psychologische und physiologische Wahrnehmung des Zuschauers.[151]

151 Vgl. Alekan, Henri, Des Lumières et des Ombres, Paris 1979, S. 216.

Die Bedeutung, die für die Malerei die Farbe besitzt, hat für den Film das Licht. Und dieser Unterschied weist auch schon auf eine wesentliche Differenz zwischen Malerei und Film hin: Der Prozeß der Aufzeichnung der vorfilmischen Realität ist ein fotochemischer und eine unmittelbare Reaktion auf die Wirkung des Lichts; und so wie hier die Farbe von ihm, dem Licht, abgeleitet ist, ist es das Licht von der Farbe in der Malerei.[152] Während in einem Gemälde alles Licht mit Farben dargestellt wird, ist dagegen im Zuge der räumlich-szenischen Gestaltung im Film (Foto) jeder Farbwert adäquat zu übersetzen: durch den Einsatz farbiger Objekte, auf die das Licht trifft und/oder durch die Verwendung farbigen Lichts.

Henri Alekan, der Grandseigneur der Filmkamera, favorisierte stets dieses ästhetisierende „andere Licht“ (das nicht das natürliche, realistische suggerieren will) und den kreativen Umgang mit dessen plastischen, atmosphärischen, dramaturgischen Wirkungen.[153] Alekan beschrieb in seinem Buch *Des Lumières et des Ombres* sein Verfahren der Lichtgestaltung und dessen psychologische und physiologische Dimension immer wieder auch in Anlehnung an die Malerei. Und wie Greenaway/Vierny erweist auch er seine Referenz den Alten Meistern des *clair-obscur*, Malern wie Georges de La Tour, Caravaggio, Rembrandt.[154] Ihre Arbeiten sind Lehrstücke und Inspirationsquellen des ästhetisierenden Lichts: Das Licht (und den Schatten!) eines Gemäldes zu simulieren, erfordert unter Umständen eine ganze Batterie von Scheinwerfern unterschiedlicher Stellung, Ausrichtung, Lichtstärke und Farbe. Alekan

152 Ist für die Malerei, was die Rezeption anbelangt, das Standortlicht, die Beleuchtung wesentlich für das aus den Farben resultierende „Bildlicht“, erfordert der Film den möglichst dunklen Raum, der keine Schwächung des projizierten ‘Farb-Lichts’ verursacht. Zur Beziehung von Kolorit und Licht in der Malerei vgl. Schöne, Wolfgang, Über das Licht in der Malerei, Berlin 1954, S. 249: „Das ‘Bildlicht’ der Gemälde (Bildlicht im eigentlichen Sinne) ist also zweifach bestimmt: einmal durch Beleuchtung, zum anderen durch eigenes Leuchten. Und beide, die Beleuchtung, vor allem aber das eigene Leuchten, sind durch die im Bilde verwendeten Farbtöne bestimmt. Daraus folgt weiter: Das eigene Leuchten der Farben wirkt auf das im Motiv der betreffenden Beleuchtung gegebene Licht in besonderem Maße ein. Das motivisch gegebene Beleuchtungslicht (etwa Tageslicht) kann durch diese Einwirkung in ein ‘anderes’ Licht verwandelt werden. Die Bildfarben haben also großen Einfluß auf die Art des Bildlichts, und zwar geht dieser Einfluß entscheidend von dem aus, was wir Gesamtkolorit des Bildes nennen.“

153 Alekan, Henri, in einem Interview mit Mona de Pracontal, La Revue du Cinéma, März 1985, S. 42-45, hier: S. 43: „Mais si l'on recherche une atmosphère irréaliste, on a un énorme effort mental à fournir, car il faut créer und autre lumière, un climat différent de celui qui s'offre quotidiennement à notre regard.“

154 Vgl. Alekan, Henri, La Lumière des peintres et celles des cinéastes, in: ders. 1979, S. 187-213.

Abb. 21: Henri Alekans lichttechnische Übersetzung von Caravaggios *Der Tod der Jungfrau*

veranschaulicht am Beispiel von Caravaggios *Der Tod der Jungfrau* die filmische Interpretation und Übersetzung eines Gemäldes (Abb. 21). Er unterscheidet drei konstitutive Bestandteile der Ausleuchtung: die Hauptachse („l'axe principal"), das 'Schlüssel-Licht' („la lumière-clef") dominiert aufgrund seiner Richtung und Intensität das Ensemble; das sekundäre Licht assistiert dem primären, es stimmt im wesentlichen mit dessen Richtung überein, es dient dazu, plastische Akzente als ein „volume-lumière" zu setzen; das Licht der dritten Art („la lumière tertiaire") betont die Materialwerte der Dinge, wie die spiegelnden Oberflächen - es ist das Licht der Nuancen und Übergänge.[155]

Greenaway und sein Kameramann Sacha Vierny verfahren in entsprechender Weise: Sie richten sich gerade in den Fragen der Ausleuchtung nach

155 Vgl. Alekan 1979, S. 140

den konkreten handwerklichen Vorgaben der Gemälde Vermeers: „Der übergreifende visuelle Zeremonienmeister des Film ist Vermeer (...) die Richtung des Lichts ist gewiß: immer von der linken Seite, aus einer Quelle viereinhalb Fuß über dem Boden“[156]. Wie auf dem Vorbild *Die Malkunst* ist das Modell als hellste Partie angelegt. Darüber hinaus gibt es andere, mit Hilfe zusätzlicher Lichtquellen akzentuierte Bereiche, wie den schwarzweiß geschlitzten Wams am Rücken des Fotografen oder, entsprechend dem Gemälde, der beleuchtete Vorhang. Zugleich konstituieren die Helligkeitswerte den Raum: der Vorhang im Vordergrund, das Bodenmuster, der Leuchter an der Decke, die rückwärtige Begrenzung der Wand mit Landkarte - die wesentlichen, zur Konstruktion des Raumes notwendigen Teile sind lichttechnisch hervorgehoben; ganz rechts öffnet sich das Zimmer, und der Betrachter vermag, in Erweiterung und in Abweichung von dem Gemälde, in einen dahinterliegenden - ausgeleuchteten - Raum zu schauen.

Wenn sich Greenaway in *Ein Z und zwei Nullen* nach eigenem Bekunden am Licht Vermeers orientierte, das, wie er sagt, stets von links einfällt, ist die Abweichung im Rahmen der Vorbereitung der „Musik-Einstellung“ kein Zufall: Das Licht fällt in dieser Einstellung seitenverkehrt von rechts ein. Da das Licht Vermeers ein zentrales Thema des gesamten Films darstellt, ist diese Vertauschung der Richtung der Lichtquelle in der *Musikstunde* sicher nicht als Unachtsamkeit zu werten oder räumlichen Zwängen zuzuschreiben. Sie bezeugt vielmehr die Teilnahme an dem im Film variierten Spiel mit Symmetrien, Spiegelungen, Koinzidenzen, Vereinigungen und Ergänzungen[157]: das Zwillingsmotiv im Fall der beiden Brüder, Alba, die ihr männliches, beinloses Pendant sucht und findet, die Schlüssel und die Schlösser, die Buchstaben und die Gegenstände als Umkehrung der semiotischen Beziehung von Bezeichnendem zu Bezeichnetem („I think the letter Z was invented especially for zebras“[158]) - eine geheimnisvolle Affinität, ein rätselhafter Magnetismus oder eine Kollision verschiedener beziehungsvoller ‘Zufälle’ (beispielsweise bei jenem Autounfall zu Beginn des Films) scheinen die Verknüpfung der Ereignisse zu determinieren. Diese Form der Kausalität in der Verdichtung von Motiven und Episoden zu narrativen Systemen ist dann zu

156 Greenaway 1986, S. 14.
157 Vgl. Barchfeld 1993, S. 99ff.
158 Greenaway 1986, S. 91.

Abb. 22 Jan Vermeer: *Der Astronom* (1668; Paris, Musée du Louvre)

Abb. 23 *Der Geograph (1668/69;* Frankfurt/M., Städelsches Kunstinstitut)

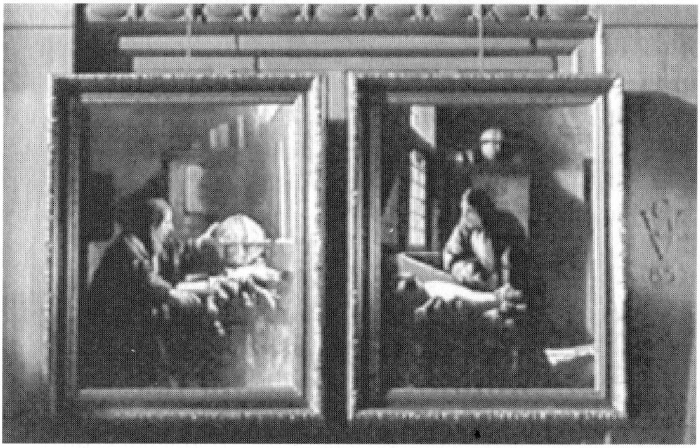

Abb. 24 Die Manipulation der Gemälde unter dem Diktat der Symmetrie (*Z 00*).

lesen als autoreflexiver Diskurs über das Erzählen und Erfinden von Geschichten.[159]

159 Hier bildet der Film sein eigenes Bezugssystem, und als Bestätigung dieser Selbstbezüglichkeit motiviert dieses Konstrukt das Erzählte - und nicht die Wahrscheinlichkeit und Kausalität einer außer ihr liegenden Realität bzw. eine Art der Narration, die sich an dieser mißt. Das existierte bereits in Greenaways Frühwerk, etwa in *Windows* (1974): Ein unwahrscheinliches Sortiment von Typen, rekrutierend unter anderem aus einem Astronaut, einem Vogelkundler, einem Fallschirmspringer und fünf Studenten des Luftfahrtwesen, sämtlich Erscheinungen von

Auch der Umgang mit der Qualität des Lichts bleibt von dieser 'magischen' Referentialität, die die Elemente durch ihr Gegenüber in den Zustand einer ausgewogenen, vollkommenen Ganzheit versetzt, nicht ausgenommen: In den Einstellungen, in denen die beiden Brüder getrennt voneinander agieren, ist Oliver in warmes, rötliches und Oswald in kaltes, bläuliches Licht getaucht. Und getreu diesem Prinzip (von Yin und Yang, wenn man so will), bildet Greenaway den „Astronom" spiegelverkehrt ab und stellt ihn als Komplement - in der Versinnbildlichung von *Himmel und Erde* - dem „Geographen" zugewandt zur Seite (Abb. 22-24), während die zwei Brüder, die als siamesische Zwillinge zur Welt kamen, gerade Van Meegeren konsultieren, da sie in ihrem Streben nach Ergänzung und Vollkommenheit wieder operativ in solche zurückverwandelt werden möchten. Ganz nebenbei erweist diese Einstellung Greenaways Kameramann und 'Lichtgestalter' Sacha Vierny ihre Referenz, denn dessen geschnitzte Initialen samt Datierung prangen rechts neben dem Astronom/Geographenpaar (Abb. 24). Im Rahmen dieses Konzepts bewegt sich auch die Entscheidung, das Licht in der zweiten komplexen Adaption der Kunst Vermeers von rechts einfallen zu lassen, um die beiden nur knapp zwei Filmminuten auseinanderliegenden Einstellungen -

'Luftgestalten', beschwört eine mysteriöse Affinität zum Tod durch Absturz, geradeso wie die Tätigkeiten des Fensterputzers und Glasers zum Fall aus dem Fenster zu prädestinieren scheint. Keine mystisch-magische Anziehung waltet zwischen den Berufen des „Student(en) des Luftfahrtwesens", „Astronauten", „Fensterputzers", „Glasers" usw. und ihrem Tod durch Fenstersturz als vielmehr die 'augenzwinkernde' Logik der autoreflexiven Haltung. Ursache und Wirkung der herkömmlichen Erzählung sind vertauscht oder nicht mehr unterscheidbar - selbst die Wahl der Cembalomusik für die Tonspur resultiert daraus, daß einer der Unglücklichen dieses Instrument spielte.

Dieselbe Logik waltet beispielsweise in *A Walk through H* (1978). In die imaginäre Welt von Landkarten-Zeichnungen begeben sich der Erzähler und der Zuschauer auf eine magische Wanderung, die den gesamten Film hindurch währt und nach Durchstreifung von insgesamt 92 Karten (beziehungsweise Zeichnungen) und 1418 Meilen ihr Ende findet. Nachdem sich die Kamera aus dem Mikrokosmos der Karten-Zeichnungen zurückgezogen hat, gerät am Schluß des Films ein Buch ins Bildfeld; es liegt aufgeklappt, den Buchrücken zuoberst. Der Einband zeigt das Foto eines Mannes und die scherenschnittartige Stilisierung eines fliegenden Schwalbenschwarmes sowie den Titel: „Some Migratory Birds of the Northern Hemisphere" - von Tulse Luper - mit 92 Karten und 1418 Vögel in Farbe. Ähnlich wie in Windows scheinen da rätselhafte Korrespondenzen auf. Sie verweisen auf den fiktionalen Charakter des Werkes, bezeugen die Autorität desjenigen, der die Geschichte konstruiert: Tulse Luper - als Alter Ego Greenaways - ist derjenige, der dem Erzähler-Ornithologen und dem Zuschauer mit 92 Karten die Ausdehnung der Wanderung vorgibt. Er wählt aus, welche Blätter relevant sind, er legt die Ordnung des Kartenmaterials (und zugleich des Films) - in der Unterteilung in fünf Abschnitte - fest; er kennt die Regeln und vermag sie zu manipulieren. Die Fiktion spiegelt ihre Konstruktion.

Abb. 25. und 26 Die Ein-Stellung auf das *Tableau vivant* (*Z 00*)

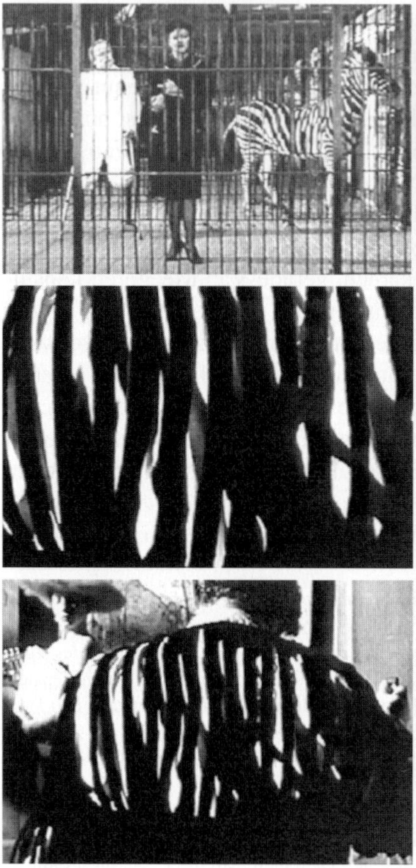

Abb. 25.1-3

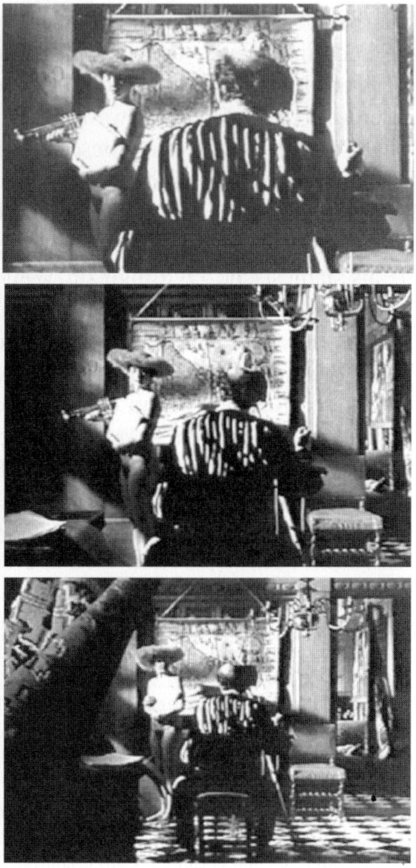

Abb 26.1-3

das *Tableau vivant* von *Die Malkunst* sowie die Vorbereitung des „Musik-Bildes“ - ‘lichtsymmetrisch’ miteinander zu verklammern.

Die Malkunst als *Tableau vivant* wird im Film eingeleitet mittels des Schnitts von der Aufnahme unterschiedlicher schwarzweißer Motive - einer schwarz und einer weiß gekleideten Gestalt in einem Käfig, sowie einem Zebra - auf das ebenfalls schwarzweiß gestreifte Rückenteil des (Maler-) Kameramanns (Abb. 25.1-3). Das schwarzweiße Muster des Zebras erfüllt laut Kommentator der Evolutionsfilme keinen Zweck; übersetzt formuliert ist es (in der Analogie der Evolutionstheorie mit der filmischen Erzählhandlung, wie dies Christiane Barchfeld darlegt[160]) eine Erscheinung ohne narrative Legitimation, ein Sinnbild rein formal-abstrakter Gestaltung, ein Kürzel und Symbol des Kontrasts von Hell und Dunkel.

Es erscheint innerhalb des Films in den verschiedenen Modifikationen: vor allem in den vielfach auftretenden Licht-Schatten-Streifenmotiven, hervorgerufen durch das Licht, das sich an den Säulen, den Gitterstäben der Käfige, den Jalousien bricht sowie in den zahlreichen gestreiften Objekten, insbesondere den Fellen des Tigers und des Zebras. In dieser Hinführung auf das *Tableau vivant* liegt demzufolge mehr als nur eine assoziative Geste, mehr als ein Übergang von einer Oberfläche zu einer ähnlich strukturierten, darin steckt die visuelle 'Ein-Stellung' auf einen der zentralen Komplexe des Films: Die *Tableau vivant*-Szene thematisiert und realisiert die ästhetische Rolle der Hell-Dunkel-Werte, das bildnerische Potential der Kontraste von Licht und Schatten mit dem Schwarz und dem Weiß an den jeweils gegenüberliegenden Enden der Ausdrucksskala - das Schwarzweiß des Zebrafells sowie des Kleidungstücks des Fotografen sind etwa zu lesen wie ein Ideogramm dieses Sachverhalts.

Greenaways Hochschätzung quantitativer Relationen und Progressionen in Rechnung gestellt, bezeugt die zeitliche Position dieser beiden Einstellungen, ungefähr in der Mitte des Films, zugleich einen für den Film zentralen Stellenwert - vergleichbar demjenigen des Gemäldes von Januarius Zicks in *Der Kontrakt des Zeichners*. Die Farben und das Hell-Dunkel spielen in Greenaways Filmen generell eine Hauptrolle, insofern sie eine eigene ästhetische und symbolische Kraft entfalten. Das Licht ist mit Bedacht gewählt und häufig bewußt künstlich gehalten: In *Der Kontrakt des Zeichners* sorgt ein Filter dafür, daß das Grün des Gartens noch grüner wirkt; in *Der Bauch des Architekten* werden blau und grün auf ähnliche Weise ausgeblendet.[161] Den Höhepunkt bilden die Farb-Räume in *Der Koch, der Dieb, seine Frau und ihr Liebhaber*, in dem die Handlungsorte von dem Symbolwert der Farben gleichsam durchdrungen werden.[162]

---

160 Vgl. Barchfeld 1993, S. 92ff.

161 „In order better to consider the function of art autonomous from nature, even the colours blue and green are filtered out because of their reference to the sky and grass." - Hacker, Jonathan und David Price, Take Ten, Essay on Peter Greenaway, Oxford 1991, S. 189-227, hier: S. 194.

162 So steht das Blau des Parkplatzes für die Kälte des Schwimmbeckens, das Grün der Küche für die Farben des Dschungels usw.. Vgl. Bodmer, Michel, Albert will den Rivalen Michael fressen, in: Die Weltwoche, Zürich, 14.09.1989.

Der Gestaltende ist im Bild[163]

Die Personifikation des szenischen Gestalters als Repräsentant oder Interpret Vermeers stellt innerhalb der Erzählhandlung von *Ein Z und zwei Nullen* Van Meegeren dar. Diese Rolle Van Meegerens als „visuellen Zeremonienmeister“ führen einige Einstellungen vor Augen - ganz besonders das Arrangement der „Musik-Einstellung“. Sein Pendant innerhalb der Spielfilmhandlung bildet Venus von Milo. Auch sie - begabte Näherin und Tiergeschichtenerzählerin zugleich - ist laut Dialog bekannt für ihre „Stiche“. Diese „Kunst der Stiche“, die van Meegeren und Venus von Milo, wie mehrfach gerühmt wird, so gekonnt beherrschen, konnotiert die Fertigkeit des Zusammennähens, des Verknüpfens von Teilen in Analogie zu Bedingungen filmischen Erzählens.[164] Venus von Milo legt als Näherin sowie Geschichtenerfinderin und -erzählerin die Bewegungen einer Geschichte fest. Verweist sie auf die literarisch-narrative und schnittechnische Komponente, versinnbildlicht dagegen Van Meegeren die visuell-szenische Gestaltung des Films. Ihn interessiert das malerische oder fotografische Einzelbild: Er entwirft die medizinischen Operationen im Hinblick auf seine künstlerischen Kompositionen; Caterina Bolnes, seine Assistentin, präpariert während einer Operation Albas Haar, nimmt bei der Nachuntersuchung ihre Maße für die vermeerschen Kostüme. Er ist Chirurg und Kunstfälscher zugleich; die Bereiche überlagern sich: Jeder chirurgische Eingriff ist zugleich ein bildnerischer, der seinen Patienten für die Teilnahme an der (Re-) Konstruktion der *Tableaux vivants* formt, und der nüchterne, kühle Strahl der Operationslampen ähnelt den der Scheinwerfer für die Ausleuchtung bei der künstlerischen Arbeit mit der Kamera.

Vgl. auch Greenaway zu der Bedeutung der sieben Farben in einem Interview mit Jean Loup Bourget, L'anatomie de la gastronomie, in: Positif, 345, Nov. 1989, S. 9-16, hier: S. 12: „Ce sont celles de l'arc en ciel. C'est aussi un hommage à la première théorie optique d'Isaac Newton. Je voulais aussi trouver une structure universelle ... Les couleurs ont aussi des résonances émotionelles: le rouge indique le danger, le vert le confort et la sécurité. Chaque lieu a une couleur différente. (...) Les toilettes sont aussi blanches que possible car pour les protagonistes elles représentent le ciel. Le blanc, c'est aussi la combinaison de toutes les couleurs ...“

163 Der Titel ist in Abwandlung von Wolfgang Kemps „Der Betrachter ist im Bild“ gewählt: Kemp, Wolfgang, Der Betrachter ist im Bild, Kunstwissenschaft und Rezeptionsästhetik, Köln 1985, S. 183-224.

164 Barchfeld 1993, S 99: „Ihr (Venus von Milos) Ruf als ‘seamstress’ und ihre Künste des ‘stitching’ spielen auf metaphorischer Ebene auf ihre Erzählkunst an, die Kunst des ‘Aneinanderheftens’ verschiedener Erzählelemente im Plot, was im Film mittels der Montage geschieht.“

Van Meegeren versucht alle Bewegung stillzustellen, um die Figuren seinen *Tableaux vivants* kompatibel zu gestalten. Systematisch arbeitet er daran, Alba jegliche Bewegungsmöglichkeit zu rauben; er amputiert ihr nach dem Autounfall zuerst das eine und später - auch aus Gründen der Symmetrie - das andere Bein. Die bewegungsunfähige, beinlose Alba ist vorzüglich innerhalb seines *Tableau vivant* und seines fotografischen Systems positionierbar - ohne jede Chance das Arrangement aus eigener Kraft verlassen zu können. Um sie vollständig zu fixieren, läßt er sie anläßlich der Sitzung zur „Musik-Einstellung" mit Nadeln an ihre Umgebung feststecken. Doch das perfekte Modell rebelliert gegen die Gewalt, die ihr der künstlerische Blick zumutet. Sie kann nicht selbständig ausbrechen aus dem Ensemble, aber sie ruft die Brüder um Hilfe an: „Ich bin eine Entschuldigung für medizinische Experimente und Kunsttheorie. Ihr müßt mich von hier weg und aus dem Krankenhaus herausholen."[165]

Das Verlangen des Mediziners und Fälschers nach Alba ist auch - in Abwandlung des Voyeurmotivs, das den Film durchzieht - erotisch motiviert.[166] Während der Operation konnte er der narkotisierten Alba, wie er selbst es ausdrückt, „sehr nahe sein.[167] In Ergänzung dazu läßt sich entlang der bislang aufgezeichneten Linie sein Interesse an Alba auch anders deuten: Van Meegeren will sie als Modell seiner Kompositionen gewinnen. Er stellt sich damit automatisch in Konkurrenz zu den beiden Naturwissenschaftler-Zwillingen, die die filmtechnische Ebene der Gestaltung innerhalb des Films repräsentieren. Sie wollen ihrerseits ihre Verwesungssequenzen mit einem menschlichen Objekt krönen und haben dafür Alba ausersehen. In dem Dialog, während der Einstellung des *Tableau vivant*, in deren Verlauf Van Meegeren sein Modell fotografisch ablichtet, beklagt er sich bei seiner Assistentin, daß es ihr, bei ihren Reizen, nicht gelungen sei, die einbeinige Alba auszustechen und ihr die beiden Brüder abspenstig zu machen; er fragt sich, ob die beiden wohl noch Interesse an einer Frau völlig ohne Beine hätten. Daß Alba schließlich

165 Vgl. auch Greenaway 1986, S. 77.

166 Greenaway 1986, S. 77. Vgl. auch Barchfeld 1993, S. 105.

167 Gegenüber 'seiner' Caterina Bolnes, die zwar Van Meegerens erotischen Wünschen entgegenzukommen vermag und deren - in Abweichung vom Vorbild - nackte Erscheinung, die voyeuristische, objekthafte Komponente des Modellstatus erfüllt, weist Alba einen entscheidenden Vorzug aus: Sie ist fruchtbar. Und da, wie im Film ausdrücklich erwähnt wird, die historisch verbürgte Caterina Bolnes als Ehefrau Vermeers 14 Kinder gebar, kann die des Films keinen gleichwertigen Ersatz bieten. Doch dies zu vertiefen, hieße einzutauchen in den klassischen symbolischen Komplex von Tod und Vergänglichkeit und dessen Kompensation in den schöpferischen Akten der Geburt oder der Kunst.

beide Beine amputiert werden, sehen alle Parteien von ihrer pragmatisch-ästhetischen Warte aus: Für Van Meegeren steigt der Grad ihrer Eignung, weil auf Vermeer-Bildern angeblich nie Frauenbeine zu sehen sind, und Oliver quittiert dies, unter dem Gesichtpunkt des Formats: „Then you'll fit better into the film frame“[168].

Van Meegeren und seine Assistentin als innerfilmische Repräsentanten und Spiegelungen der *metteurs en scène* bewegen sich in einen Vermeerkabinett aus Gegenständen, Personen und Gemälden und gehören zugleich zu dessen Bestand. Der Gestaltende ist Teilnehmender einerseits als kreativer Mitspieler innerhalb der filmischen Handlung - Van Meegeren mimt den Übersetzer der Gemälde Vermeers -, und andererseits als figuratives Element des Bildes selbst, auf eine ihm übergeordnete bildnerische Instanz hinter der Kamera verweisend: Während Van Meegeren aktiv das filmische Ambiente der Welt Vermeers anzugleichen versucht, rangiert er doch zugleich als Statist, indem er selbst als Darsteller in einem seiner Vorbilder auftritt.

In aller Klarheit tritt dies in *Die Malkunst* zutage. Van Meegeren arrangiert die Szene nicht mit einer anderen Assistenzfigur als Fotografen, um dann - entsprechend der Position Vermeers - die des Künstlers einzunehmen, der die gesamte Szene, das heißt den in etwa dem Tableau entsprechenden Ausschnitt einfängt. Dieser Über-Blick bleibt anonym, es ist derjenige der Kamera, des Regisseurs und des Betrachters. Van Meegeren hat sich statt dessen im Inneren des Bildes, des *Tableau vivant*, plaziert. Er repräsentiert und spiegelt die gestaltende Kraft auf der anderen Seite der Kamera wider. Ein solches verschachteltes Betrachter- beziehungsweise Künstler-Objekt-Verhältnis wie es das *Tableau vivant* auffächert, ist in dem gemalten Werk bereits angelegt. Der Maler im Bild, der auf seine Leinwand den Lorbeerkranz aufgetragen hat, würde - dieses Detail als Maßstab genommen - nicht einmal die gesamte Gestalt des Modells, geschweige denn ihrer Attribute, auf dieses Format zwingen. Das, und mehr, bewerkstelligt - in einer Art projektiver Verschiebung oder in einem Sprung über ein Intervall hinweg - der Maler 'hinter' dem Maler: Vermeer.

In diesem Werk stellt sich die darstellende Kunst selbst dar. Das *Tableau vivant* transponiert diese Konstellation des Gemäldes in den Film und ersetzt - innerhalb und außerhalb des Bildes - die Werkzeuge der Malerei durch die Apparaturen der Kameraarbeit. Der Betrachter der Einstellung sieht das Resultat eines künstlerischen Prozesses, das den Akt seines eigenen Entstehens zum Motiv erhoben hat.

---

168 Greenaway 1986, S. 107.

Tableau, Tableau vivant, Foto und Film

In früheren Zeiten wurde die Aufführung eines Gemäldes als ein beliebtes Gesellschaftsspiel gepflegt.[169] In seinen Wahlverwandtschaften beschreibt Goethe die Vorbereitung, den Ablauf und die Wahrnehmung dieses Schauspiels.[170] Als Vorlage dienten Kupferstiche berühmter Gemälde.[171] Es galt, die geeigneten Darsteller zu finden, die Kostüme anzufertigen, die Frisuren abzustimmen. Und es mußte der passende Rahmen geschaffen werden:

> Der Graf gab dem Architekten über die Art der Einrichtung einige Winke, der sogleich ein Theater dazu aufstellte und wegen der Beleuchtung die nötige Sorge trug. (...) Der Abend kam herbei, und die Darstellung wurde vor einer großen Gesellschaft und zu allgemeinem Beifall ausgeführt. Eine bedeutende Musik spannte die Erwartungen. Jener Belisar (nach van Dyck) eröffnete die Bühne. Die Gestalten waren so passend, die Farben so glücklich ausgeteilt[172], die Beleuchtung so kunstvoll, daß man fürwahr in einer andern Welt zu sein glaubte[173]; nur daß die Gegenwart des Wirklichen statt des Scheins eine Art von ängstlicher Empfindung hervorbrachte. Der Vorhang fiel und ward auf Verlangen mehr als einmal wieder aufgezogen. Ein musikalisches Zwischenspiel unterhielt die Gesellschaft, die man durch ein Bild höherer Art überraschen wollte. Es war die bekannte Vorstellung von Poussin: Ahasverus und Esther.[174]

Diese Aufführungen erforderten einen immensen Aufwand an Vorbereitungen, aber der Lohn lag in dem hohen Schauwert. Die Disposition entspricht dem eines Theaters: Vorgetragen auf einer Bühne, sorgsam und mit Raffinement ausgeleuchtet (vor der Erfindung des elektrischen Lichts), mit musikalischer Untermalung vor und zwischen den einzelnen 'lebenden Bildern', wurden wohl zumeist mehrere Tableaus hintereinander inszeniert. Mit

---

169 Zur Geschichte des *Tableau vivant* vgl. Langen, August, Attitüde und Tableau in der Goethezeit, in: Jahrbuch der Deutschen Schillergemeinschaft, 12. Jahrgang, Stuttgart 1968, S. 194-258.

170 Goethe, Johann Wolfgang, Die Wahlverwandtschaften, Stuttgart 1984, S. 158-161 u. S. 169-172.

171 Vgl. dazu Trunz, Erich, Die Kupferstiche zu den „Lebenden Bildern" in den Wahlverwandtschaften, in: ders., Weimarer Goethe-Studien, Weimar 1980, S. 203-217.

172 Eine Folge dieses Mediums (der Kupferstiche als Vorlagen) mußte es sein, daß es nicht relevant sein konnte, die Farbwahl dem Original anzugleichen.

173 Ohne elektrisches Licht und Scheinwerfer erforderte die lichttechnische Gestaltung besonderen Einfallsreichtum. Angesichts eines weiteren *Tableau vivant* notiert Goethe: „Den unübertrefflichen Gedanken, daß alles Licht vom Kinde ausgehe, hatte der Künstler durch einen klugen Mechanismus der Beleuchtung auszuführen gewußt, der durch die beschatteten, nur von Streiflichtern erleuchteten Figuren im Vordergrund zugedeckt wurde." - Goethe 1984, S. 170.

174 Goethe 1984, S. 159 f.

Hilfe eines Vorhangs blieben die Aufbauarbeiten verborgen und es konnten die Wahrnehmung und das Interesse kontrolliert werden.

Der Reiz eines *Tableau vivant* beruht im allgemeinen - das heißt abgesehen von dem speziellen Gegenstand der Darbietung - auf dem Zustand von angehaltener Bewegung und lebendiger Ruhe zugleich. Es vermittelt die Illusion, „in einer andern Welt zu sein", und weckt zugleich durch die „Gegenwart des Wirklichen statt des Scheins eine Art von ängstlicher Empfindung". Es liegt etwas höchst Artifizielles und Spannungsvolles in diesem Stillstand des Lebendigen - ein seltsames Oszillieren zwischen den Eindrükken von Nähe und Ferne, eine Mischung aus Natürlichkeit und Entrücktheit: Die Szene wird von echten Menschen erzeugt, aber sie präsentiert ein künstliches und kunstvolles Arrangement; sie stellt keine alltägliche Welt, allerdings eine bekannte dar, insofern in ihr die Erinnerung an das Vorbild lebt.[175] „Daß hier im Wirklichkeit gewordenen Bild die Aura einer Welt aufscheint, der gegenüber die vertrauten Bilder der Wirklichkeit selbst fragwürdig zu werden drohen" kennzeichnet nicht nur „das Symbolverständnis, das den Tableaux über ihre episodische Funktion im Roman hinaus tiefere Bedeutung verleiht"[176]; es beschreibt ebenfalls eine Ambivalenz von Sein und Schein, wie sie innerhalb des Films von Greenaway in unterschiedlichen Motiven des Fälschens variiert erscheint.

Die räumliche Konstellation eines *Tableau vivant* ist auf zweifache Weise potentiell beeinflußbar. Erstens kann sich das Verhältnis der Elemente des Ensembles untereinander verändern. Bisweilen vermag das ‘lebende Bild', aufgrund der emotionalen Beziehung des Zuschauers zu den Figuren, seine Vorlage zu überbieten: „Ottiliens Gestalt, Gebärde, Miene, Blick übertraf alles, was je ein Maler dargestellt hat", heißt es bei Goethe, der damit die für das Urteil mitentscheidende affektive Beziehung, die persönliche Bekanntschaft mit dem Darsteller sowie die gegenüber dem Bild gesteigerte erotische Ausstrahlung des leibhaftigen Menschen erkennt. Anläßlich der *Väterlichen Ermahnung* von Terborch ist das (wahrscheinlich überwiegend männliche) Publikum in den *Wahlverwandtschaften* ganz entzückt von der Rückenansicht einer jungen Frau: „Man konnte mit dem Wiederverlangen nicht endigen, und der ganz natürliche Wunsch, einem so schönen Wesen, das man genugsam von der Rückseite gesehen, auch ins Angesicht zu schauen, nahm dergestalt überhand, daß ein lustiger ungeduldiger Vogel die Worte, die man manchmal an das Ende einer Seite zu schreiben pflegt: tournez s'il vous plaît, laut ausrief

---

175 Vgl. Paech 1989, S. 45.
176 Krüger 1990, S. 83.

und eine allgemeine Beistimmung erregte.“[177] Dieses Begehren, auch wenn ihm in diesem Fall nicht nachgegeben wurde, veranschaulicht dennoch eine Potenz der Interaktivität, die das Gemälde entbehren muß.

Zweitens ist das *Tableau vivant* - in seiner Räumlichkeit - von verschiedenen Seiten her betrachtbar, sogar begehbar. „Das gemalte Bild dagegen hat vielleicht eine Kehrseite, aber kein Innen: es kann nicht die *indiskrete* Bewegung hervorrufen, mit der man zu sehen sucht, was *hinter* dem Gemälde ist ...“[178] Goethes Protagonist nutzt die Möglichkeit, sich in das szenisch Dargestellte hineinzubegeben, um das Tableau aus bislang nie gesehener Perspektive zu bewundern: „Unglücklicherweise war niemand da, der diese ganze Wirkung aufzufassen vermocht hätte. Der Architekt allein, der als langer schlanker Hirt von der Seite über die Knienden hereinsah, hatte, obgleich nicht den genauesten Standpunkt, noch den größten Genuß.“[179] Der Beobachter als Teil des Arrangements vermag einen Standpunkt gleichsam im Inneren des Bildes einzunehmen, der ihm eine Perspektive erlaubt, die von derjenigen des gewöhnlichen Zuschauers erheblich abweicht.

Vermeers Werke faszinierten schon häufig aufgrund ihres momenthaften Eindrucks. Es scheint nur folgerichtig, wenn Vermeer, dem die Verwendung einer Camera obscura als Zeichenhilfe nachgesagt wird[180], von Greenaway besonders aufgrund der fotografischen Qualität seiner Bilder gerühmt wird: „The overall visual master-of-ceremonies of the film was to be Vermeer - adroit and prophetic manipulator of the two essentials of cinema - the split-second of action, and drama revealed by light. It cannot be proved that Vermeer's Milkmaid is a painting representing one twenty-fourth of a second of seventeenth-century time, exposed at f8, but the direction of the light is certain ...“[181] Der Eindruck des ‘Fotografischen’ als fixierter Augenblick eines zeitlichen Kontinuums[182], bietet Greenaway den Ansatz dafür, diese Allegorie auf die Malkunst in das Medium Film zu spiegeln.[183]

---

177 Goethe 1984, S. 161.

178 Barthes, Roland, S/Z, Frankfurt a.M. 1976, S. 205; Barthes formuliert demgegenüber angesichts einer Skulptur: „Die Statue kann umgangen werden, in sie kann tief eingedrungen werden, mit einem Wort: sie ist tief und ruft daher nach Besuch, Erforschung, Eindringen: sie impliziert auf ideale Weise von innen Fülle und Wahrheit ..."

179 Ebd., S. 171.

180 Vgl. z.B. Wheelock, Arthur K. Jr., Vermeer, Köln 1992, S. 38f. Vgl. ebenfalls van Mengden 1984, S. 30f.

181 Greenaway 1986, S. 14.

182 Dieser gefrorene Eindruck ist bei der Übersetzung eines Tableaus in ein *Tableau vivant* im übrigen zuweilen ein kritischer Punkt, wie Goethe weiß: „Glücklicherweise war das Kind in der anmutigsten Stellung eingeschlafen, so daß nichts die Betrachtung störte, wenn der Blick

Der Film, so schrieb Deleuze, ist ein „System, das die Bewegung als Funktion eines beliebigen Moments reproduziert“[184]; jedes Bild liefert ein Phasenbild, ein „Bewegungs-Bild“[185], ist ein „unbewegter Schnitt der Bewegung“[186], in dem Bewegung unmittelbar enthalten ist.[187] Deshalb sind für den Film „die folgenden Voraussetzungen ausschlaggebend: nicht allein das Photo, sondern die Momentaufnahme (das gestellte Photo gehört zu einer anderen Linie); Momentaufnahmen in gleichem Abstand; die Übertragung des gleichen Abstands auf einen Träger, eben den ‘Film’“[188]. Diese Momentaufnahme hat nichts gemein mit jenem „fruchtbaren“ Moment im Sinne Lessings[189] oder jenen komplexen Synthesen von Zeit und Moment, wie sie Im-

auf der scheinbaren Mutter verweilte, die mit unendlicher Anmut einen Schleier aufgehoben hatte, um den verborgenen Schatz zu offenbaren. In diesem Augenblick schien das Bild festgehalten und erstarrt zu sein. Physisch geblendet, geistig überrascht, schien das umgebende Volk sich eben bewegt zu haben, um die getroffenen Augen wegzuwenden, neugierig erfreut wieder hinzublinzeln und mehr Verwunderung anzuzeigen ...“ - Goethe 1984, S. 171.

183 Vgl. de Meredieu, Florence, Le Peintre à la Caméra, in: Pilard, Philippe u.a., Peter Greenaway, Paris 1987, S. 40ff.

184 Deleuze, Gilles, Das Bewegungs-Bild. Kino 1, Frankfurt a.M. 1989, S. 18.

185 Deleuze entwickelt seine Gedanken entlang der Thesen Bergsons: „Nach dieser ersten These geht die Bewegung mit dem Raum, den sie durchläuft, keine Verbindung ein. Der durchlaufene Raum ist vergangen, die Bewegung ist gegenwärtig, sie ist der Akt des Durchlaufens. Der durchlaufene Raum ist teilbar, sogar unendlich teilbar, wohingegen die Bewegung unteilbar ist oder sich nicht teilen läßt, ohne sich bei der Teilung in ihrer Beschaffenheit zu ändern.“ - Deleuze 1989, S. 13. Diese Aussage impliziert, Deleuze führt dies näher aus, daß die Bewegung (im Gegensatz zum in sich teilbaren Raum) sich nicht mit unbeweglichen Schnitten rekonstruieren läßt, denn die Bewegung wird immer im Intervall dazwischen stattfinden, und es läßt sich kein abstraktes, allgemeingültiges Konzept einer Abfolge vorrausetzen, das imstande wäre, diese Bewegungen zu verbinden. Andererseits, auch wenn das Intervall noch so klein angenommen wird, findet die Bewegung doch in einer konkreten Dauer statt.

186 Ebd., S. 22.

187 Ebd., S. 14f.: „Der Film arbeitet mit Phasenbildern, das heißt mit unbeweglichen Schnitten, vierundzwanzig (anfangs achtzehn) Bildern pro Sekunde. Doch, wie bereits häufig angemerkt, gibt er uns kein Photogramm, sondern ein Durchschnittsbild, dem dann nicht etwa noch Bewegung hinzugefügt oder hinzugezählt würde - Bewegung ist im Gegenteil im Durchschnittsbild unmittelbar gegeben. (...) Kurz, der Film gibt uns kein Bild, das er dann zusätzlich in Bewegung brächte - er gibt uns unmittelbar ein Bewegungs-Bild. Sicher liefert er auch einen Schnitt, aber einen beweglichen, keinen unbeweglichen Schnitt plus abstrakte Zeit.“

188 Ebd., S. 18.

189 Lessing, Gotthold Ephraim, Laokoon oder über die Grenzen der Malerei und Poesie, Stuttgart 1987, S. 23.

dahl herausarbeitet[190] - so wie sich das „Bewegungsbild" eines Films wesentlich unterscheidet von jenen Standfotos oder Film Stills.[191]

Das Bild Vermeers scheint eine solche Momentaufnahme als Phasenbild eines koninuierlichen Geschehens zu liefern[192], und das läßt sie für Greenaway so geeignet erscheinen, wieder in Bewegung versetzt zu werden. Wo im Werk Vermeers ein Maler einen anderen Maler festhält, überträgt die filmische Adaption diesen Repräsentationsgedanken in ihr eigenes Medium: Mit der Kamera wird eine Szene aufgezeichnet, in der ein Mann mit Kamera seinerseits sein Objekt aufnimmt. Ein gewichtiger Unterschied besteht dennoch, denn die Kamera im Bild ist eine fotografische, die sie aufzeichnende eine filmische - durch letztere wird die Reflexion über eine weitere Dimension möglich und wirksam: über die der unmittelbaren Bewegung, die dreifach, in drei Facetten einer Bewegung, erscheinen kann, wobei die eine, die szenische Bewegung, vor der Kamera im Rahmen eines *Tableau vivant* zum Stillstand kommen soll.

Zunächst bleiben zwei Modi der Bewegung, die auch das szenisch statische *Tableau vivant* im Medium Film betreffen:

1. die technisch-materielle im Hinblick auf die Aufzeichnung/Projektion und den Transport der Serie von Einzelbildern eines Filmstreifens;
2. die filmische Aktivität, das heißt die der Kamera.

Zu 1.: Da das *Tableau vivant* von Vermeers *Malkunst* in einer einzigen Einstellung gedreht ist, wird dessen mögliche Aufgliederung durch die Montage hier nicht gesondert berücksichtigt, zumal beide Fälle - die Bewegung der Kamera (die 'innere' Montage) und der Schnitt innerhalb einer Sequenz - beide gleichermaßen eine Veränderung der Perspektive bewirken.

1. Vergegenwärtigen wir uns wie der Film *Ein Z und zwei Nullen* beginnt. Die beiden Naturwissenschaftler Oliver und Oswald werden vorgestellt. Oliver beobachtet den im Käfig hin und her schreitenden Tiger, wobei er an jedem Wendepunkt den Knopf eines Zählers drückt, um damit die zurückgelegte Wegstrecke ermitteln zu können. Oswald schießt durch die Gitterstäbe hindurch mit seiner Fotokamera eine Serie von Bildern eines einbeinigen Gorillas - eine Anzeige vermerkt jeweils die Anzahl der getätigten Aufnahmen. In einer späteren Einstellung tauchen die inzwischen entwickelten Fotos

190 Vgl. Imdahl, Max, Giotto - Arenafresken, München 1980.

191 Vgl. Gombrich, Ernst H., Der fruchtbare Moment: Vom Zeitelement in der bildenden Kunst, in: Bild und Auge, Stuttgart 1984, S. 44f.

192 de Meredieu, Florence, 1987, S. 45: „Car la temporalité propre à Vermeer n'est pas de l'ordre d'une durée ou d'une chronologie; elle est celle de l'instant flottant, atomique, et en totale a-pesenteur."

Abb. 27 Fotos à la Muybridge (*Z 00*)

auf, sie wirken wie Momentaufnahmen eines Bewegungsvorgangs, und Greenaway bezeichnet sie selbst als „Muybridge-like“[193] (Abb. 27).

Daß die Aufnahmen eines Eadweard Muybridge (1830-1904) grundsätzlich der Vorgeschichte des Films zuzuschlagen sind, gehört zum Standard und ist Teil jedes historischen Überblicks. Die merkwürdig scheinenden Verrichtungen der beiden konzentrieren Grundbedingungen des Mediums. In den ersten Einstellungen klingt ein zentrales Thema dieses Films an: In der Reinheit einer Versuchsanordnung führen sie das Prinzip der ‘bewegten Bilder’ vor: Fotografische Einzelbilder zerlegen eine Bewegung in Momentaufnahmen gemäß einer gewählten Abstandseinheit.

In einer anderen Kamera-Modell-Installation wendet Greenaway dieses Instrument zur Aufnahme der Bewegung ins Negative. Anstelle der Erkundung des Lebendigen, des Lebens, mit dem der Begriff der Bewegung üblicherweise assoziiert ist, zeichnet es den Verfallsprozeß, die Verwesung auf, um ihn sichtbar zu machen und gleichsam zu verlebendigen: „Die (statischen) Einzelbilder der verwesenden Tiere erwecken, in Serie als Film vorgeführt, den Eindruck der Bewegung der Kadaver und suggerieren eine ‘Wiedererweckung zum Leben’. Damit fungieren sie als Symbol für den Illusionierungsprozeß des Mediums Film, der sich in der Erzeugung des Eindrucks der Bewegung mittels der Projektion von 24 statischen Einzelbildern pro Sekunde manifestiert und der Überwindung der Stasis im ‘Tod’ durch die Illusion der Bewegung, die einen falschen Schein von Ewigkeit schafft.“[194]

193 Greenaway 1986, S. 19. Vgl. auch Greenaway in Pilard u.a. 1987, S. 105f.
194 Barchfeld 1993, S. 103.

Abstandsgleiche Phasenbilder, danach zusammengesetzt zu einer Zeitraffersequenz, dokumentieren die Bewegung, die faktisch eine des Todes ist, aber den Anschein des Lebens vermittelt. „Es ist als ob man zwischen Leuchttürmen sitzt. Jedes Leuchtfeuer vermittelt einem den Eindruck verlorener Zeiträume“[195] sagt Oswald inmitten dem Aufscheinen der Blitzlichter seiner Verwesungsinstallation. Jedes Aufblitzen reißt einen Moment heraus aus dem Kontinuum und fixiert ihn, um die Intervalle dazwischen, das Verstreichen der Zeit, wie sie sich in der Veränderung des Objekts niederschlägt, einerseits zu unterdrücken beziehungsweise extrem zu verkürzen und andererseits umso nachhaltiger zu markieren und in der Verknüpfung der Einzelbilder die Illusion der Bewegung hervorzubringen.[196]

Greenaway zieht ausdrücklich selbst eine Parallele zwischen dieser Blitzlichtinstallation und der anläßlich des *Tableau vivant*, in der ja ebenfalls eine fotografische Serie eines szenisch unbewegten Objekts angefertigt wird.[197] Die zeitlich auseinander liegenden Fotos liefern die Einzelbilder, die zu einem (Zeitraffer-) Film verknüpft werden, und in der Projektion verschwindet die Differenz von Fotografie zu Film.

Die Verwesungsfilme variieren Greenaways Vorliebe für das Stilleben und dessen symbolische Bedeutung: die Vergänglichkeit. Nichts anderes bringt seinem Wesen gemäß das *Tableau vivant* zum Ausdruck, in dem „das Lebendige (...) nur unter der Bedingung die Kunst zur Natur erheben kann, daß es sich selbst zur eigentlichen ‘nature morte’ zusammenstellt“.[198]

---

195 Greenaway 1986, S. 90.

196 Gegenüber anderen Medien wie der Fotografie oder der Malerei besitzt einzig und allein der Film die technischen Vorraussetzungen, eine unmittelbare Aufzeichnung und Wiedergabe des bewegten Lichts selbst leisten zu können. Es taucht in *Ein Z und zwei Nullen* häufig und in unterschiedlichen Erscheinungsformen auf: als Blitzlicht innerhalb der Kamera-Modell-Anordnungen, als Lichtspiegelung des Wassers an der Decke und den Wänden (ein bei Greenaway allgemein sehr beliebtes Motiv) und als Licht, das aus dem Fernsehbildschirm dringt oder vom Projektor erzeugt, sich auf der Leinwand im Rahmen der Dokumentarfilmpassagen abspielt.

197 Greenaway 1986, S. 73.

198 Damit zeigt es, wie Bätschmann weiter ausführt, „wie wenig es (das Lebendige) seine Natur erkannt hat“.- Bätschmann, Oskar, Pygmalion als Betrachter - Die Rezeption von Plastik und Malerei in der zweiten Hälfte des 18. Jahrhunderts, in: Kemp, Wolfgang, Der Betrachter ist im Bild, Kunstwissenschaft und Rezeptionsästhetik, Köln 1985, S. 183-224, hier: S. 197; Bätschmann weiter: „Aber gerade dadurch, daß die Wirklichkeit zum Bild wird, indem sie wiederholt, wird die Unterscheidung von Bild und Wirklichkeit, deren Verlust das lebende Bild anzeigt, objektiv fragwürdig. Denn die Wirklichkeit zeigt die unerkannte Wahrheit über das Lebendige in seiner täuschenden Repräsentation im lebenden Bild selbst als Bild; aber

Die Fotokamera innerhalb des *Tableau vivant* löst die fotografische Qualität, die Greenaway dem Bild Vermeers zuerkennt, konsequent ein; zugleich ist diese Kamera-Modell-Installation in den filmischen Ablauf integriert und verweist, wie die anderen Kamera-Installationen dieses Films, auf das auf dem fotografischen Einzelbild beruhende Prinzip des Mediums. Agierte der Künstler im *Tableau vivant* ebenfalls mit einer Filmkamera und nicht mit einer Fotokamera, würde dies zwar auch die Differenz von statischem Vorbild und bewegtem Film-Bild visualisieren, aber es geschähe als bloße Konfrontation, ohne die Relation zueinander, beruhend auf dem gemeinsamen Nenner - dem statischen Einzelbild als Momentaufnahme -, zu thematisieren. Das Gemälde der *Malkunst* wird szenisch als *Tableau vivant* gestaltet und zu einer 'Kamerakunst' variiert, die wiederum filmisch aufgezeichnet wird. Es ist als sei die ursprüngliche Maler-Modell-Situation, die das Gemälde bannte, wieder verlebendigt worden, um sie sogleich wieder in einem anderen Medium zu fixieren.[199] Sie ist allerdings auch nur wiederbelebt worden für ein anderes Medium, und sie trägt dem Rechnung, denn der Maler im Bild ist dem Kameramann gewichen. Die unterschiedlichen 'Aggregatzustände' - Tableau, *Tableau vivant*, Fotografie - sind alle in Relation zu demjenigen Medium gesetzt, das sie aufzeichnet: dem Film. „Es ist eine einnehmendes Spiel", so schreibt Greenaway, „einige dieser Definitionen über das 'Stilleben'-Genre in das Kino der Bewegung zu übertragen. In diesem genauen Verständnis des Wortes sind die 'Leben' nicht länger 'still' (obwohl die Bewegung minimal ist) und die Natur ('nature') ist nicht tot ('morte') (obwohl immer kurzlebig) ..."[200]

So wie das einzelne Foto die materiell-technische Bedingung des filmischen Mediums darstellt, bildet das *Tableau vivant* die ästhetische Zwischenstufe und Vorraussetzung für die filmisch-szenische Belebung des statisch fixierten, flächigen Tableaus. Die heftige Reaktion des Modells, das seine Trompete und das Buch wegwirft, löst das *Tableau vivant* auf und visualisiert einen Ausbruch aus dessen Statik (und der des Vorbildes) beziehungsweise

diese Wahrheit ist der Tod, der in Wirklichkeit als Bild den Platz einnimmt, den Erstarrung und Schlaf im Bild als Wirklichkeit haben." - Ebd., S. 198.

199 Selbstverständlich handelt es sich dabei um eine Metapher, die den langwierigen Herstellungsprozeß des Bildes unterdrückt. Andererseits hat Greenaway die Szene nicht einfach in einen anderen Kontext transferiert, sondern er hat sie selbst erst (re-)konstruiert, und er hat diesen Arbeits- und Übertragungsprozeß nicht unterschlagen, er thematisiert ihn vielmehr.

200 Greenaway, Peter, Fear of Drowning - Règles du Jeu, Paris 1988, S. 45.

aus dem fotografischen System ins filmische (Abb. 26.2/3).[201] Die Differenz ist zudem ins Bild gesetzt als Intervall von der unbewegten fotografischen zu der (die Szene aufnehmenden) mobilen Filmkamera.

Dieses *Tableau vivant* wandelt eine Allegorie über die Malerei ab in eine über den Film. Es schlüpft gleichsam in die Hülle, in das Dekor des überlieferten gemalten Werkes, dabei aber wesentliche Teile mit denen des neuen Mediums vertauschend, um auf diese Weise im Kontext einer Erzählhandlung über Medienspezifika zu reflektieren. So transponiert die filmische Allegorie die allegorische Bedeutung des Vorbildes, das den „bewahrenden Charakter", das Vermögen der Malerei in ihr Vergangenes und Gegenwärtiges für alle Zeit fortleben zu lassen, pries, in *ihr* Medium. Im Zuge dieser Übertragung legt die Allegorie des Films diese Fortdauer als eine medienspezifische Illusion offen; die Ironisierung des Vorbildes wird zudem dadurch betrieben, daß die Klio des Films als Muse der Geschichte keine den Ruhm großer Taten verkündende Posaune hält, sondern eine Trompete.

Zu 2.: In Goethes *Wahlverwandtschaften* wurde eigens ein Architekt mit der Aufgabe betraut, ein geeignetes Theater für die Vorführung zu bauen. Der Bühnenrahmen einer Theaterarchitektur definiert ein kompositionelles Bezugssystem, wobei das Format des jeweiligen Vorbildes stets in Lebensgröße übertragen wird. Da das Geschehen räumlich repräsentiert wird, bietet sich jedem Betrachter aus seiner Perspektive heraus eine etwas andere Sicht auf das Dargestellte. Die Geschlossenheit des flächigen Tableaus wird durch die Offenheit des 'lebenden Bildes' aufgebrochen, in welchem die Relation der ruhenden Teile des Ensembles sich je nach Standpunkt wandelt; das Film-Bild 'verschließt' es wieder in einem zweidimensionalen, bildmäßigen System, aber es vermag durch die Veränderung der Kameraposition den Eindruck der Offenheit zu simulieren.

---

201 Der Unterschied vom Film zu den anderen Medien ist darüber hinaus natürlich bereits auf der Tonspur hörbar. Das *Tableau vivant* gewinnt eine akustische Dimension, es sind die Geräusche des Blitzlichts zu vernehmen, und die Figuren sprechen miteinander. Im Film, so ließe sich ironisch polemisieren, gelangt das 'lebende Bild', indem es um die Kraft der Bewegung gewinnt und in die Welt der Akustik eintritt, erst - im Sinne seines Begriffs - zu voller Entfaltung. Damit soll keineswegs die Überlegenheit eines Mediums gegenüber einem anderen diagnostiziert werden (in Anbetracht eines gehandicapten, defizitären, stummen und gelähmten Daseins), sondern es wird einseitig von der Warte des Films argumentiert. Zudem ist auch das 'verlebendigte' *Tableau vivant* im Film fixiert, unveränderlich und wiederholbar, somit ganz und gar kein 'lebendes Bild' und ohnehin ist alles Lebendige (die Darsteller ...) nur als Abbild gegeben.

Klaus Krüger beschreibt das Problemfeld im Hinblick auf die *Tableaux vivants* in Godards *Passion*:

> Die 'Geschichte' die sie je thematisch implizieren, transformiert sich zur Geschichte ihrer filmischen Nachstellung, zum Studiogeschehen mit Kostümierung also und Wahl von Stoffen, zum Postieren der Darsteller und dem Hinzusetzen adäquater Requisiten, nicht zuletzt zur Suche nach angemessener Einstellung und treffender Beleuchtung. Die Bewegtheit, die ihnen abgeht, wird ganz zu einer Funktion der Kamera, die in immer neuen Bahnen um die Bilder kreist, an sie heran und in sie hinein fährt, um hierdurch ihre 'neue' Geschichte der filmischen Nachstellung allererst zu erschaffen.[202]

Die Übertragung eines gemalten Werkes in ein filmisches, stillstehendes *Tableau vivant* und dessen Aufzeichnung mittels einer unbewegten Kamera sowie eines unveränderten Bildausschnitts zöge eine Reihe identischer Einzelbilder nach sich, deren einzige Bewegung sich als Transport unsichtbar in der Apparatur abspulen würde. Aber, Ergebnis der Aktivität der Kamera: Es kommt sichtbar Bewegung in das 'lebende Bild'.

So bewegt sich die unter Greenaway ansonsten eher statische Kamera angesichts der Adaption eines (zunächst weitgehend) unbewegten *Tableau vivant*. Die Kamera fährt vom schwarzweiß gestreiften Wams des Künstlers langsam zurück, und allmählich kann der Betrachter, über das hinaus, was er als den Rücken einer Figur identifiziert, das Interieur einschließlich dem Modell wahrnehmen - dann erst stoppt die Kamera in einen Abstand zum Geschehen, der in etwa dem der Vorlage entspricht (Abb. 25 u. 26).

Die Kamerabewegung geht von dem Kern des Bildes, dem Künstler, vielmehr der Künstler-Modell-Situation aus, und während des Zurückweichens der Kamera - einer Bewegung, die den Raumeindruck evoziert, ja buchstäblich erfahrbar macht - erfaßt der Betrachter neben der Hauptszene zugleich allmählich die Begrenzungen und Elemente des Raumes - zuerst die rückwärtige Wand, den Leuchter, dann den Vorhang, den Boden, den sich rechts nach hinten fortsetzenden Raum. Von den Rändern her, von oben und unten sowie von den Seiten, dringen die Elemente gleichsam ins Bild. Kulissenartig schiebt sich der Vorhang zwischen den Betrachter und die Szene, und indem er den Raum teilt, schafft er ihn zugleich, den Raum, der rechts in der sich öffnenden Flucht des anschließenden Zimmers in einer nochmaligen Staffelung in seiner Tiefenerstreckung und -wirkung wiederum erweitert wird.

---

202 Krüger, Klaus, Jean-Luc Godards Passion (Frankreich 1982): Kunst als Wirklichkeit postmodernen Imagination, in: Kunst und Künstler im Film, Helmut Korte, Johannes Zahlten (Hg.) Hameln 1990, S. 81-92, hier: S. 86.

Kann die Kamera angesichts eines Tableaus lediglich über dessen Oberfläche gleiten, so vermag sie in den Raum des *Tableau vivant* einzutauchen und die Objekte und Figuren aus bislang unbekannten Blickwinkeln aufzunehmen.[203] Die Kamera begegnet einer Aufführung: „Die Konfrontation zwischen Kino und Malerei wird auf einer dritten Ebene ausgetragen, dem Theater."[204] Andererseits erinnert diese unbewegte Darstellung - zumindest insofern es die angehaltene Bewegung der Figuren angeht - an eine Skulpturengruppe. Indem die Kamera die Figuren umfährt - auf einer äußeren Bahn oder sich zwischen ihnen hindurch bewegt - behandelt sie sie wie ein Skulpturenensemble: Jede Verschiebung der Ansicht liefert eine andere Impression als die vorhergehende.

„Kann der Künstler", so schrieb Lessing, „von der immer veränderlichen Natur nie mehr als einen einzigen Augenblick, und der Maler insbesondere diesen einzigen Augenblick auch nur aus einem Gesichtspunkte, brauchen; ... so ist es gewiß, daß jener einzige Augenblick und einzige Gesichtspunkt dieses einzigen Augenblickes, nicht fruchtbar genug gewählet werden kann."[205] Lessings Bestimmung des „fruchtbaren" Augenblicks beinhaltet zwei aufeinander bezogene Aspekte: einen zeitlichen, in der Wahl des interessantesten Zustandes und einen räumlichen, insofern er die Wahl der Perspektive betrifft. An dieser Stelle interessiert der - gegenüber dem ersten vernachlässigte - zweite Gesichtspunkt. Das dreidimensionale *Tableau vivant* ermöglicht es, jenen „fruchtbaren" Augenblick quasi räumlich aufzulösen. Die filmische Produktivität vollzieht dabei einen schwerwiegenden Eingriff in das Gemälde. Sie widerstreitet dem ursprünglichen Eindruck des Werkes, dessen Komposition der Elemente wohlüberlegt in der Fläche auf einen Blickpunkt hin arrangiert war. Der filmische Zugriff erfolgt noch rigoroser als vor einem Tableau[206]: Nicht nur wird das *Tableau vivant* in Ausschnitte

203 Der Schwenk über die Fläche des Gemälde, der Zoom auf Details kann diesen Effekt des Hineintauchens allenfalls simulieren, ist in seiner Überzeugungskraft auf die perspektivische Illusion sowie auf die auf die Qualität der Ausarbeitung der Oberfläche des Gemäldes angewiesen.

204 Ebd. S. 45 .

205 Lessing 1987, S. 23.

206 Vgl. Lemaitre, Henri, L'Animation des Tableaux et les Problèmes du Film sur l'Art, in: Souriau, Étienne, L'Univers filmique, Paris 1953, S. 157-177. Lemaitre sieht das Problem, daß der filmische Zugriff der Anlage des Gemäldes zuwiderlaufen kann: „La beauté naît de l'institution du peintre qui a calculé ses lignes et ses arabesques de telle sorte qu'elles s'arrêtent à un moment en deçà et au delà duquel il y aurait excès ou défaut. Est-il, du point de vue esthétique, légitime d'actualiser dans ce cas précis le développement du mouvement, si la beauté de l'œuvre réside en effet dans le fait même que ce mouvement reste virtuel à raison de son expression

zerlegt; aufgrund der Verlagerung der Perspektive innerhalb des szenischen Raumes des Bildes können darüber hinaus völlig neuartige, aus einer Verschiebung der Elemente zueinander resultierende - vor dem Gemälde nie gesehene - Kompositionen geschaffen werden.

Allerdings - so wie es Plastiken gibt, die auf eine oder mehrere Ansichtsseiten hin konzipiert sind oder daraufhin, durch den Verlauf der Kurven und Formen, umrundet zu werden, so gibt es solche gemalten Bildwerke, die dem Betrachter ein flächenhaft-bildmäßig ausbanlanciertes Ganzes anbieten, und wieder andere, bei denen die Aktionen auf der Leinwand, die Dynamik der gewundenen Körper, die ein ekstatisches Aufbäumen suggerierenden Farben und Formen, das Vorher und Nachher ihres Verlaufs zu enthalten scheinen. El Grecos *Die Himmelfahrt Mariä* repräsentiert ein Beispiel eines konvulsivischen Taumels, und Godard, der dieses Gemälde in *Passion* als *Tableau vivant* nachstellen läßt, wiederholt mit der Bewegung der Kamera das spiralförmig gewundene Aufwärtsstreben des bildlichen Geschehens. Das filmische Moment, die Aktivität der Kamera läßt sich inspirieren, ja sie verschmilzt mit der Dynamik des Szenischen.[207]

Demgegenüber ist auch im Fall des *Tableau vivant* der *Malkunst* die Kamera in den Raum des 'lebenden Bildes' hinter den Vorhang vorgedrungen - sie gleitet von der Großaufnahme des Rückens langsam zurück -, aber sie entfernt sich dabei nicht wesentlich von der Blickachse des Betrachters vor dem Gemälde. Die zurückweichende Kamera korrespondiert mit der Anlage des ausgewogenen und statischen Vorbildes[208], und wenn der Zuschauer über den Rücken der Künstlerfigur hinaus allmählich das Tableau zu identifizieren beginnt, ist (fast) der dem vor dem Gemälde postierten Betrachter entsprechende Standpunkt erreicht; insofern dringt die Kamera nicht einmal in den Bildraum ein, ihr Zurückweichen gleicht eher dem Öffnen einer Maske.

Einige von Godard in *Passion* inszenierte *Tableaux vivants* greifen ganz bewußt auf Gemälde zurück, die aufgrund ihrer Spannung und Dynamik für eine kinematographische Adaption geschaffen erscheinen - in Anlehnung an

graphique? Il est des œuvres dont la beauté est solidaire de la virtualité temporelle: dans ce cas, où la beauté de l'œuvre est liée à son expression graphique, est-il légitime de la soumettre à la transformation essentielle que suppose alors l'expression cinématographique et l'intégration filmique?" - Ebd., S. 172f.

207 Vgl. Paech 1989, S. 27.

208 Dies ist nicht wertend, beziehungsweise abwertend gegenüber Godard gemeint, der filmisch in das 'lebende Bild' eindringt. Godard verfolgt damit andere - politische - Ziele, wenn er beispielsweise den Betrachter vor die Gewehrläufe stellt: Er will ihn involvieren, ihn in die Situation der Opfer versetzen, ihn zwingen, Partei zu ergreifen.

Eisenstein, der den Elementen des „Kinematischen" in der Malerei vor der Erfindung der Kinematographie nachspürte und den Film in dieser Konsequenz „als höchstes Stadium der Malerei" einschätzte.[209] Wo Godard beziehungsweise Eisenstein in der Malerei die 'kinematischen Vorfahren', allen voran El Greco, favorisieren, interessiert Greenaway eine völlig andere Gestaltungsweise innerhalb der Malerei wie der Filmkunst. Seine filmische Arbeit ist dadurch gekennzeichnet, daß sie die Aktivität der Kamera nicht in den Dienst einer Psychologisierung oder Dynamisierung des Dargestellten stellt. Alles Pathetisch-Expressive des szenischen Geschehens findet nur ein verhaltenes Echo filmischer Produktivität. Seine Neigung zu klassischer Ausgewogenheit oder statischen Tableaus entspricht der Auswahl der Werke eines Vermeer oder La Tour.[210]

Dennoch könnte sich die Kamera auch bei Greenaway, ohne einen Stilbruch zu riskieren, in das *Tableau vivant* hineinwagen und das szenisch Dargestellte in einer für ihn charakteristischen gleichförmigen und ruhigen Kamerafahrt aus wechselnden Perspektiven heraus erkunden. Daß dies nicht geschieht, hängt wohl eher mit inhaltlichen, die Reflexion des Films betreffenden Entscheidungen zusammen; ihnen zufolge wird der Blick des Regisseurs/(Film-)Kameramanns in Parallele zu demjenigen des Malers gesetzt, so daß die Ansichten für den Betrachter annähernd kongruent ausfallen.

Die "ästhetische Grenze" [211]

Indem sich die Kamera in ein *Tableau vivant* hineinbegäbe und von der Blickachse eines Betrachters im Angesicht des Vorbildes abweichende Perspektiven und Aufnahmewinkel wählte, würde dasjenige sichtbar werden, dessen Gestalt als *hors champs* des Gemäldes auf reiner Spekulation beruhen würde oder das den (das *Tableau vivant* umgebenden) Raum der Fiktion des Films in den Blick geraten ließe. Die Kamera würde gleichsam hinter oder jenseits des Rahmens beziehungsweise des dargestellten Bildraums sehen, und es gibt Gemälde, die diese Wirkung mit Hilfe von Spiegeleffekten einsetzen: Eine Kamera, die sich beispielsweise in Velazquez *Las Meninas* hineinbegäbe, würde nach einen 180°-Schwenk (oder -Schnitt) quasi aus dem Bild heraus, auf den Standpunkt des Betrachters gerichtet, das Königspaar

---

209 Paech 1989, S. 30.

210 Um keine absoluten Fronten aufzubauen, sei hinzugefügt, daß auch Godard in *Passion* 'statischere' Tableaus nachstellt, beispielsweise *Die kleine Badende* von Ingres.

211 Paech 1989, S. 46.

vis-à-vis im Blickfeld haben. Hier ist der Betrachter buchstäblich *im* Bild. Aber das sind Ausnahmen.[212]

Entscheidender ist die Frage des Rahmens unter zeitlichem Blickwinkel, das heißt die Frage danach wie das *Tableau vivant* in den szenischen und filmischen Ablauf der bewegten Bilder integriert ist oder davon geschieden bleibt. Der 'Rahmen' eines *Tableau vivant*, die Naht zwischen ihm und dem filmischen Umfeld existiert sicher vor allem im Kopf des Betrachters, insofern er das Vorbild als Vergleichsbild parat hält und somit das 'lebende Bild' aus der Kontinuität herauslöst: „Es scheint, als ob der Wiedererkennungseffekt, das Ringen um die Identität der Bilder den Betrachter ständig Rahmen konstruieren läßt, die die Szene zu ihrer Umgebung abgrenzen und dadurch zum Tableau machen."[213] Den Begriff des *Tableau vivant* bezeichnet Pascal Bonitzer als „Oxymoron", faßt er doch eine „mouvement immobile"; das Verhältnis zwischen der Bewegung im Rahmen einer Einstellung und der Immobilität eines Tableaus, die sich innerhalb des Films begegnen, begreift er als ein „dialogisches".[214] Dem *Tableau vivant* ist aufgrund seiner Immobilität ein Sonderstatus eigen. Daher stellt sich das Problem, wie es filmisch und szenisch in den Film integriert ist und wie sich die Fiktion des Films zu derjenigen des *Tableau vivant* verhält.

Es sind bislang die zwei Bewegungsformen angesprochen, die bei der filmischen Adaption des *Tableau vivant* zum Tragen kommen; es fehlt noch diejenige Bewegung, die zu ihm hin- und wieder von ihm wegführt. Dies betrifft die Frage nach der Art und Weise wie das 'lebende Bild' in seinen

---

212 Vgl. Bonitzer, Pascal, Décadrages, in: Cahiers du Cinéma, Nr. 284, Jan. 1978, S. 7-15, hier: S. 8 u. 11; vgl. auch die Kritik von Jean Kalman, in: Cahiers du Cinéma, Nr. 290/291, Juli/Aug. 1978, S. 99-101. Siehe ebenfalls Bonitzer, Pascal, Décadrages, Peinture et Cinéma, Paris 1985; die Kritik daran von Kirby, Lynne, Painting and Cinema: The Frames of Discourse, in: Camera obscura (Berkeley, Kalifornien), Nr. 18, Sept. 1988, S. 95-105, hier: S. 95f.
Bonitzers Konzept der „Decadrages", der unterschiedlichen im Bild angelegen Kommunikationsmöglichkeiten mit dem Off - mittels vom Bildrand überschnittener Partien, ungewöhnlichen Winkeln, Blicken, die nach außen gerichtet sind, Spiegeleffekten -, verhält sich zu Greenaways 'klassischem' Verfahren konträr.

213 Paech 1989, S. 46.

214 Bonitzer 1985, S. 18: „C'est comme s'il y avait lutte, empoignade dans le film entre le cinéma et la peinture. Cette différence inscrite, cette disjonction accentuée entre le mouvement du plan et l'immobilité du tableau, porte un nom: dialogisme. La fonction du plan-tableau est dialogique."
Das Stillstellen der Bewegung bedeutet einen schwerwiegenden Eingriff: Es verursacht ein „Anhalten der Zeit in der Bewegung des Films, es scheint sich nicht in das Ganze, den erzählerischen Rhythmus einordnen zu können". - Ebd., deutsche Übersetzung zit. n. Paech 1989, S. 44.

Abb. 28 Die Verwandlung von Da Vincis *Abendmahl* in Buñuels *Viridiana*

bewegten, filmischen Kontext integriert ist, die Frage nach der „ästhetischen Grenze“: „Das Problem ist hier vielmehr, daß die Szenen der *Tableaux vivants* als besondere abgrenzbar bleiben, es handelt sich also mehr um ein Problem des Stillstellens von Bewegung als um ein In-Bewegung-Setzen der Bilder“[215].

In Buñuels *Viridiana* feiern die Bettler und Tagediebe, als die Herrin des Hauses sie unbeaufsichtigt läßt, ein ausgiebiges Fest. Das ausgelassene Treiben der Betrunkenen erstarrt in den Positionen und Posen, die Da Vincis *Abendmahl* als Travestie choreographieren (Abb. 28). Handlungslogisch motiviert ist dieses Innehalten in der Bewegung dadurch, daß eine der Anwesenden angeblich ein Foto machen möchte. Den Moment selbst, in dem das Bild stillgestellt wird, wird der Zuschauer nicht gewahr; der Schnitt erfolgt direkt auf die bewegungslose, den Jesus imitierende Mittelfigur; ein kurzer Zoom auf diese zu, wieder ein Schnitt, und erst dann ist das *Tableau vivant* in vollem Umfang erkennbar, von dem anschließend die drei Gestalten rechts in einer Einstellung herausgehoben werden. Die Auflösung der starren Pose, die wahrscheinlich nicht szenisch, sondern technisch durch das Einfrieren zu einem Standbild bewerkstelligt wurde, spielt sich wieder unsichtbar für den Zuschauer, gewissermaßen hinter seinem Rücken ab: Schnitt auf die ‘Fotografin’, die allerdings keine Kamera hat, statt dessen lachend ihren Rock hebt und damit zur Freude der Zechrunde keinen Zweifel daran läßt, was sie unter ihrem „Apparat“ versteht. Die Bewegung ist wieder in Gang gesetzt;

215 Paech 1989, S. 46.

das *Tableau vivant* rührt sich, es löst sich auf, wird eins mit der Kontinuität der weiteren Spielhandlung: Das '*Abendmahl*" setzt sich fort.

Die Integration eines *Tableau vivant* in den Film vollzieht sich hier nicht als Aktualisierung jenes „fruchtbaren" oder „prägnantesten" Augenblicks (im Sinne Lessings) einer den Aktionen zugrundeliegenden Geschichte[216], also desjenigen Moments, welcher die Einbildungskraft des Betrachters am meisten zu beflügeln vermag und jenes Stadium eines narrativen Ablaufs erfaßt oder gestaltet, den Lessing, in Übernahme der Ideen von Shaftesbury und James Harris[217], als den interessantesten Zustand bezeichnete.[218] Die filmische Umsetzung könnte gegenüber der Simultaneität des Tableaus die gesamte Entwicklung, das Vorher und Nachher der Erzählhandlung, sukzessive entfalten und würde aus der Kontinuität des dramatischen Geschehens heraus gleichsam in der Immobilität des *Tableau vivant* gefrieren.

Das *Tableau vivant* steht in einem Spannungsverhältnis zwischen der Fiktion des Gemäldes und der des Films. Grundsätzlich kann das *Tableau vivant* auf zwei Arten in den Film integriert sein: Erstens vermag die dramatische Handlung des Films durch die des animierten oder angehaltenen 'lebenden Bildes' gewissermaßen hindurch zu verlaufen. In David Wark Griffiths *The Birth of a Nation* (1915) ist die dramatische Handlung des Films aus der Fiktion des *Tableau vivant* (beziehungsweise des Gemäldes) heraus entwickelt und im kritischen Moment - demjenigen in Kongruenz zu seinem Vorbild - als angehaltene, quasi eingefrorene präsentiert. Hier kündigt die Einblendung eines Textes das *Tableau vivant* an, und dieses wird im folgenden animiert; das *Tableau vivant* dient als Ausgangspunkt einer szenischen Handlung: „Für einen Augenblick sind die Bewegungen angehalten, die Posen eingefroren, das 'Bild steht': damit es wiedererkannt werden kann, muß es für einen Moment so aussehen wie das bedeutete Bild, auf das in diesem

216 Lessing 1987, S 115: „Die Malerei kann in ihren koexistierenden Kompositionen nur einen einzigen Augenblick der Handlung nutzen, und muß daher den prägnantesten wählen, aus welchem das Vorhergehende und Folgende am begreiflichsten wird." Vgl. dazu auch Gombrich, Ernst H., Der fruchtbare Moment. Vom Zeitelement in der bildenden Kunst, in : Bild und Auge, Neue Studien zur Psychologie der bildlichen Darstellung, Stuttgart 1984, S. 40-62.

217 Vgl. Gombrich 1984, S. 40-43.

218 Lessing 1987, S. 23: „Dasjenige aber nur allein ist fruchtbar, was der Einbildungkraft freies Spiel läßt. (...) Wenn Laokoon also seufzet, so kann ihn die Einbildungkraft schreien hören; wenn er aber schreiet, so kann sie von dieser Vorstellung weder eine Stufe höher, noch eine Stufe tiefer steigen, ohne ihn in einem leidlicheren, folglich uninteressanteren Zustand zu blikken. Sie hört ihn erst ächzen, oder sie sieht ihn schon tot." Vgl. Paech 1989, S. 39.

Augenblick verwiesen wird"[219]. Da es ansonsten von seinem Kontext nicht unterschieden ist, erscheint es mittels Einblendung einer Legende ausgewiesen; das geschieht hier in erster Linie, um den Dokumentcharakter der Vorlage als Bürge für die Authentizität der Einstellung des Films zu nutzen.

Zweitens bewegt sich in Buñuels *Viridiana*, Godards *Passion* und Greenaways *Ein Z und zwei Nullen* die Handlung jeweils gewissermaßen von außen durch die Narration des Films (und nicht durch die Fiktion des Tableaus) auf das *Tableau vivant* zu, das als Repräsentation innerhalb einer filmischen Repräsentation auf eine andere Ebene gehoben ist. Hier ist das *Tableau vivant* zwar einerseits in das filmische Kontinuum der Erzählhandlung integriert, durch die narrative Logik motiviert, aber andererseits zugleich als Inszenierung-in-der-Inszenierung semiotisch herausgehoben und markiert: In Buñuels Film posieren die Gestalten für ein Foto, bei Godard wird es innerhalb des Spielgeschehens in einem Filmstudio aufgebaut. In Greenaways *Der Bauch des Architekten* steht der Architekt für eine Fotografie als Neptun Modell; (dem liegt als Vorbild eine Arbeit von Bronzino zugrunde, auf dem Andrea Doria seinerzeit als Neptun posierte[220]), und *Die Malkunst* wird innerhalb des Films im Atelier eines Kunstfälschers nachgestellt.[221]

Das 'lebende Bild' der *Malkunst* wird streng genommen jedoch gar nicht angehalten. Daß dieser Sachverhalt kaum auffällt und das *Tableau vivant* einen Doppelcharakter von szenischer Stasis und Kinesis aufweist, liegt im Vorbild selbst begründet. *Die Malkunst* von Vermeer liefert eine Zustandsbeschreibung im weitesten Sinne, und das Gemälde gibt eine in sich recht statische Szene wieder, in der sich das abgebildete Geschehen als ein gleichförmiges über einen längeren Zeitraum hinzieht: Der Maler führt den Pinsel über die Leinwand. *Die Malkunst* fixiert keine Bewegung als „fruchtbaren Augenblick", und die filmische Aufzeichnung dieses *Tableau vivant* liefert dementsprechend kein komponiertes Bild eines dramatischen Verlaufs, sondern die Momentaufnahme eines ruhigen Geschehens[222]: Der Fotograf betätigt den

219 Paech, Joachim, Ein-BILD-ungen von Kunst im Spielfilm, in: Kunst und Künstler im Film, Helmut Korte, Johannes Zahlten (Hg.) Hameln 1990, S. 43-50, hier: S. 50.

220 Es bildet sich hier ein ähnlich verschacheltes Verhältnis und, damit verbunden, eine Offenlegung der Repräsentation, wie hinsichtlich Vermeers *Die Malkunst*, auf dem wie erwähnt offensichtlich ein junges Mädchen die Klio nur aufführt.

221 Vgl. Paech 1989, S. 46: „Diese Grenze zwischen den Szenen der Bilder und ihrer Umgebung hat Godard dadurch betont, daß er die Rekonstruktion der Bilder auf einer besonderen Ebene der Filmproduktion (einem 'Film im Film') abgehoben hat."

222 Vgl. Hollander 1986, S. 88, über *Die Magd mit Milchkrug* von Vermeer: „The moment is not one instant, but a dip into a flow of light that must keep changing, that shows what both is

Auslöser. So ist das Vorbild *Die Malkunst* beispielsweise kein Historienbild (wie in Griffiths Film), und es existiert keine Vor- und keine Nachgeschichte, die mit einer gewissen Verbindlichkeit aus dem Bild selbst heraus entwickelt werden könnte, da das abgebildete Geschehen keine anekdotische, literarische oder historisch überlieferte Begebenheit, das heißt nicht den Verlauf eines bekannten Ereignisses konzentriert. Andererseits kann fast jede beliebige Vor- und Nachgeschichte aus dem Tableau abgeleitet werden, und genau das wollte Greenaway, wenn er bemerkt: „Wir waren bestrebt zu zeigen, was sich vor und nach dem in ihren Gemälden gewählten Moment ereignet hat.“[223]

Das *Tableau vivant* der *Malkunst* trägt ein Doppelgesicht: Es führt zum einen wie in Griffiths Fall als animiertes unmittelbar die dramatische Erzählhandlung des Films fort, und es ist zum anderen wie bei Godard als Inszenierung innerhalb des Spielgeschehens semiotisch herausgestellt. Während in *Passion* die *Tableaux vivants* als statische Ensembles und als eigenständige Sphären innerhalb des dramatischen Geschehens des Films von derjenigen der szenischen Handlungen der Protagonisten unterschieden werden, sieht der Betrachter in *Ein Z und zwei Nullen* dagegen das ‘lebende Bild’ der *Malkunst* nicht als autonome Fiktion von derjenigen der Erzählhandlung des Films gesondert: Der Fälscher Van Meegeren steht nicht wie das Filmteam in *Passion* vor ‘seinem’ *Tableau vivant*, sondern er nimmt - obwohl innerfilmischer Schöpfer des Werks - ebenfalls daran teil. So wird die Begegnung zweier Medien, die des Films und der Malerei, in einem Zwischenreich, dem *Tableau vivant*, thematisiert. Da das Vorbild *Die Malkunst* die „Darstellung einer Darstellung“ vorstellt, erweitert der Film diese Selbstbespiegelung um eine Instanz (ganz auf der Linie von Greenaways Vorliebe für Verschachtelungen und Spiegelungen) zur ‘Darstellung einer Darstellung einer Darstellung’.

---

and is not a present moment, a moving present that is always full of both hope and loss. And so it is like a sequence of movie frames, not like a photograph that tries to freeze the light. The still image is laden with constant shift, like life itself.“

223 Greenaway, in: Pilard u.a. 1987, S. 119.

4. Formale Konstruktionsprinzipien

> Dennoch hat die Malerei einen starken Einfluß auf den Film ausgeübt, soweit es sich um die Gestaltung des Bildes handelt, und zwar hat sich dieser Einfluß auf dem Umwege über die Photographie ausgewirkt. Nun handelt es sich ja beim Film fast nie um unbewegte Bilder wie bei Gemälde und Photographie, und so könnte streng genommen von einer Komposition des statischen Bildes hier gar nicht die Rede sein. Praktisch ist es aber trotzdem so, daß die gleichen Prinzipien der Flächenaufteilung, wie sie die Maler von altersher benutzen und wie die die Photographen sie übernommen haben, auch für den Film Geltung haben: beispielsweise gruppiert jede gute Filmeinstellung die Gegenstände des Bildes zu einfachen mathematischen Figuren, leitende Linien ordnen und vereinheitlichen die Vielheit des Dargebotenen, die Flächen werden nach Größen, Form und Helligkeit zu einem Gleichgewicht ausbalanciert etc., und es ist wohl so, daß im Ablauf eines guten Films diese gut durchkomponierten Einstellungen als Akzente in kurzen Abständen hintereinander auftreten und durch Bewegungspassagen verbunden oder durch Schnitt aneinandergereiht werden. Dennoch wäre es sicher falsch, die filmische Bildgestaltung einfach auf die statische zurückführen zu wollen, denn es gibt auch eine spezifische Komposition der Bewegung ...
>
> Rudolf Arnheim[224]

„Ein zeitgenössisches Publikum sieht die Welt im Film als ein flaches Rechteck, ein zweidimensionales Phänomen, das die fotografische Illusion des Raumes und der Tiefe nutzt, um drei Dimensionen anzudeuten. Das Kino hat keine materielle Substanz. Wir können nicht ein wenig nach links rücken, um den Eßtisch von der Südseite zu sehen. Wenn der Regisseur uns den Tisch von der Südseite sehen lassen will, dann wird er den Kameramann anleiten, uns den Tisch von der Südseite zu zeigen. Dann schauen wir alle auf die Südseite, und jeder im Kino nimmt denselben Standpunkt ein. Das ist eine äußerst armselige Situation, wenn wir wissen, das Tische von der Nord-, West und auch von der Ostseite aus gesehen werden können."[225]

Antworten auf dieses von Greenaway aufgezeigte Manko liefern das interaktive Kino und die Erschaffung virtueller Welten, durch die sich der Teil-

224 Arnheim, Rudolf, Malerei und Film (1934), in: Diederichs, Helmut H. (Hg.), Kritiken und Aufsätze zum Film, München-Wien 1977, S. 151-153, hier: S. 151.

225 Greenaway, Peter, Watching Water, Katalog anläßlich seiner Ausstellung vom 12.6 - 12.9 1993 im Palazzo Fortuny in Venedig, Mailand 1993, Nr. 12 (der Text ist nicht in Seiten unterteilt, sondern in numerierte Punkte oder Abschnitte).

nehmer nach eigenem Gusto bewegt. Für den Kritiker und allgemein alle miteinander Kommunizierenden wird die Verständigung über einen interaktiv erfahrenen 'Film' jedoch schwierig oder völlig neuartig, denn mit dem Verschwinden eines für alle identischen (buchstäblich und bildlich gesehenen) Standpunkts ist die verbindliche und einander verbindende Struktur verändert: Jeder erlebt seinen eigenen 'Film'.

Im traditionellen Film ist die Blickfolge (und die Tonfolge) als ein in seiner räumlichen und zeitlichen Relation fixiertes System gespeichert. Das Verhältnis der Teile zueinander zwischen Mikro- und Makrobereich ist festgelegt und - abgesehen von einer Manipulation von außen - konstant. Das kann einerseits als Mangel verstanden werden, wie es Greenaway formuliert, aber andererseits ist es diese Fixierung, auf der sein eigenes Kino wesentlich beruht. „Welche Bewegung vollzieht sich zwischen den Teilen eines Ensembles in einem Bildfeld oder zwischen mehreren Ensembles in der Abfolge der Kadrierungen? Welche Bewegung drückt sich im Ganzen eines Films oder eines Werks aus? Welche wechselseitige Beziehung besteht zwischen den beiden, wie sind sie aufeinander abgestimmt, wie übersetzen sie sich ineinander?“[226] - diese Fragen ergeben nur einen Sinn angesichts einer geregelten und verbindlichen Komposition. Sie verweisen zugleich auf den ästhetischen Reichtum des Mediums Film, vergleichbar dem Verhältnis von Malerei und Film, wo die Bewegungslosigkeit der Malerei unter einem Gesichtspunkt des 'Realismus' als Defizit bedauert werden mag, dann aber die spezifischen formal-kompositorischen, künstlerischen Gestaltungsmöglichkeiten übersehen werden.

Greenaways formale Strukturierung - beispielsweise die Integration einer Zahlenfolge (von 1-100) in *Verschwörung der Frauen* - beruht darauf, daß jeder denselben Film in der derselben Reihenfolge sieht, und seine von ihm favorisierten symmetrischen Kompositionen wären ohne einen definierten Standpunkt vis-à-vis dem Dargestellten aufgelöst.

„Das Bild als strukturierende Fläche“, so schreibt Knut Hickethier, „wird - unabhängig von allen räumlichen Vorstellungen, die es auslöst - durch Gliederungen charakterisiert. Die Gliederung erfolgt auch im Filmbild nach den Regeln der Komposition, wie sie in statischen Bildern Anwendung finden. Kompositionselemente sind Linien, Formen, Flächen, Bewegungen"[227]. Im Gegensatz zur Malerei stehen die Elemente im Film in Abhängikeit von ihrer zeitlichen Dimension - Panofsky sprach in diesem Zusammenhang von

226 Deleuze, Gilles, Das Bewegungs-Bild. Kino 1, Frankfurt a. M. 1989, S. 40.

227 Hickethier, Knut, Film und Fernsehanalyse, S. 46ff. hier: S. 51.

einer „Dynamisierung des Raumes" und einer „Verräumlichung der Zeit"[228]. Um die formale Organisation zu untersuchen, die bei Greenaway, wie zu sehen sein wird, einen vom Inhalt relativ unabhängigen Eigenwert beansprucht, muß von dieser zeitlichen Komponente abstrahiert werden. In diesem Zusammenhang fiel angesichts der strukturellen Experimentalfilme oder - wie sie Bordwell klassifiziert - der „parametrischen Narration" der Begriff der „Verräumlichung" (Spatialization), wenn das, was sich sukzessive entwickelt, als simultane Struktur (re-)konstruiert wird.[229] Dieser Ansatz, der dort auf die übergreifende Ordnung bezogen ist, wird hier zudem auf den Mikrobereich übertragen, auf das, was sich kompositorisch innerhalb einer Einstellung, oder auch im Wechselspiel von einer zur anderen ereignen kann, wenn die Bewegungen der Objekte oder der Kamera graphisch gelesen werden, indem sie quasi 'entzeitlicht' werden[230]: Keine sichtbaren Spuren auf einem Untergrund hinterlassen die Verlagerungen innerhalb des Ensembles, etwa die Bewegungen der Protagonisten durch den Raum - sie beschreiben eine Figur und hinterlassen doch keine Linie. Sie existiert jedoch als graphisch-linearer Wert, wenn das sukzessiv sich Entfaltende als Simultaneität gedacht wird und die Bewegung eines Körpers innerhalb des Bildfelds beispielsweise als 'Be-Schreibung' einer Geraden oder eines Kreises gelesen werden kann.

Bei der Analyse der Arenafresken Giottos richtet Imdahl sein Augenmerk auf die planimetrische Komposition, die, „insofern sie bildbezogen ist, nicht von der vorgegebenen Außenwelt, sondern vom Bildfeld"[231] ausgeht und in den jeweiligen Relationen (der Richtungen, Linien, Farben, Maße) eine „formale Ganzheitstruktur"[232] stiftet. Er begreift die Anschauung eines Bildes

---

228 Panofsky, Erwin, Stil und Stoff im Film, Filmkritik Nr. 6, 1967, S. 343-355, hier S. 345.

229 Vgl. zu diesem seriellen und strukturalistischen Konzept der „Spatialization": Bordwell, David, Narration in the Fiction Film, Wisconsin 1985, S. 275ff., siehe ebenfalls: Peterson, James, The Artful Mathematicians of the Avant-Garde, in: Wide Angle, 7/3, 1985, S. 14-23, hier: S. 21f. Zur abstrakten formalen Gestaltung im allgemeinen vgl. Bordwell, David u. Kristin Thompson, Film Art, New York 1985, S. 62 ff. und, insofern es speziell Greenaway betrifft: Barchfeld 1993, S. 44ff.

230 Vgl. Eisenstein, Sergej M., „E!" Zur Reinheit der Kinosprache, 1934, in: Albersmeier, Franz-Josef (Hg.), Texte zur Theorie des Films, Stuttgart 1979, S. 58-72, hier: S. 66: Eisenstein erklärt die kompositionelle Gestaltung innerhalb eines Kaders sowie innerhalb des Wechsels von einem Kader zum anderen, indem er die Analyse „nach dem rein-räumlichen und dem linienhaften Merkmal" vornimmt, die er von der „rhythmisch-zeitliche(n) Korrelation" scheidet (siehe auch weiter unten in diesem Kapitel).

231 Imdahl, Max, Giotto - Arenafresken, Ikonographie - Ikonologie - Ikonik, München 1980, S. 26.

232 Ebd., S. 27.

als eine „Dialektik zwischen sehendem und wiedererkennendem Sehen", wobei das „wiedererkennende Sehen" auf „Figuren und Dinge sowie auf perspektivische Projektion und szenische Choreographie" gerichtet ist, dagegen das „sehende Sehen" ein „formales, sehendes, nämlich auf jene selbstevidenten Relationen gerichtetes Sehen" bezeichnet.[233] Von der Organisation jener formalen Relationen handeln die letzten beiden Kapitel.

Trotz allen Reichtums an Anekdoten, Wortspielen und Zitaten sowie einer opulenten Ausstattung vermitteln Greenaways Spielfilme nicht nur den Eindruck überbordender Fülle und barocker Sinnenpracht. Das unterkühlte Spiel der Protagonisten sowie die Wahl hoher Einstellungsgrößen halten den Zuschauer zumeist auf Distanz und wirken einer Identifikation und Psychologisierung weitgehend entgegen. Darüber hinaus aber ist diese Distanz begründet in einer extremen formalen Organisation des Leinwandgeschehens auf sämtlichen Ebenen filmischer Gestaltung. Die formal-abstrakte Konstruktion unter metrischen, geometrischen, planimetrischen Gesichtspunkten umfaßt in Greenaways Spielfilmen den filmischen Mikro- wie Makrobereich: die Strukturierung der Erzählhandlung wie auch zudem die Gestaltung innerhalb der einzelnen Einstellung beziehungsweise den Wechsel von einer Einstellung zur folgenden.

Dieses Vorgehen hat seinen Ursprung in Greenaways frühen mit Hilfe serieller Techniken strukturierten Experimentalfilme. 1969 drehte er in Venedig das Material für den sechsminütigen Schwarzweißfilm *Intervals*, der - 1973 vertont und geschnitten - als erster Film Greenaways veröffentlicht wurde.[234] Das Hauptthema von *Intervals* stellt das Verhältnis von Bild zum Ton dar. Der Film besteht eigentlich aus drei Filmen: Dreimal hintereinander wird das identische Bildmaterial, aber mit jeweils anderem Ton kombiniert, gezeigt. *Intervals* lag auf der Linie des strukturellen Films der 60er und Anfang der 70er Jahre. Zahlreiche Filme dieser Zeit verschrieben sich der Reflexion über die Grundbedingungen und das Potential filmischen Gestaltens und Wahrnehmens[235]: „Es war die Epoche eines gewissen experimentellen Kinos: Formalismus, Strukturalismus. Meine Filme waren also sehr stark von äußeren

---

233 Imdahl 1980, S. 27. Vgl. dazu auch Kanzog, Klaus, Einführung in die Filmphilologie, München 1991, S. 40f. Kanzog, der Imdahls Schrift kurz anreißt, erkennt die Bedeutung dieser Schlußfolgerung Imdahls für die Filmanalyse.

234 Vgl. Brown, Robert, Intervals, in: Monthly Film Bulletin, Apr. 1982, XLIX/579, S. 75.

235 Das breite Spektrum sowie die historische Entwicklung des „Experimentalfilms" seit dessen Beginn läßt sich studieren etwa bei Hein, Birgit und Wulf Herzogenrath (Hg.), Film als Film - 1910 bis heute, Köln 1978. Vgl. ebenfalls: Lawder, Standish D., The Cubist Cinema, New York 1975.

Elementen strukturiert. Der Inhalt des Films erklärte nicht dessen Struktur. Diese bleib äußerlich. Zum Beispiel eine numerische Serie: arithmetische, geometrische, logarithmische Progression, usw.. Es wurden die Photogramme oder die Sekunden oder die Minuten gezählt."[236]

Auch wenn Greenaway im folgenden diese formale Vorgehensweise mit einer inhaltlichen, narrativen Komponente kombinierte, besitzt die formale Struktur in seinen Spielfilmen bis heute einen Eigenwert, den eine autoreflexive und eine ästhetische Qualität gleichermaßen kennzeichnen. Sie geht zurück auf die unterschiedlichen Techniken der Offenlegung der Fiktion, die Greenaways künstlerische Entwicklung gegen Ende der 60er und zu Anfang der 70er Jahre prägte.[237]

Die Strukturierung der Erzählhandlung

Eine der augenfälligsten Ausprägungen dieses Konzepts stellt (neben einer Vorliebe für symmetrische Kompositionen) die Strukturierung der Erzählhandlung dar. Zwölf Zeichnungen bilden in *Der Kontrakt des Zeichners* ein Gliederungssystem, das weite Strecken des Geschehens raumzeitlich faßt: Jeder Zeichnung ist ein bestimmter Ort sowie eine festgelege Zeit zugeordnet. In *Ein Z und zwei Nullen* entwickelt Greenaway die Filmhandlung entlang der acht Stadien der Evolution; sieben Architekturen, die zugleich sieben historische Phasen repräsentieren, erfüllen denselben Zweck in *Der Bauch des Architekten*, und ähnliches trifft zu auf die Nummernfolge von 1-100 in *Verschwörung der Frauen*, den Speisekarten in *Der Koch, der Dieb, seine Frau und ihr Liebhaber* und den Büchern in *Prosperos Bücher*.

Zudem wird das Geschehen gegliedert durch eine periodische Wiederaufnahme von Handlungsorten und -motiven: In *Der Kontrakt des Zeichners* sind es die Arbeitsplätze des Zeichners, aber auch die Tischgesellschaften beim Essen, die sich wiederholen; in *Ein Z und zwei Nullen* das Krankenhaus, das Kino, das Labor, die Wohnungen der Brüder; in *Verschwörung der Frau-*

---

236 Greenaway in einem Gespräch mit Philippe Pilard, in: ders., u.a., Peter Greenaway, Paris 1987, S. 94.

237 Hacker, Jonathan und David Price, Take Ten, Essay on Peter Greenaway, Oxford 1991, S. 189-227, hier: S. 189f.: „The formative period was marked by a growing fascination with the ideas of the Structuralist Movement. This turned away from cinema as an 'illusionist' or 'emotional' medium and concentrated on structures in the hope of clarifying the production process itself. 'I was influenced by all the post-Brechtian alienation techniques of the late sixties' (Greenaway getreu einem Interview mit den Autoren). Structuralists believe that the only truth that art can convey is the fictional nature of the fiction one is creating."

en steht der Spieler und Leichenbeschauer Madgett mehrfach mit seinem Auto und wechselnden Insassen im nächtlichen Wald; und immer wieder sind es die Farb-Räume - das Restaurant, die Küche, die Toilette - in *Der Koch, der Dieb, seine Frau und ihr Liebhaber* sowie das Badehaus, die Bibliothek usw. in *Prosperos Bücher*, die zum Schauplatz der Ereignisse werden. Eine solche Wiederkehr kann ebenso über die Variation eines Handlungsmotivs erfolgen: Die Männer der drei Cissie Colpitts in *Verschörung der Frauen* ertrinken alle - einer in der Badewanne, einer im Meer und einer im Swimmingpool.

Unterschiedliche Grade vermag die Integration derartiger Mittel innerhalb der Erzählhandlung des Films aufzuweisen: Die sieben Architekturen in *Der Bauch des Architekten* treten nicht gesondert hervor, ihr Status als Grundeinheit der Abwandlung und Komponente der Organisation des filmischen Geschehens wird innerhalb des Films nicht eigens deklariert; dagegen bilden die Vorstellungen der Bücher Prosperos regelrechte Einschübe, die das dramatische Geschehen unterbrechen und recht eigenständige Filme-im-Film darstellen. Zwischen diesen Extremen bewegen sich die anderen Verfahren: die Verwesungsfilme in *Ein Z und zwei Nullen*, die in das narrative Geschehen zumeist eingebunden sind, da die Protagonisten teilweise bei der Rezeption (und Produktion) dieser Filme gezeigt werden, oder die Speisekarten in *Der Koch, der Dieb, seine Frau und ihr Liebhaber*, die die Ereignisse einerseits gliedern, andererseits Überleitungen schaffen sowie die Zahlenreihe in *Verschwörung der Frauen*, die wie ein Suchspiel in den audiovisuellen Ablauf montiert ist - was Sinn macht, denn schließlich handelt der ganze Film vom Spiel. Wie deutlich auch immer diese strukturierenden Elemente wahrnehmbar sind, entscheidend ist, daß hier Markierungen gesetzt werden, die den Artefaktcharakter eines Films gegenwärtig halten.[238]

Greenaway beruft sich andererseits auf eine dramaturgische Entfaltung der Narration, die der Aufteilung des klassischen Dramas (in einen Prolog,

238 „A film is an artificial construction decided upon the film-maker's use of time - the numbers represent the ticking away of the frames, the seconds, the minutes, the allotted of the narrative to take place. When you reach fifty in the number count, you know you are half way through the narrative, when you are in the nineties, you know the story has not far to go and when you reach one hundred, narrative and number-count arrive neatly at a photo-finish. The film - this artificial construct - is at an end. The game is finished." - Greenaway 1988, S. 25.
Vgl. auch Barchfeld, Christiane, Filming by Numbers: Peter Greenaway. Ein Regisseur zwischen Experimentalkino und Erzählkino, Tübingen 1993, S. 136ff.

drei Akte und einen Schluß) entspricht.[239] Diese traditionelle, handlungslogisch motivierte, quasi-organische Aufbereitung der Erzählung verbindet er mit jenem formalen „äußeren Skelett“[240]. Nach dem Grundsatz der Serie, der Progression oder der Variation bringen die formal strukturierenden Elemente einen Takt in den Ablauf, der narrativen und dramaturgischen Erwägungen relativ gleichgültig und selbständig gegenübersteht.

Eine solche Anordnung offenbart lediglich die Grundfeste einer erzählten Geschichte: Anfang, Ende, Entwicklung, Dauer (Umfang). Ansonsten funktioniert sie mit metrischer Präzision. Auf der Erzählebene können sich die ungeheuerlichsten Dinge zutragen, sie bleibt davon unbeeinflußt. Intrigen werden gepflegt, Menschen sterben, doch dieses „äußere Skelett“ ist gleichsam ein Index der Mechanik der Filmapparatur, die mit physikalischer Gleichförmigkeit und Gleichgültigkeit die Dinge und Ereignisse aufzeichnet und projiziert.

Bezeichnenderweise orientiert sich der Wechsel oder die Reprise der von Michael Nyman verfaßten musikalischen Themen häufig an diesen formalen Markierungen, denn, wie im Hinblick auf den nicht-narrativen, strukturellen Film lassen sich diese Verfahren in Analogie zu Kompositionsprinzipien der Musik auffassen. Diese Mathematisierung oder Quantifizierung der Repäsentation bewirkt deren Entpsychologisierung. Mit derartigen konstruiert-künstlichen Bildern und Bildkombinationen wird förmlich zur Schau gestellt, daß der Film Resultat eines gestaltenden Eingriffs und Terrain ästhetischer Entscheidungen ist. Greenaways Spielfilme handeln - formal wie inhaltlich - wesentlich von den Überführungen der Welt in halb rational, halb ästhetisch fundierte Modelle und Fiktionen, und sie begreifen ebenfalls den Film als solche. Die Spielfilme reflektieren ihre strukturelle oder formale Verfassung innerhalb ihrer eigenen Spielhandlung[241]; sie schildern durchweg ‘Künstler-Wissenschaftler’ - den Zeichner mit seinem Zeichengitter, den Biologen-

239 Vgl. z B. Greenaway, Peter, in einem Interview mit Ruth Perlmutter, in: Post Script, Vol. 8, Nr. 2, Winter 1989, S. 56-63, hier: S. 58.

240 Greenaway spricht von einem Inneren und einem äußeren Skelett des Films angesichts der *Verschwörung der Frauen*: „Two systems propel the action of the film forward - one is the narrative and the other is the numbers. The narrative is an interior skeleton and the number-count is an exterior skeleton - an endoskeleton and an exoskeleton.“ Vgl. Greenaway, Peter, Fear of Drowning - Règles du Jeu, Paris 1988, S. 25.

241 In Greenaways frühen Filmen traten kartographierte Landschaften auf (*A Walk Through H*), Filme mit vertikalen Objekte (*Vertical Features Remake*), Listen und Enzyklopädien, die den Zufall in Gestalt des Blitzes (*Act of God*) oder eines „Gewaltsamen Unbekannten Ereignisses“ rubrizierten (*The Falls*). Und immer handelte es sich dabei zugleich um eine Analogie, welche die Stukturierung des eigenen komplexen - filmischen - Gefüges bespiegelte.

Fotografen/Filmemacher, den Architekten mit seinen Reißbrettplänen, den Spieler und die Regeln, den Koch und die Rezepte, den Magier Shakespeares -, die ihre künstlerischen Entwürfe, Rituale, Klassifikationssysteme, Herrschaftsansprüche mit unterschiedlichem Erfolg zelebrieren.[242]

Die Nummernfolge in *Verschwörung der Frauen* ist demzufolge beispielsweise nicht bloß appliziert, sondern integraler Bestandteil der filmischen Form *und* des Inhalts. Der Film ist so gearbeitet, daß er seinen fiktionalen und Modellcharakter deutlich mitteilt, und zugleich entwickelt er entlang seiner - hervorgekehrten - Konstruktionsprinzipien seine künstlerische Kraft. Die Exhibition des filmischen 'Gerüsts' ist daher gleichermaßen Teil eines autoreflexiven Diskurses wie ästhetisches Verfahren.

Cadrage

André Bazin knüpfte die Unterscheidung zwischen Film und Malerei daran, daß die Bildfeldbegrenzung des Films nach dem Prinzip einer Maske funktioniert, die den Blick auf einen Ausschnitt der Realität erlaubt, deren Kontinuität im Off gewährleistet ist. In den einander gegenübergestellten Begriffen von „*cadre*" (Rahmen) und „*cache*" (Maske) wurde die Differenzierung von Malerei und Film auf den Punkt gebracht: „Bei den Begrenzungen der Filmleinwand handelt es sich nicht (...) um einem Bildrahmen (cadre), sondern um eine Maske (cache), die offen zu einem nicht-abgedeckten Teil der Realität ist. Der Rahmen (cadre) polarisiert den Raum auf sein Inneres hin; alles, was uns dagegen die Filmleinwand zeigt, dehnt sich unendlich ins Universum aus. Der Rahmen ist zentripetal, die Filmleinwand zentrifugal."[243] Für Bazin stellt diese Maske demzufolge eine Art Fenster dar, das einen Durchblick auf die Welt gewährt und einen Ausschnitt der Welt wählt, wobei die Kontinuität des Sichtbaren zum (gerade) Nicht-Sichtbaren vorrausgesetzt ist.

---

242 Greenaway in einem Interview mit Andreas Kilb, in: Die Zeit, Nr. 48, 24. Nov. 1989, S. 69.: „Der Koch, das bin selbsverständlich ich. Der Koch ist der Regisseur. Er stellt das Menü zusammen, er legt die Sitzordnung der Gäste fest, er gibt den Liebenden Unterschlupf, er bereitet den Leichnam des Liebhabers zu. Der Koch ist ein Perfektionist und Rationalist, ein Portrait von mir." Dennoch ist Greenaway nicht schlichtweg mit all diesen Kunstfiguren zu identifizieren. Der Regisseur ist beispielsweise nicht - oder jedenfalls nicht ungebrochen - der Zeichner in *Der Kontrakt des Zeichners* dessen 'objekjive' Auf-Zeichnung der Welt, innerhalb des Films als eine Spielart der Blindheit und Naivität entlarvt wird.

243 Bazin, André, Peinture et cinéma, in: Qu'est-ce que le cinéma?, Paris 1981, S. 188. In der deutschen Übesetzung zit. n. Paech, Joachim, Passion, Frankfurt a.M. 1989, S. 42.

Bereits Jean Mitry wendet sich ausdrücklich gegen diese Fensteranalogie. Wenn ein Betrachter seine Position in Relation zum Fenster variiert, verändert sich auch die durch das Fenster hindurch sichtbare Welt[244]: Tritt er zur Seite, verschiebt sich der Ausschnitt, und es gelangt etwas ins Sichtfeld, das bis dahin dem Blick verborgen war; tritt er vor, vergrößert sich der Ausschnitt und der in ihm wahrnehmbare Raum. Das ist bei einem Spiegel, wie Mitry betont, dasselbe. Umberto Eco beschreibt dieses Phänomen: „Beim Spiegel wähle ich ... den Bildausschnitt und die Einstellung selbst, auch wenn ich die anderen heimlich beobachte - ich brauche mich bloß zu bewegen. Im übrigen, wenn ich im Spiegel nur meine Büste sehe, ohne die Beine, brauche ich bloß näher zu treten und von oben in den Spiegel hineinzusehen, und schon kann ich, soweit es möglich ist, auch die Beine sehen, die mir das Bild zuvor nicht gezeigt hatte. Das Objekt ist da, um das Bild zu verursachen, auch wo ich es anfangs nicht sehen konnte.“[245] Angesichts eines Bildes ist dies jedoch unmöglich: „Beim Foto dagegen ist der Ausschnitt ein für allemal vorgegeben; wenn das Bild die Beine nicht zeigt, werde ich sie nie sehen, ich kann sie nur vermuten; es könnte das Bild eines Beinlosen sein.“[246]

Max Imdahl arbeitet diesen Sachverhalt in Auseinandersetzung mit der Malerei heraus: „In seinem perspektivischen Raumsinn ist Pieros Bild eine finestra aperta, im Ineinander von perspektivischem Raumsinn und planimetrischem Ebenensinn dagegen zugleich anderes und mehr als diese, nämlich eine finestra aperta in ihrer Aufgehobenheit in einer Bildplanimetrie, die, selbst unräumlich, als die Mitbedingung des Räumlichen anschaulich wird“[247]. Das Bild ist nämlich nicht nur „Ausschnitt“, es ist eine „Ganzheit“.[248] Daß die Malerei früherer Zeiten diese Dialektik von „Ausschnitt“ und „Ganzheit“ bewußt in Gang hielt, verdeutlicht die Wahl des Rahmens: „Jacques Ackermann hat nachgewiesen, daß italienische Bilderrahmen einmal wie Fen-

---

244 Vgl. Mitry, Jean, Esthétique et psychologie du cinéma, Bd. I, Paris 1963, S. 170.

245 Eco, Umberto, Über Spiegel, in: Über Spiegel und andere Phänomene, München 1990, S. 26-61, hier: S. 58.

246 Ebd.

247 Imdahl 1980, S. 22.

248 Ebd., S. 22f.: „Wie immer man in dieser invariablen Verortung der Bilddinge einen Ausdruck der Ununterschiedenheit von Erscheinung und Existenz erkennen möchte, weil das Erscheinende nicht anders und nicht anderswo erscheinen kann - die Invariabilität selbst ist eine Leistung der Bildplanimetrie und nicht der Perspektive, vermittelt zwar mit dieser, aber nicht ursächlich durch sie bestimmt. Bestünde eine solche Verknüpfung zwischen räumlicher Projektion und planimetrischer Komposition nicht, so wäre das Bild angewandte Perspektive im Verständnis bloßer Wissenschaft und im übrigen in seiner äußeren Begrenzung beliebig. Es wäre ein Ausschnitt und nicht eine Ganzheit.“

stereinfassungen gestaltet waren, und man könnte dem gegenüberstellen, daß in den Niederlanden im 17. Jahrhundert (...) die Bilderrahmen statt dessen den Spiegelumrahmungen glichen.“[249]

Jacques Aumont verschiebt die Polarität zwischen *cadre* und *cache*, deren Trennlinie nicht mehr zwischen Malerei auf der einen und Film auf der anderen Seite verläuft, sondern inmitten jeder Seite, denn „... es gibt nicht zwei Typen von Rahmen, den pikturalen und den filmischen, die eine unterschiedliche Natur aufweisen, der eine wirklicher Rahmen, der andere nur Maske. Es gibt Funktionen eines Rahmens, die mehr oder weniger universell sind (...) man könnte fast sagen, daß die denkbaren Wirkungen des Rahmens dieselben in der Malerei wie im Kino sind.“[250]

Auch im Film, so erkennt Mitry, wo die Objekte, die wie durch ein Fenster gesehen wirken, doch zugleich auch zu einem Bild einschließlich Umgrenzung werden, konstituieren sich die Gegenstände in Beziehung zu diesem Rahmen und sind phänomenologisch mit ihm verbunden.[251] Es würde beispielsweise nicht helfen, sich vor einer Filmleinwand nach links zu bewegen, um die Gestalt, die am rechten Bildrand halb abgeschnitten ist, ganz erkennen zu wollen. Beim Film werden, um Mitry zu paraphrasieren, die repräsentierten Dinge eins mit ihrer Repräsentation.[252] Diese Unterscheidung ist bedeutsam, denn sie besagt, daß die Ränder des filmischen Bildes als eine Maske für die repräsentierte Realität, aber zugleich als Rahmen für die Repräsentation fungieren.[253]

Die Funktion der Begrenzung der Filmleinwand als Rahmen ermöglicht die Bildgestaltung im Film analog zu der Tätigkeit eines Malers in Anbetracht seines Gemäldes: „Indem die Linien und Volumen der repräsentierten Dinge in Beziehung zu den Seiten gesetzt werden, kann man das Bild genauso komponieren, wie ein Maler sein Gemälde komponiert“[254]. In dem Begriff der *cadrage* oder Kadrierung (und der Rekadrierung) „als Festlegung eines -

---

249 Alpers, Svetlana, „Ut pictura, ita visio“ - Keplers Modell des Auges und das Bildermachen im Norden, in: dies., Kunst als Beschreibung, Holländische Malerei des 17. Jahrhunderts, Köln 1985, S. 79-146, hier: S. 105. Vgl. auch Ackermann, James, Alberti's Light, in: Studies in Late Medieval Painting in Honour of Millard Meiss, Irving Lavin und John Plummer (Hg.), 2 Bde., New York 1977, Bd. 1, S. 19.

250 Aumont, Jacques, L'œil interminable, Cinéma et Peinture, Paris 1989, S. 119f. und S. 121. Vgl. dazu das gesamte Kapitel D'un cadre à l'autre: Le bord et la distance, S. 103-133.

251 Mitry 1963, S. 170.

252 Vgl. Mitry 1963, S. 170.

253 Ebd., S. 171. Vgl. auch Aumont (Paris) 1989, S. 103-134.

254 Mitry 1963, S. 167.

relativ - geschlossenen Systems, das alles umfaßt, was im Bild vorhanden ist - Kulissen, Personen, Requisiten"[255] ist ein solches auf die Bildebene gerichtetes kompositorisches Denken enthalten, und in dem Zeichengitter, das der Zeichner Neville in *Der Kontrakt des Zeichners* bei seiner Arbeit verwendet, findet dieses Konzept seine Visualisierung. Dieser Zeichenrahmen definiert und gliedert einen Ausschnitt mittels eines rechteckigen Rahmens und den feinen horizontalen und vertikalen Streben darin. Eine Art Sucher gewährleistet einen fixen Augenpunkt angesichts der Distanz und Stellung zum Rahmen beziehungsweise Bildfeld. Durch Sucher und Fadennetz hindurch visiert der Zeichner die Gegenstände des Bildes an, um die gewonnenen Bildpunkte auf sein Zeichenblatt, auf dem das Liniengerüst verhältnisgleich angegeben ist, zu übertragen. Diese apparative Anordnung ist ein altes Hilfsmittel, es geht wahrscheinlich auf Brunelleschi zurück und wurde von Alberti und dann wiederum von Dürer aufgegriffen und weiterentwickelt.[256]

Eine derartige Hilfskonstruktion erleichterte die zentralperspektivisch richtige Übersetzung des Räumlichen in die Fläche, ohne das mathematische Rüstzeug der Perspektivtheorie zu erfordern. Es handelt sich demzufolge eher um ein mechanisches Verfahren.[257] Greenaways ausdrücklich postulierte Analogie des Zeicheninstruments zu einer Kamera hat von daher ihre Berechtigung.[258] Mit seinen vertikalen und horizontalen Streben untergliedert der Zeichenrahmen die Erscheinungen in regelmäßige Einheiten. Er rastert damit die Welt, wie sie sich innerhalb seines Rahmens zeigt, indem er eine vertikale und horizontale Mittelachse und vier um ein Viertel kleinere, nochmals eben-

---

255 Deleuze 1989, S. 27.

256 Zu Ursprung und Entwicklung dieser apparativen Anordnung vgl. Sellenriek, Jörg, Zirkel und Lineal - Kulturgeschichte des konstruktiven Zeichnens, München 1987, S. 127ff. u. S. 136ff.
Vgl. ebenfalls Alberti, Leon Battista, Erstes Buch über die Malerei, in: L. B. Albertis Kleinere Kunsttheoretische Schriften, übersetzt und erläutert von Wilhelm Braunmüller, Wien 1877, S. 100ff; Borsi, Franco, Leon Battista Alberti, Das Gesamtwerk, Stuttgart-Zürich 1981, S.296f. u. 304; Harnest, Joseph, Dürer und die Perspektive, in: Peter Strieder, Dürer, Königstein im Taunus 1981, S. 347-360.

257 Svetlana Alpers bemerkt zu Recht, daß dieses Methode nicht die Perspektivpraxis als solche illustriert, da mechanisch und nicht mathematisch verfahren wird. Vgl. Alpers 1985, Anm. 34, S. 394.

258 Greenaway intendiert die Analogie von der Zeichenapparatur zu einer Kamera: „Nicht von ungefähr benutzt die Hauptperson, der Zeichner, wenn er im Jahre 1694 seine Landschaft aufs Papier bringt, ein optisches Gerät, das sich im Prinzip kaum von dem unterscheidet, das der Kameramann von 1982 verwendet, um die Landschaft von *Der Kontrakt des Zeichners* auf Film zu bannen." - Greenaway, Peter, im Programm zu *Der Kontrakt des Zeichners* vom Verleih prokino Filmproduktion GmbH, München.

so segmentierte querrechteckige - also insgesamt sechzehn - Bildfelder definiert. Der Einsatz dieses Gitters versinnbildlicht und veranschaulicht Greenaways Verfahren der *cadrage* par exellence - zumal in seinen Kompositionen senkrechte und waagerechte Werte dominieren und Diagonalen weitgehend vermieden werden.

Und immer wieder tauchen in den Einstellungen seiner Filme Fenster, Türen, Gemälde und ähnliches auf, Motive, die als *Rahmen-im-Rahmen*, als „Schachtelung der Bildfelder“[259] die Konzeption der Kadrierung ins Bild setzen - wie das Florence de Meredieu und Yvonne Spielmann ausführlicher beschrieben haben: „Durchgängige Bildmotive wie Gitterraster, Tür und Fensterdurchblicke verweisen auf die Systematisierung des Visuellen in der Renaissance, vorzugsweise auf Bildherstellungsregeln zur Perspektivkonstruktion. Sowohl Leon Battista Alberti als auch Piero della Francesca führen in ihren Traktaten als Hilfsmittel zur Illustration perspektivischer Prinzipien das Fenster an, worin ein Sehgitter gespannt ist. Dieses Modell, bestehend aus dem geometrischen Konstrukt eines in quadratische Einzelsegmente zerlegten Bildraumes, rastert die Objektebene und vervielfacht die Rahmenfunktion auf der Bildebene“ [260].

Die Bildbegrenzungen in Greenaways Einstellungen fungieren als Rahmen in einer Weise, daß alle in ihnen enthaltenen Werte und Relationen aufeinander bezogen und abgestimmt, dabei übergeordneten, rein formalen Gestaltungsprinzipien verpflichtet sind.

Das mathematisch strukturierte Bildfeld

Der französische Garten, als Setting in *Der Kontrakt des Zeichners* ist bezeichnenderweise ebenfalls Resultat eines ordnenden, der Geometrie zugeneigten Geistes (Abb. 29). Die Kübel mit den Bäumchen, vor allem aber der Vertikalen der Obelisken scheinen, in ihrer Reihung und zum Hintergrund hin

259 Deleuze 1989, S. 30.

260 Spielmann, Yvonne, Framing, Fading, Fake: Greenaways Kunst der Regeln, in: Film, Fernsehen, Video und die Künste - Strategien der Intermedialität, Joachim Paech (Hg.), Stuttgart - Weimar 1994, S. 132-149, hier: S. 136.
Vgl. auch de Meredieu, Florence, Le peintre á la caméra, in: Pilard, Philippe u.a., Peter Greenaway, Paris 1987, S. 40-58, hier: S, 45ff. Und allgemein: Deleuze 1989, S. 29f.: „So daß ein Bildfeld viele unterschiedliche Bildfelder enthält: Türen, Fenster, Schalter, Dachluken, Wagenfenster entsprechen ebenso vielen Bildausschnitten im Bildausschnitt. Die großen Autoren haben spezifische Affinitäten zu derartigen zweiten und dritten Bildfeldausschnitten.“ Vgl. ebenfalls Hickethier 1993, S. 46f.

Abb. 29 Die Liebe zur Geometrie (*Kontrakt*).

abnehmenden Größe, geradezu für die Illustration der perspektivischen Gesetze angelegt.[261] Von besonderm Interesse aber ist hier die Tatsache, daß die mittelnde Horizontale des Zeichennetzes beziehungsweise des Bildfeldes akkurat mit dem oberen Abschluß der Hecke zusammenfällt, denn wie beim Goldenen Schnitt oder der Symmetrie veranschaulicht diese Kongruenz eine Methode, die die Erscheinungen in Relation zu einem abstrakten, übergreifendem Gliederungssystem - der horizontalen Mittelachse des Bildfeldes - setzt.[262]

Wie ein Filter ist das Gitter häufig vor die Linse der Kamera geschoben und füllt nahezu den gesamten Bildausschnitt aus (Abb. 29) - diese Einstellung kann wie ein Sinnbild des kompositorischen Blickes Greenaways gedeutet werden; es gelangen in seinen Filmen insbesondere immer wieder zwei Verfahren zur Anwendung, die den quantifizierenden, mathematisch-systematisierenden Ansatz bei der Organisation des Bildfeldes in aller Klarheit und Strenge zur Darstellung bringen: der Goldene Schnitt und die Symmetrie. Die Vorliebe Greenaways für die achsensymmetrische Verteilung der Elemente, gespiegelt entlang der senkrechten Mittelachse, ist augenscheinlich, ist perfekter Ausdruck gestalterischen Kalküls, das die räumliche, vorfilmische Realität auf die Wirkung in der Fläche hin denkt. Umso auffälliger ist es,

261 Vgl. Matzker, Reiner, Landschaftserfahrung im Film, in: Filmkunst, Nr. 113, 1987, S. 3-9, hier: S. 5. Matzker erkennt die perspektivische, auf einen Fluchtpunkt ausgerichtete Komposition als Ordnungsprinzip der Innen- wie Außenraumgestaltung in *Der Kontrakt des Zeichners*.

262 Vgl. Barchfeld 1993, S. 70: „Die Parallele zwischen Zeichengerät und Kamera wird des öfteren betont durch Einstellungen, in denen eine partielle oder vollkommene Kongruenz des Zeichengitters mit der Kameraeinstellung herrscht."

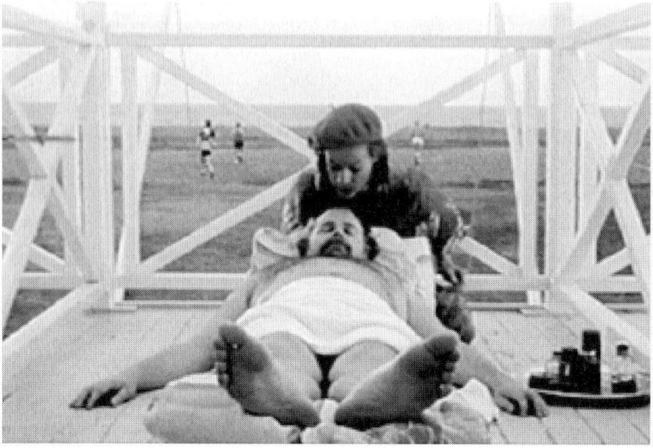

Abb. 30 Eine Pietá (*Verschwörung*)

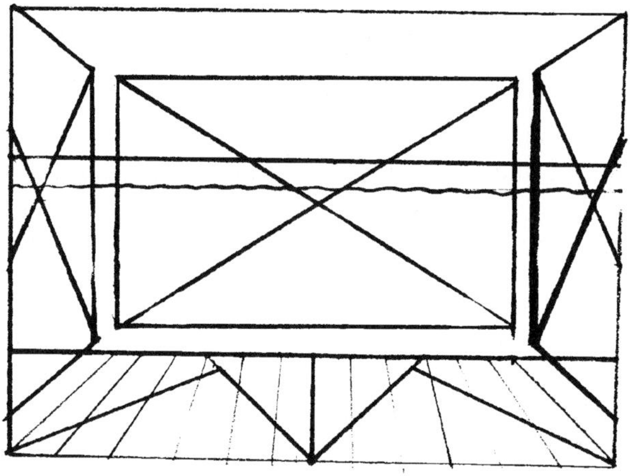

Abb. 31...und der Goldene Schnitt.

wenn am Ende seiner Filme unvermittelt in einzelnen Einstellungen die rigide zentralperspektivische Anlage fehlt, wie dies in den ersten vier Spielfilmen geschieht.

In *Der Bauch des Architekten* ist plötzlich das *Vittorio Emmanuele*-Bauwerk in Schrägsicht wiedergegeben - Sinnbild des Verlusts der Ordnung im Sinne der Prinzipien des Architekten.[263] Am Schluß von *Der Kontrakt des Zeichners*, wenn der Zeichner die Damen des Hauses und quasi seinen Nachfolger im Freien begrüßt, ist auch hier die statuarische Wirkung gemildert,

263 Ebd., S. 128.

Abb. 32: Symmetrie und punktuelle Werte.

Frontalität und Symmetrie sind aufgegeben; der Eindruck des Aufgelockerten korrespondiert mit dem vorgefaßten Plan der Frauen die Geometrie des französischen Gartens aufzulösen.

Die Identifizierung der geometrischen Teilung gemäß dem Goldenen Schnitt ist nicht so eindeutig als bewußte Entscheidung erkennbar - sie könnte bloß auf einem Gefühl für ausgewogene Proportionen und Harmonie beruhen. Daß sie bei Greenaway auch theoretisch-mathematisch konzipiert ist, geht aus seinen eigenen Worten hervor: „L' appareil d'optique utilisé dans le film reprend les proportions du nombre d'or, telles que les avaient définies Poussin ou Lorrain.“[264] Das Verhältnis der voneinander auf der Fläche unterscheidbaren Zonen - die Ebene des Rasens, die Partie der Natur- und Architekturelemente in der Mitte, eventuell einschließlich des Streifens vom Himmel - wird vom Goldenen Schnitt reguliert. Dies beschränkt sich nicht auf *Der Kontrakt des Zeichners*. Angesichts der Beweinungsszene, die eine *Pietà* nachbildet (in *Die Verschwörung der Frauen*), betont Greenaway, diese Methode angewandt zu haben, und fügt eine Konstruktionszeichnung der Szene hinzu.[265] (Abb. 30 u. 31)

264 Greenaway, Peter, in einem Interview mit Michel Boujut, in: L'Avant Scène Cinéma, Nr. 333, Okt. 1984, S. 4-9, hier: S. 6.

265 „The image is formal, the long line of the sea-horizon establishing an unmovable gravity-marker that fixes the composition's Golden Section.“ - Greenaway 1988, S. 111. Die Abbildung befindet sich dort auf S. 113.

Abb. 33 Klarheit der Komposition...

Abb. 34... oder die Verteilung formaler Werte...

Ähnlich wie in *Vertical Features Remake* (1978), in dem Greenaway die Verteilung der Vertikalen (der Bäume, Sträucher, Masten und ähnliches) im Bildfeld variierte, so dekliniert er im Prolog von *Der Kontrakt des Zeichners* die Verteilung der Kerzenvertikalen in stets wechselnden Lösungen durch. Dreidimensional betrachtet tragen die Kerzensenkrechten durch Überschneidungen mit der Szenerie wesentlich zum räumlichen Eindruck bei.

In der Bildebene akzentuieren die Vertikalen die Gewichtungen der oftmals symmetrischen Kompositionen: Sie rahmen und/oder teilen das Bild; sie vermögen unterschiedliche Bildfelder voneinander abzugrenzen, deren Ausdehnungen sich an den von ihnen gefaßten Personen orientieren (Abb. 32). Und nicht nur als materielle, lineare, sondern als luminöse punktuelle oder fleckenhafte Werte erfahren sie eine Variation: Dieselben Kerzenlichter, die

Abb. 35...im Bildfeld

als leuchtende Koordinatenpunkte einen Raum markieren, indem die gedachten Verbindungslinien von den äußeren vorderen zu den inneren hinteren in ihrer aufsteigenden Schräge die Untersicht sowie die perspektivische Verjüngung pointieren, bilden, auf der Fläche gesehen, ein Trapez. Diese konzentrierten Lichtpartien tendieren dazu, sich für das wahrnehmende Auge zu verselbständigen, sich vom Hintergrund abzulösen, die Raumerfahrung zu nivellieren, dabei scheinbar wie Sternzeichen vor einem nächtlichen Hintergrund in Beziehung zueinander zu treten und imaginäre Figurenkonstellationen zu bilden, die teilweise eine ausgesprochene Vorliebe für geometrische Konstruktionen choreographieren.

Die Filmleinwand wird zur Ausdrucksebene und Gestaltungsfläche graphischer Werte und verwirklicht damit eine zeichnerische Auffassung, eine formal-abstrahierende Sehweise, die die Welt der Erscheinungen zudem auf geometrische Primärformen zurückführt. Manche Einstellungen sind offensichtlich in diesem Sinne konzipiert, so daß sie wie Kompositionen aus einzelnen, mit Zirkel und Lineal gezogenen Grundformen wirken.[266]

Eine einfache, aber eindrucksvolle Variante stellt das nahezu bildfüllende Oval des geneigten runden Schirms dar (Abb. 33). Komplexer fällt die Verteilung der formalen Gewichte in der Einstellung mit Mr. und Mrs. Talmann aus, in der sie, aus einer Untersicht aufgenommen, zwischen beziehungsweise vor den beschnittenen Bäumchen stehen. Die in den diagonal gegenüberlie-

---

266 Ebd., S. 109f.: Hier skizziert Greenaway die konstitutiven Elemente der Anfangsszene in *Verschwörung der Frauen*. Selbst die Räder des Fahrrads oder das schwingende Springseil sind explizit als formale Werte gesetzt.

genden Ecken des Bildauschnitts plazierten Ovale des Hutes und des Schirms gleichen aufgrund ihrer Position und Größe die unterschiedlichen (flächenbezogenen) Gewichte ihrer Körper aus (Abb. 34). Ein weiteres Beispiel bietet die Aufnahme eines Zusammentreffens zwischen Neville und Mrs. Herbert am Ort der *Zeichnung Nr. 2* (Abb. 35): Ein Segment des Sonnenschirms am oberen, rechten Bildabschnitt korrespondiert mit dem Baum links; zusammen mit dem roten Streifen am unteren Bildrand, die Rückenlehne eines Sofas, bilden diese visuellen Akzente eine Art Rahmen. Der untere Bildstreifen korrespondiert mit dem Band der Hecke, und die Rundung des Kopfes des Zeichners findet ihre Ergänzung in derjenigen von Mrs. Herbert. Im Mittelpunkt dieser annähernd symmetrischen Anlage befindet sich das Rechteck des Zeichengitters und die Vertikale eines Obelisken.[267]

Greenaway verfährt mit diesen flächenhaften und graphischen Werten wie ein (Konstruktions-)Zeichner, der die Relation der stereometrischen, plastischen Werte innerhalb eines Bildausschnitts als planimetrische innerhalb einer mathematisch-geometrisch strengen Komposition regelt. Die zweidimensionale malerische, fotografische oder filmische Abbildung liefern den Blick, das heißt den Standpunkt und die Perspektive, gleich mit, denn „die Beziehung zum Zuschauer ist nicht im realen Raum gegeben, sondern ist in die Darstellung selbst mit einbezogen“[268]. Der Bühnenraum des Theaters

---

267 Wie kompliziert und mit welchem Bedacht Greenaway vorgeht, mag seine Erläuterung einer Szene aus *Verschwörung der Frauen* veranschaulichen; Greenaway 1988, S. 93: „The seven players play anti-clockwise in a circle throwing three skittles - two red and one black. The coffin-carriers pass, making a diagonal line outside the circle. The whole plan of the action works succinctly as a flat geometric design and composition.
On the horizon of the landscape that stretches a mile or more away from the lawn across the marsh and sunlit water of the estuary - is a building - a tower - it creates the apex of an invisible triangle of which one side is the trajectory of the coffin carriers. The flat-plan triangle that works in the same plan as the cinema screen now can also be seen as a three-dimensional shape stretching back to the horizon - a triangle leant backwards over the landscape. Inside the triangle and the circle is a white square - the winding sheet - in which players ousted from the game are obliged to lie - making a square within a triangle. (...) The seven players are hung in a geometrical cage of the triangle, the circle and the square which is hung on the nail of the water-tower.“

268 Kazanskij, B. Die Natur des Films, in: Beilenhoff, Wolfgang (Hg.), Poetik des Films, München 1974, S. 64-96, hier: S. 81: „Der Regisseur V. R. Gardin war, als er bei mir einmal ein altes, illustriertes französisches Buch betrachtete, ganz verblüfft über den ‘filmischen Charakter’ dieser Illustrationen, wobei er gerade deren detaillierte, Teilaspekte hervorhebende ‘perspektivische’ Art im Auge hatte. In Wirklichkeit ist das Verhältnis natürlich gerade umgekehrt: die Filmbilder sind graphisch. Auf der Leinwand können wir den Akteur auf alle Seiten drehen, in jeden Aufnahmewinkel hinstellen, die Entfernung beliebig verändern, ohne dadurch

realisiert dagegen das Prinzip der Fensteranalogie: Im Theater wird die Konstellation der Schauspieler und Requisiten von jedem Platz aus anders wahrgenommen (so minimal die Abweichungen zwischen einander benachbarten Sitzen auch sein mögen); die formale Gestaltung, eine symmetrische Anlage zum Beispiel, ist auf einen idealen Betrachter bezogen, der in der Verlängerung senkrecht zur Bühnenmitte angenommen werden darf, wobei der Abstand und damit der genaue Standpunkt sowie der Verlauf der perspektivischen Achsen unbestimmt bleibt. Wenn dennoch ebenfalls Besucher mit ungünstigeren, seitlich plazierten Sitzgelegenheiten imstande sind, die Symmetrie zu erkennen, dann deshalb, weil sie es schaffen die Diversion 'im Kopf' auszugleichen. In den Medien wie der Malerei oder dem Film, die ihr Motiv auf der Fläche abbilden, ist im Gegensatz dazu das Verhältnis der Teile zueinander - unabhängig vom Standpunkt (wobei die extreme Nähe oder Seitenansicht in bezug zur Oberfläche des Bildträgers ausgeklammert bleiben) - dasselbe, und der Gestaltende, in diesem Fall Greenaway, kann mit ihnen rechnen, das heißt er kann mit den formalen, bildbezogenen Werten ästhetisch, kompositorisch arbeiten - in dem Wissen, daß seine Setzungen als fixe Relationen verbindlich und für den Betrachter verifizierbar gespeichert sind.

Film als System fixierter Bewegung und Dauer

Imdahl differenziert zwischen perspektivischer Projektion und szenischer Choreographie, die beide in der Malerei in „der planimetrisch geregelten Bildkomposition aufgehoben enthalten sind".[269] Planimetrisch gesehen sind sie - wie gesagt - „Kompositionen" (nicht nur „Durchblicke"), „das heißt solche ganzheitlichen Systeme, in denen die einzelnen Bildwerte durch Größe, Form, Richtung und Lokalisierung im Bildfeld auf das Bildformat Bezug nehmen und dessen Organisationsform bilden"[270]. Perspektivische Projektion und szenische Choreographie stellen - so konstatiert Imdahl für die Malerei - einerseits eine „visuelle Systematisierung" dar - und zwar eine Systematisierung „lokaler Relationen" im ersten, „aktionaler Relationen" im zweiten

die Einheit der dramatischen Situation zu zerstören und den Lauf der Handlung zu unterbrechen. Denn im Film ist der Raum und seine Kategorien der Perspektive, des Blickwinkels, des Maßstabs und der Entfernung völlig fiktiv. Genauer gesagt, die Beziehung zum Zuschauer ist nicht im realen Raum gegeben, sondern ist in die Darstellung selbst mit einbezogen. Aber eben das ist auch ein wesentliches Kennzeichen der Graphik und der Malerei überhaupt."

269 Imdahl 1980, S. 17.

270 Ebd., S. 21.

Fall[271] - aber sie sind zugleich auch Aktualisierungen, potentiell offen für die Wahl anderer Standorte, Fluchtpunkte und Fluchtachsen[272] sowie anderer szenischer Konstellationen.[273] Während in der Malerei die visuelle Systematisierung und Aktualisierung ein immobiles System bezeichnen, bei dem die Bildelemente in ihrem Bezugsrahmen - trotz aller potentiellen Spannung - gleichsam gefroren sind, sorgt hingegen im Medium des Films die szenische sowie die filmische Bewegung für eine stete Änderung der Relation der Bildwerte zueinander beziehungsweise ihres Verhältnisses zum Rahmen.

Im Film scheinen die Möglichkeiten eingelöst, die bloße Potenz der Wahl realisiert in dem Wechsel „lokaler" und „aktionaler Relationen". Aber, genauer besehen handelt es sich hier ebenfalls - auf dieser formalen, bildbezogenen Ebene betrachtet - um eine Kette von Aktualisierungen (unter anderen möglichen), die in ihrer szenischen und räumlichen Gestaltung in Korrelation mit Kadrierungen und Rekadrierungen festgelegt und visuell systematisiert werden. „Der Rahmen", das sagte Godard „ist in der Zeit"[274], das heißt im Film wird nicht nur ein räumlich-flächenhaftes, statisches Gefüge umsäumt, sondern darüber hinaus ist der Rahmen hier auch ein zeitbezogener, ein zeitlich begrenzender, in welchem die Bewegungen, deren Richtung, Dauer, Geschwindigkeit sowie die räumlichen Verlagerungen als Wechsel dieser bewegten oder statischen Relationen innerhalb einer Einstellung und von einer Einstellung zur nächsten aufgehoben sind. In den Bildern des Films ist das alles - und zwar mitsamt Bewegung - unveränderlich gespeichert (von der nachträglichen Manipulation des Materials oder der Projektion abgesehen).

---

271 Ebd., S. 19.

272 Ebd.

273 Ebd., S. 18f.: „Ohne die Möglichkeit, sich die Figuren in anderen szenischen Zusammenhängen anders handelnd oder anders sich verhaltend vorstellen zu können, kann ein szenischer Aktualitätseindruck nicht bestehen. Kein Zweifel, daß die szenische Choreographie als die Bewirkung einer in sich notwendigen, aber transitorischen, auf mögliche andere Konstellationen offenen und ein Eben-Jetzt ausdrückenden szenischen Situation und die perspektivische Projektion als die Bewirkung einer in sich notwendigen, aber immer nur jeweiligen, auf mögliche andere Blickeinstellungen offenen und ein Eben-Hier ausdrückenden räumlichen Ordnung grundsätzlich vergleichbar sind unter dem sehr besonderen Gesichtspunkt einer Synthese von Systematik und Aktualität. Und kein Zweifel, daß diese Synthese jeweils bedingt ist in der Struktur einer auf Kontingenz offenen Notwendigkeit."

274 Godard, Jean-Luc, zit. n. Villain, Dominique, L'œil á la caméra, Paris 1984, S. 134: „Je pense qu'aujourd'hui on ne sait plus cadrer et que les trois-quarts des films confendent le cadre avec la fenêtre de la caméra, alors que le cadre c'est: quand est-ce qu'on commence le plan et quand est-ce qu'on le coupe. Le cadre est dans le temps."

Daraus ergeben sich Vorgaben und Möglichkeiten, die räumlichen Verschiebungen in der Zeit formal-ästhetisch zu nutzen und zu lesen: in bezug auf die szenische Bewegung vor der Kamera, die Aktivität der Kamera und drittens hinsichtlich der Montage, das heißt im Wechsel von einer Einstellung zur folgenden beziehungsweise vorhergehenden.

1. In einer Einstellung in *Ein Z und zwei Nullen* joggen die beiden Zwillinge in ihrem siamesischen Anzug durch die nächtlichen Straßen, sie kommen auf die Kamera zu und biegen dann in einem rechten Winkel in eine Querstraße ab, um sich parallel zur Bildebene weiterzubewegen, wobei die Kamera mitfährt.

- In *Der Kontrakt des Zeichners*, schreitet Mrs. Talmann, die Tochter des Hauses, Stück für Stück Teile ihrer Kleider ablegend und verstreuend, durch die Gartenanlage auf Neville zu, um ihn für seine sexuellen Dienstleistungen abzuberufen; ihre Bewegung verläuft auf einem Zickzackkurs durch die Allee der beschnittenen Bäumchen hindurch, wobei sie immer wieder für Momente im seitlichen Grün dem Blick entschwindet.
- Nachdem, ebenfalls in *Der Kontrakt des Zeichners*, das reiterlose Pferd von Mr. Herbert gefunden wurde, wird dieses im Kreis herumgeführt, während sich die Gestalten aus dem Hintergrund auf den virtuellen Mittelpunkt dieser Kreisbahn zu bewegen.

Die wenigen Beispiele stehen für viele andere: Die Choreographie der Bewegungen, ihre imaginären Spuren, sind von geometrischer Akkuratesse, sie beschreiben eine Gerade - exakt parallel oder senkrecht zur Bildebene, eine Diagonale, einen Zickzackkurs oder einen Kreis - sie vollführen die einmal angesetzte Bewegung zumeist ohne Unterbrechung oder Wechsel, bei gleichbleibender Motorik und konstantem Tempo. Diese Festlegungen wirken wie von einem Konstrukteur auf dem Reißbrett ersonnen.

2. Kamerafahrten (und -flüge) sowie Schwenks gehören - als wesentliche Techniken zur Involvierung des Zuschauers - zum Standardrepertoire moderner Filmpraxis: keine Verfolgungsjagd ohne rasende Kamera, und wie oft wird nicht der schweifende Blick eines Darstellers mit einer subjektiven Kamera simuliert. Nichts davon geschieht bei Greenaway. Bewegt sich der Zeichner von einem Standort zum nächsten, so wartet die Kamera in der Entfernung hinter seinem Arbeitsgerät, und nimmt seine Annäherung, seine Ankunft in einer langen Einstellung auf, oder, in einem anderen Fall wird die Kinesis aus unterschiedlichen Kamerapositionen heraus in eine Reihe fixer Bildfelder zerlegt. Nimmt die Kamera den Blick eines Akteurs auf, beispielsweise den des Zeichners, der sein Motiv sondiert, verharrt die Kamera ebenso immobil wie seine Zeichenapparatur.

Wenn der Architekt, in *Der Bauch des Architekten*, betrunken und im Bewußtsein, todkrank zu sein, umhertorkelt und die Gäste eines Restaurants belästigt, dann bleibt die Kamera distanziert und 'ungerührt'; undenkbar wäre es (jedenfalls bisher), daß die Kamera beispielsweise den subjektiven Blick des torkelnden mit Hife wackelnder, verschwommener Bilder zu vermitteln suchen würde.

Greenaway stellt sich bewußt in Opposition zur exzessiven Agilität der Kamera im zeitgenössischen internationalen Filmschaffen; die Ruhe der Kamera vermeidet zudem die Ablenkung von den Dialogen, ermöglicht die Konzentration auf den Reichtum der mit Witz und Wortspiel gespickten Sprache, und vor allem zieht er als Erklärung für den statischen Einsatz der Kamera - und erhellend für seine filmbildnerische Auffassung - die Analogie zur Malerei heran, denn: „Gemälde bewegen sich nicht“[275].

In seinem ersten Spielfilm gibt es keinen Schwenk, keinen Zoom; das Kamerafeld determiniert einen Ausschnitt und definiert ein visuelles Spannungsfeld, und diese Begrenzung des Bildes bleibt - fast immer - unverändert. Dennoch existiert in einigen Einstellungen die Bewegung als eine Verschiebung des Bildausschnitts in einer Kamerafahrt, die Greenaway selbst als eine mechanische, unorganische beschreibt. Die Kamera bewegt sich in *Der Kontrakt des Zeichners* im gesamten Film nur in vier (!) Einstellungen, und dies ausschließlich parallel zur Fläche des Bildes.[276] In den folgenden Filmen läßt

275 Greenaway in einem Gespräch mit Karen Jaehne, in: Cineaste (USA), Vol. 13, Nr. 2, 1984, S.13-15, hier: S. 14.

276 Während beispielsweise die Kamera Mr. Neville und Mrs. Talmann folgt, erscheinen in regelmäßigen Intervallen die beschnittenen Bäume des französischen Gartens zwischen den zueinander parallelen Bewegungsrichtungen der Kamera und der Darsteller. Und während die Kamera anläßlich eines Abendessens den Tisch entlang gleitet, streift sie die Rückenansichten anonym bleibender Figuren an der zum Betrachter zugewandten Seite des Tisches. Angesiedelt in der Ebene zwischen Zuschauer und Protagonisten distanzieren solche Motive - darüber hinaus aber rastern sie die Bewegung als optische Maßeinheiten. Die Kamera, die sich bei den Mahlzeiten gleichmäßig und langsam entlang der Tischgesellschaft schiebt, nimmt den Dialog nur als grobe Orientierung für Richtung, Ziel und Rastpunkt ihrer Fahrt. Noch während eine Person die Rede führt, verläßt die Kamera sie, um an den anderen Teilnehmern entlang zu gleiten. Ein anderer hat inzwischen das Wort ergriffen, den sie auch bald erreicht, um bei ihm ein wenig zu verweilen. Wieder beginnt jemand anderes zu sprechen, und so, aber nicht unbedingt sofort, setzt sie sich wieder gemächlich in Bewegung - vielleicht bleibt sie aber auch auf dem vorherigen Redner, um ihn jetzt als Zuhörenden zu zeigen. Das alles ist wenig vorhersehbar, da die Bewegung einer selbständigen Mechanik zu gehorchen scheint, die sich weitgehend aller psychologischen Einfühlung enthält; sie bemüht sich nicht, 'am Ball zu bleiben', läßt sich nicht durch die Erregung der Beteiligten zu einer Veränderung ihrer Motorik und Geschwindigkeit verleiten.

sich eine Zunahme der Kamerabewegungen beobachten. In *Ein Z und zwei Nullen* fährt sie beispielsweise auf einer Längsachse zurück, das heißt auf den Betrachter zu, an den Verwesungsinstallationen entlang, und es taucht zum ersten Mal ein Schwenk auf, der Van Hoyten und Venus von Milo (re-)kadriert, während sie nachts vor den Gittern der Käfige langsam nach links abgehen. Ganz zum Schluß, als sich die beiden Brüder im nächtlichen Wald die tödliche Spritze verabreichen, umfährt die Kamera die Szene in einem Halbkreis. Diese halbkreisförmige Bewegung wird in *Der Bauch des Architekten* in einer Vorwärts- und in der Variante einer Rückwärtsbewegung (wenn auf die Tischgesellschaft vor dem Pantheon eingestellt wird) (Abb. 38.1-3), ebenso auftauchen wie am Ende von *Der Koch, der Dieb seine Frau und ihr Liebhaber* in der finalen Rache- und Kannibalismusszene. In *Der Koch, der Dieb, seine Frau und ihr Liebhaber* sowie in *Prosperos Bücher* existiert jeweils eine Einstellung, in der die Kamera das Geschehen umrundet; in letzterem beschreibt sie exakt einen Kreis. Und wenn die Kamera In *Prosperos Bücher* in einem fließenden Gleiten parallel zur Bildebene an den Dekors und Figurenensembles - vergleichbar mit der Bewegung von der Küche zum Speiseraum in *Der Koch, seine Frau und ihr Liebhaber* - vorbeizieht, handelt es sich auch hier darum, jeden „Eindruck eines subjektiven Blicks" zu vermeiden.[277]

3. Bei der Konstruktion des filmischen Raumes innerhalb einer Einstellungsfolge, also des Raumes, den der Zuschauer „mit Hilfe fragmentarischer Einzelteile, die ihm der Film liefert, in seiner Vorstellung zusammensetzt"[278], verfährt Greenaway ebenfalls auf seine spezielle Weise - in der Variation der Perspektive, der Einstellungsgröße, des Aufnahmewinkels. Es scheint geradezu, als wolle die Kamera den Raum vermessen. Die Achsensprünge orientieren sich - wie immer bei Greenaway - 'geodätisch' exakt am rechten Winkel (45°, 90°, 135°). Zuweilen setzt Greenaway sogar im traditionellen Erzählkino völlig unübliche Schnitte um die 180°-Achse ein (Abb. 37.2-4). Für diese Wechsel gibt es nur teilweise eine handlungslogische Begründung - die Fragmentierung des Raumes gewinnt vor allem einen ästhetischen Eigenwert.

---

277 Greenaway 1991, S. 12: „In diesem Film bezeichnet der Begriff 'Fahraufnahme' - eine Aufnahme, die von einer mobilen Kamera gemacht wird - ... auf einem Dolly ... oder, viel wahrscheinlicher, auf einer für kurze Zeit verlegten Schienenstrecke, die den Weg der Kamera genau diktiert und somit meines Erachtens weitgehend verhindert, daß die Kamera den Eindruck eines subjektiven Blicks erweckt."

278 Rohmer, Eric, Murnaus Faustfilm, München - Wien 1980, S. 10.

Autonomie der formalen Konstruktion

In der filmischen Aufzeichnung wird die Bildstruktur in ihrer zeitlichen Entfaltung definiert; es wird das Verhältnis der statischen und kinetischen Teile zueinander festgelegt ist.[279] Ein Film als visuelles System organisiert und fixiert sein Material räumlich-plastisch, flächenhaft und zeitlich.[280] So lange der Film existiert, so lange wird das besagte Pferd immer an der identischen Stelle des Films für dieselbe Zeitdauer, in demselben Tempo seiner Choreographie folgen, die räumlich gesehen einen Kreis und auf die Fläche projiziert ein Oval umschreibt, ebenso wird die Kamera stets jene Kurve im Halbkreis zurücklegen und der Schnitt von einer Einstellung zur nächsten derselbe bleiben - alles, ob szenische oder filmische Mobilität, wird sich immer wieder meßbar exakt wiederholen: eine Bewegung, vollführt als erhebliche Verschiebung oder kleine Geste, ereignet sich wieder und wieder mit demselben Schwung, in demselben Bogen, auf derselben Bahn, unter demselben Winkel, so oft sie gesehen wird.

Im Film ergeben sich eine Vielzahl formaler Gestaltungsmöglichkeiten. Im Unterschied zur Malerei wird es in der Praxis der Produktion und Rezeption zumeist nicht sinnvoll sein, die Kontur von Gegenständen oder Blicken und Gesten auf der planimetrischen Ebene als reale oder imaginäre Feldlinien in ein komplexes, beziehungsreiches System einzuschreiben. Wo diese in der Malerei in einer simultanen und immobilen Struktur zu einem bedeutungsvollen Gefüge verdichtet sein können, dessen Komplexität in einem angemessenen Verhältnis zu der - theoretisch unbegrenzten - Betrachterzeit steht, huschen sie vergleichsweise schnell (aber nicht flüchtig, da sie doch auch konserviert sind) über die Filmleinwand.[281]

---

279 Der Begriff der „Zeit" ist in diesem Zusammenhang mit einer konkreten Dauer verknüpft; die fiktionale Zeit, die es ermöglicht, eine Nacht in wenigen Minuten oder mehrere Jahre in neunzig Minuten darzustellen, ist im Rahmen dieser Untersuchung formal-abstrakter Parameter nicht das Thema.

280 Vgl. Mitry 1963, S. 171. Mitry beschreibt hier die „filmische Konstruktion" auf drei kompositionellen Ebenen: die der „composition dramatique", die dem Blick der „Maske", der repräsentierten Realität verpflichtet ist und der „composition esthétique ou plastique", die den Raum innerhalb der Grenzen des „Rahmens" organisiert (wodurch der Raum - so müßte mit Imdahl hinzugefügt werden - in der planimetrischen Ebene aufgehoben ist, das Plastische auch als flächenhafter, das heißt gestalterischer Wert innerhalb der Bildebene betrachtet werden kann) und drittens der Organisation der Zeit, des Rhythmus.

281 Auch das wiederholte Ansehen einer Sequenz kann kaum als Argument ausreichen, den Einsatz überaus ausgeklügelter formaler Beziehungen zu legitimieren. Und das technisch erzeugte Standbild oder eine Folge von Standbildern (wie die Videoprints dieser Arbeit) stellen

In einem Medium der bewegten Bilder lebt die Relation der Teile eines Ensembles von der Potenz der realen Bewegung. Wo in der Malerei eine angehaltene Geste unbegrenzt 'frisch' bleiben kann, erstarrt sie im Film zur Pose.[282] Kein Regisseur wird bei der Gestaltung und Aufnahme und kein Zuschauer bei der Rezeption mit solch ausgefeilten Feldliniensystemen rechnen wie Imdahl dies am Beispiel von Giotto herauskristallisieren kann.[283] Im Film ist das wahrscheinlich nur in gröberem Maße, in klareren Formationen sinnvoll, in den Kompositionen, organisiert mittels der Symmetrie, des Goldenen Schnittes, der Korrespondenz elementarer Formen beispielsweise. Dafür aber vermag der Film die Bewegung zu mobilisieren, die szenische Choreographie kann in ihm kinetisch realisiert werden, die Veränderung in der Zeit wird nicht 'nur' durch entsprechende Darstellungsmittel suggeriert. Hinzu tritt zudem die filmische Bewegung, die Verlagerung des Rahmens durch den Schnitt sowie die Veränderung des Bildausschnitts beziehungsweise des Bildfeldes durch die Aktivität der Kamera. Die Autonomie, die die formal-abstrakte Gestaltung bei Greenaway beansprucht, ist wohl im zeitgenössischen Spielfilmschaffen einzigartig und nur verständlich als Aufnahme und Abwandlung von Konzepten seiner frühen strukturellen Filme.

Eisenstein suchte anfangs, in den 20er Jahren, den „dialektischen(n) Zugang zur Film-Form“[284], der den „Konflikt“ als wesentliches künstlerisches Prinzip auffaßt[285], und dessen Verwirklichung innerhalb einer Einstellung auf verschiedene Weise durchführbar ist: „Als Beispiele für Konflikte könnte man aufführen: 1. Graphischer Konflikt. 2. Konflikt der Pläne (lies der Bildebenen). 3. Konflikt der Volumen. 4. Raum-Konflikt. 5. Beleuchtungs-Konflikt. 6. Tempo-Konflikt usw. usw.“ Für einen anderen Fall, den „Montage-Übergang“[286], die Art und Weise des Anschlusses von einer Einstellung

---

eine Hilfskonstruktion dar, die zwar den tableauartigen Einstellungen aber nicht den Bewegungen gerecht werden kann.

282 Es sei denn, diese Pose ist handlungslogisch motiviert - beispielsweise im Fall eines *Tableau vivant*.

283 Vgl. Imdahl 1980, S. 43-51.

284 Eisenstein, Sergej M., Dramaturgie der Film-Form - Der dialektische Zugang zur Film-Form, 1929, in: Texte zur Theorie des Films, Albersmeier, Franz-Josef (Hg.), Stuttgart 1979, S. 278-307.

285 Ebd., S. 279: „Im Gebiete der Kunst verkörpert sich dieses dialektische Prinzip der Dynamik im Konflikt als dem wesentlichen Grundprinzip des Bestehens eines jeden Kunstwerks und jeder Kunstgattung. Denn Kunst ist immer Konflikt.“

286 Vgl. Eisenstein 1979 (1929), S. 288 u. 290; Eisenstein benennt noch andere Möglichkeiten des Konflikts, unter anderen den zwischen „optischem und akustischem Erleben“, das Verhältnis von Bild und Ton als ein kontrapunktisch zu gestaltendes begreifend.

zur anderen, gelten ähnliche Erwägungen, wobei die einzelnen Einstellungen als Überlagerte vorzustellen sind und „das kompositionelle Spiel durch die Wechselwirkung des plastischen Eindruck des vorausgehenden Kaders im Widerstreit oder in Wechselwirkung mit dem nachfolgenden“[287] entsteht. So intensiv wie sich Eisenstein mit dem formalen Potential beschäftigte, so wenig war dieses jedoch bei ihm Selbstzweck; es war eingegliedert in die Entwicklung einer Filmsyntax, die wiederum - in den 20er Jahren - eins war mit seiner dialektischen Anschauung.[288]

Der formale visuelle Anteil, insofern er eine besondere ästhetische Ausgestaltung erfährt und damit als „Stil“ sichtbar und prominent wird, ist für gewöhnlich mit einer inhaltlichen, narrativen, psychologischen oder symbolischen Dimension verknüpft.[289] Greenaway interessieren jedoch weniger die dramatischen oder dialektischen Möglichkeiten einer formalen Gestaltung. Seiner mathematischen und artifiziellen Auffassung zufolge gewinnt die formale Konstruktion in ihrer strukturellen Ästhetik und Selbstbezüglichkeit einen Eigenwert, so daß sie auch als Gegenstand der Analyse zunächst gleichsam in Rein-Form betrachtet werden darf.

Jede dieser einzelnen nahezu mathematisch präzisen Bewegungen und Aufteilungen - innerhalb der Einstellung, von Einstellung zu Einstellung, als

287 Eisenstein 1979 (1934), S. 66.

288 Vgl. Bordwell, David, Eisensteins epistemological shift, Screen XV/4 Winter 1974/75, Oxford University Press, S. 32-46. Ebenso Tudor, Andrew, Film-Theorien, Frankfurt 1977, S. 26: „Als er (Eisenstein) 1938 auf das entscheidende Montagekonzept seiner Frühzeit zurückblickt, ist vom ‘Zusammenprall’ nicht mehr die Rede. Dafür heißt es jetzt: ‘Werden zwei beliebige Stücke aneinandergefügt, so vereinigen sie sich unweigerlich zu einer neuen Vorstellung, die aus dieser Gegenüberstellung als neue Qualität hervorgeht’. Die Dialektik wird in *The Film Sense* überhaupt nicht erwähnt.“ (Eisenstein, Sergej M., The Film Sense, London 1943, S. 14.)

289 Fritz Langs *Die Nibelungen* (Deutschland 1922/24) erzielt den Eindruck optischer Strenge ebenfalls auf unterschiedlichen Ebenen der Gestaltung: auf der des Schnitts, (der ebenfalls häufig der Rechtwinkeligkeit folgt), den symmetrischen und geometrischen Bildkompositionen, dem statuarischen Einsatz der Schauspieler, der Künstlichkeit des Dekors. All diese Mittel steigern die Wirkung ins Monumentale und Feierlich-Schwere, wie sie solch einem historischem Heldenepos angemessen zu sein scheint. Vgl. Breitmoser-Bock, Bild, Filmbild, Schlüsselbild. Zu einer kunstwissenschaftlichen Methodik der Filmanalyse am Beispiel von Fritz Langs Siegfried, München 1992. Leider vernachlässigt Angelika Breitmosers Arbeit den Aspekt des Schnitts.
Ein anderes Beispiel unter vielen findet sich in den gitter- oder netzartigen Schattenlinien, die immer wieder Orson Welles in der Rolle des Othello wie ein Dickicht umgreifen; sie visualisieren seine Gefangenschaft in einem klaustrophobischen Gespinst aus Lüge, Mißtrauen und Eifersucht (*Othello*, USA 1949/52, Regie und Titelrolle: Orson Welles).

Strukturierung der Erzählhandlung - besitzen eine gewisse Eigenständigkeit, nicht nur im Verhältnis zum inhaltlichen Geschehen, sondern auch untereinander. Dennoch sind sie hinsichtlich ihrer Mikro- und Makrostruktur aufeinander bezogen; sie greifen ineinander und konstituieren - auf dieser rein formal-abstrakten, quantitativen Ebene betrachtet - eine komplexe Mechanik, derjenigen eines Uhrwerks ähnelnd, bei der die Stunden-, Minuten- und Sekundenzeiger die Bewegungen in ihrer individuellen Gangart auszuführen scheinen und die dabei doch Teile eines Systems sind.

Sowohl die durch die Kadrierung definierte Komposition und die Bewegung, die innerhalb einer Einstellung festgelegt wird, als auch deren Variationen und Choreographien, die aus der Abfolge von Einstellungen resultieren, wurden in diesem Kapitel - quasi entzeitlicht beziehungsweise „verräumlicht" gedacht - unter formal-abstraktem, quantitativem Blickwinkel betrachtet. Doch zugleich bestimmen jede Einstellung, Sequenz, jeder Film raumzeitliche Systeme, in denen die Elemente und deren Veränderungen Träger einer konkreten Handlung, Bestandteile einer Fiktion sind und in denen Bewegungen auf qualitativen Wandel verweisen. Eine Bewegung ist so gesehen nicht nur ein Vektor oder eine geometrische Figur, die sich in das gerahmte Bildfeld als Folie einträgt; sie stellt darüber hinaus die kausal, räumlich und zeitlich motivierte Bewegung (als Widerspiegelung einer „Dauer" im Bergsonschen Sinne) dar und steht in einem Spannungsverhältnis zum *offscreen space*.

5. Das *filmische Tableau*

> Ich kann eine Landschaft kadrieren, sie sorgfältig beachten ... noch dazu mit der Bewegung und den Geschehnissen im Inneren des Rahmens - der Flug eines Vogels verändert das ganze Bild; eine Wolke ändert die Komposition ... Und, was der höchste Gewinn wäre: die Anwesenheit der Zeichen der Zeit. Indessen habe ich einen gegensätzlichen Weg verfolgt. Die Berufung der Zeit auf die Bewegung verweigernd, versuchte ich Bilder von Landschaften zu filmen, ... in denen nichts die Zeit anzeigen würde...
>
> Peter Greenaway[290]

Behandelte das Kapitel *Das Tableau im Film* das materiell anwesende Gemälde, so stand in demjenigen über das *Tableau vivant* das im Film szenisch nachgestellte im Mittelpunkt. Im Fall des *filmischen Tableaus* wird der Bezug zur Malerei abstrakter. Verglichen mit dem Tableau oder *Tableau vivant* im Film ist hier eine weitere ästhetische Verschiebung zu konstatieren. Die Relation zur Malerei beruht auf einer Analogie und betrifft das Bestreben, den Rezeptionsvorgang angesichts des Films demjenigen angesichts eines gemalten Werkes anzunähern.

Im Bereich der Mikrostruktur lassen sich in den frühen Spielfilmen Greenaways zwei Verfahren herausstellen, die unterschiedlichen Auffassungen verpflichtet sind. Denn neben beziehungsweise mit der strukturellen Gestaltungsweise (im Zuge der Entfaltung einer Narration) kommt in Greenaways Filmen eine zweite, vielleicht die auffälligste, zum Tragen. Gemeint ist eine ausgesprochene Vorliebe für lange, tableauartige Einstellungen.[291] Einen

290 Peter Greenaway, in: Pilard, Philippe u.a., Peter Greenaway, Paris 1987, S. 92.

291 Deutlich wird dies vor allem angesichts der Inszenierung von Dialogpassagen, die nicht nach dem gängigen Verfahren mittels Schuß und Gegenschuß wiedergegeben werden. In *Der Kontrakt des Zeichners* existiert ein besonders ausgeprägtes Beispiel, eine Einstellung, die über 4½ Minuten (!) dauert und die von einer vollkommen statischen Kamera aufgenommen wird. Die Gegenstände darin sowie die Begrenzungen des Bildfeldes beziehungsweise -raumes bleiben die ganze Zeit über unverändert; die beiden Protagonisten (Mrs. und Mrs. Talman) agieren jedoch innerhalb dieses Ensembles: Sie reden (streiten) miteinander, und sie verändern mehrfach ihre Positionen.
Auch der zweite Teil des Vorspanns von *Der Kontrakt des Zeichners*, in dem Mutter und Tochter versuchen, sich der Dienste des Zeichners zu versichern, bildet beispielsweise keine herkömmliche Sequenz, die ein Geschehen räumlich und zeitlich derart zerlegt, daß dem Betrachter der Eindruck eines kontinuierlichen Geschehens vermittelt wird. Auch wenn die Reihenfolge der Einstellungen eine zeitliche und logische Aufeinanderfolge festlegt, bleibt das

Stil in Greenaways frühen Spielfilmen zu thematisieren, heißt vor allem die Rolle dieser *filmischen Tableaus* zu würdigen, denn sie bilden die zentralen Einheiten innerhalb derer sich die Erzählhandlung größtenteils entfaltet. Doch diese tableauartigen Einstellungen werden häufig nicht in einer einzelnen Einstellung präsentiert, sondern in eine Folge von Einstellungen aufgegliedert. Auch dies geschieht gemäß bestimmter Regeln, die weiter unten dargelegt werden.

Es gilt hier klar zu unterscheiden: Der Begriff *filmisches Tableau* bezieht sich hier nicht auf die Ebene der *mise en scène*, um auszudrücken, daß die Einstellungen unter Einsatz des Lichts, der Farben, der Kostüme und Requisiten, der Anordnung der Figuren im Raum beziehungsweise der Bildebene als von Greenaway entworfene, animierte *Tableaux vivants* in der Manier alter Gemälde inszeniert werden (mit den ästhetischen Implikationen, die bereits im Kapitel *Das Tableau vivant im Film* behandelt wurden). Das *filmische Tableau* bezeichnet im Rahmen dieses Kapitels vielmehr eine Gestaltungsweise, die, wie erwähnt, darauf zielt, die Angleichung der Wahrnehmung eines Film-Bildes an diejenige eines Gemäldes anzustreben. Zu diesem Zweck tragen auch der Einsatz szenischer Mittel bei, dadurch daß die Gestaltungselemente (Figuren, Objekte, Licht, Farbe, Bewegungen) zum einen auf einen sie umgebenden (virtuellen) Rahmen hin und zum anderen in einer Weise aufeinander bezogen sind, daß die visuellen Werte innerhalb jenes Rahmens verbleiben und sich (fast) nichts über jene Ränder hinaus verlängert.[292] Dieses Ergebnis einer in Analogie zur Malerei aufgefaßten *cadrage* wird weiter unten am Beispiel der Symmetrie dargestellt.

---

zeitliche wie räumliche Intervall zwischen den einzelnen Einstellungen offensichtlich, aber nicht näher bestimmbar. Dem Betrachter bieten sich keine Anhaltspunkte, um mit Hilfe der einzelnen Auschnitte einen zusammenhängenden filmischen Raum zu konstruieren, noch bekommt er einen Eindruck von der Dauer der Ereignisse, da zwischen den einzelnen Einstellungen augenscheinlich Ellipsen liegen (die durchgängige Musik aus dem Off, die vorgibt, eine diegetische zu sein, suggeriert dazu im Widerspruch, was nicht zutreffen kann: daß die Geschehnisse als kontinuierliche wiedergegeben sind). Ebenso wie die durch das Kerzenlicht herausgehobenen szenischen Ereignisse von Schwärze umgeben sind, bleiben die spatiotemporalen Relationen zwischen den einzelnen filmischen Tableaus buchstäblich im Dunkeln, was jeder Einstellung eine Art Rahmen verleiht, zumal die Eigenständigkeit und Gleichwertigkeit jeder Einstellung durch ihre jeweilige Dauer von etwa einer halben Minute akzentuiert wird. Die Figuren handeln darin: Sie führen Dialoge (zumeist mit sparsamer Mimik und Gestik), und sie wechseln ihre Positionen (wenn auch innerhalb dieses Prologs nur in einem Fall).

292 Vgl. dazu Villain, Dominique, L'œil á la caméra . Le cadrage au cinéma, Paris 1984, S. 122: Angesichts der Filme Ozus konstatiert Villain ein ähnliches Phänomen: „Dans les films d'Ozu, par exemple, rien de la scène ne se prolonge au-delà du cadre.“

Greenaways Gestaltung mit Hilfe einer statischen Kamera und langer Einstellungen ist weder mit seinem 'strukturellen Hintergrund' noch mit traditionellen filmischen Erzähltechniken allein zu erklären; sie stellt auch keinen Rückfall in die Frühzeit des Mediums dar, sondern ist in bewußter Analogie zu einem anderen Medium aufgefaßt: zur Malerei.[293] Eine lange Einstellungsdauer und ein konstantes Bildfeld: Das sind die augenfälligsten Ausprägungen einer Tendenz, im Film Rezeptionsbedingungen zu schaffen, die denen eines Gemäldes nahekommen. Das Bildfeld bleibt konstant, die Kamera verharrt vis-à-vis und hält den Zuschauer auf Distanz, verweist ihn auf eine fixe Position frontal gegenüber dem Film-Bild.

Pascal Bonitzers Bemerkung über das *plan-tableau* trifft gleichermaßen auf das *filmische Tableau* zu. Das *plan-tableau*, so schreibt er, wird hauptsächlich von den Regisseuren verwendet, „die die Inszenierung und das Plastische gegenüber dem Szenario und der narrativen Kontinuität bevorzugen, z.B. Godard oder Pasolini“[294], und: „Die Konstruktion der Einstellungen ist das, was den Regisseur in die Nähe des Malers, den Film in die Nähe des Gemäldes bringt“[295]. Der Einsatz *filmischer Tableaus* korreliert mit einer

---

Zur Analogie der Cadrage in der Malerei und im Film vgl. S. 121: „Qu'est-ce qui rapproche le cinéma de la peinture, mis à part le sens de la composition? La peinture et le cinéma ont en commun avec la photographie de figurer des corps dans des espaces délimités par un cadre“; und S. 130: „Le cadre enferme des personnages et un décor, règle les rapports entre les personnages et le décor, ainsi que les rapports des personnages entre eux“, sowie S. 123: „Les éléments que le cadrage cinéma compose, décompose et récompose sont par exemple comme en peinture: la lumière, la couleur, les différentes places des différentes figures (dans le champ), leur proximité, présence, netteté, ou leur éloignement, leur flou, le jeu des avant-plans et des arrière-plans (dans le plan), des fonds (le décor) et de la surface (l'écran), des points de fuite et des points de vue, des directions de regard, du rapport au spectateur, etc.“

293 Die Festlegung eines relativ geschlossenen szenischen Raumes, in dem sich das dramatische Geschehen entwickelt, weist zudem Parallelen zum Theater auf. In den letzten Filmen *Der Koch, der Dieb, seine Frau und ihr Liebhaber*, *Prosperos Bücher* und *Das Wunder von Mâcon* entsprach dieser Nähe zum Theater die gesamte Inszenierung: Die Aufnahmen entstanden im Studio, das Geschehen spielte sich nahezu ausschließlich in einigen wenigen, jeweils mehrfach wiederkehrenden Innenräumen ab; zudem basieren die Drehbücher auf dramatischen Vorlagen. In seinen Drehbüchern unterteilt Greenaway die Handlung in „Sektionen“ (*Verschwörung der Frauen*) oder - mit einem aus dem Drama entlehnten Begriff - in „Szenen“. Im Drehbuch zu *Das Wunder von Mâcon* entwickelt Greenaway andererseits die Handlung entlang von 31 „Tableaus“. Dieser die Verwandtschaft zur Malerei akzentuierende Begriff charakterisiert den bildmäßigen Aspekt, verweist auf die farbliche, lichttechnische und kompositionelle Gestaltung des auf die Fläche projizierten Räumlichen innerhalb eines fixen Bildfeldes.

294 Bonitzer, Pascal, Le Plan-Tableau, Cahiers du Cinéma, Nr. 370, Apr. 1985, S. 17-22, hier: S. 18. Deutsche Übersetzung dieses Textes zit. n. Paech 1989, S. 44.

295 Ebd., S. 17.

Auffassung, die darauf zielt, die Inszenierung sorgfältig und detailliert zu gestalten, das Licht, die Farbe, die Kostüme mit Bedacht und in der Manier der Malerei einzusetzen, das Arrangement der Dinge im Hinblick auf die formale Komposition zu entwerfen. Eine lange Einstellungsdauer bei konstantem Bildfeld gewährten dem Betrachter ausreichend Zeit, um das Dargestellte visuell zu ergründen, die kompositorischen linearen, flächenhaften und plastischen Werte zu erkennen und die allegorische Bedeutung zu entschlüsseln.

Das „Anhalten der Zeit in der Bewegung des Films“[296] im *plan-tableau* legt eine Analogie hinsichtlich der Raum-Zeit-Struktur zwischen Malerei und Film, zwischen Gemälde und *plan-tableau* nahe. So bewirkt das *filmische Tableau* zwar kein „Anhalten“, aber zumindest doch eine Verlangsamung, quasi eine Stockung, einen Stau. Es ist vollkommen stimmig, daß Greenaway als Settings für seine Filme französische Gärten, Zooanlagen, Theaterräume wählt. Sie sind - als organisierende, systematisierende Artefakte - Bilder, Metaphern seiner strukturierenden Herangehensweise und spiegeln das Verhältnis des Betrachters zu einem in sich konsistenten Ensemble wider: So wie der Besucher eines (französischen) Gartens von einem Beet zum nächsten, der eines Zoos von einem Käfig zum anderen sich bewegt oder vor den Augen des Zuschauers ein Bühnenbild von einem folgenden abgelöst wird, staut sich sozusagen der Strom der Filmbilder in den Bassins der *filmischen Tableaus*, die sich als jeweils relativ eigenständige Kompositionen dem Blick des Betrachters darbieten. Jedes Anhalten in der Folge jener Tableaus ist ein Einrasten im Zuge der Bewegung von einer Einheit eines Systems zur nächsten.

Das *filmische Tableau* ist in sich nicht stillgestellt. Es muß sich daher von seinem filmischen Umfeld als ein relativ Eigenständiges erst abgrenzen. Den Eindruck der relativen Autonomie unterstützen einerseits filmtechnische Entscheidungen: die lange Einstellungsdauer sowie das konstante Bildfeld. Des weiteren kann diese Wirkung durch szenische Mittel akzentuiert werden, durch die Immobilität der Erscheinungen[297] oder indem der Bildraum von den Rändern her architektonisch begrenzt wird, beispielsweise wenn sich sich das Geschehen wie in einem Bühnenkastenraum entwickelt. Drittens wird der Effekt der Eigenständigkeit eines Ensembles durch die Ausgewogenheit in

296 Ebd., S. 18.

297 Vorzugsweise sucht Greenaway in seinen Spielfilmen szenische Arrangements, die diesen filmischen Bedingungen entsprechen, und immer wieder tauchen beispielsweise Tischszenen auf, deren statischer szenischer Charakter sie für diese Zweck prädestiniert.

der kompositorischen Gestaltung verstärkt: etwa durch die geometrische Unterteilung des Bildfeldes oder durch die mathematisch-abstrakte Gliederung wie sie die Symmetrie repräsentiert, insofern ein ausgewogenes, nach einem übergeordneten Kompositionsprinzip aufeinander bezogenes Ganzes geschaffen wird. Dieser letztgenannte Aspekt, ein Spezialfall, der aber aufgrund der Häufigkeit seines Auftretens in Greenaways Spielfilmen schon eher als Regelfall zu betrachten ist, soll vertieft werden.[298] Wurde die Symmetrie im vorigen Kapitel unter dem Gesichtspunkt der formalen Konstruktion angesprochen, so soll demgegenüber hier ihr Verhältnis zur Raum-Zeit-Vorstellung thematisiert werden.

Symmetrie - bewegte Ruhestellung

Die Symmetrie organisiert nicht nur die Objekte in der Bildebene; sie hat darüber hinaus Auswirkungen auf die innere Zeitstruktur, die „Bildzeit" (Theissing) eines Werkes: Ihre Ausgewogenheit vermittelt Ruhe und Unwandelbarkeit. Daher „können wir also sagen, daß es Symmetrie nur im Raum und nicht in der Zeit gibt und daß demgemäß Symmetrie immer Ausdruck der Ruhe und des Seins und demgemäß überzeitlich ist. Alle Tendenzen, die Darstellung eines Vorgangs symmetrisch zu komponieren, heben das Geschehen als zeitlichen Ablauf auf und leiten aus dem Zeitlichen in die Sphäre reinen Seins über: Das Vergängliche wird zum Gleichnis und erhält damit Dauer und Bestand."[299]

Bewegung kann in der Malerei 'nur' suggeriert werden. Es besteht in der Malerei grundsätzlich das Problem, Sukzessives als Simultanes darzustellen (das dann wiederum im Vorgang der Rezeption sukzessive erfaßt wird). Das definiert eine Grenze, eine Beschränkung, wie es zugleich den besonderen ästhetischen Reichtum dieses Mediums umschreibt. Innerhalb der Malerei werden Zeit und Bewegung durch unterschiedliche formale Gestaltungsmöglichkeiten visualisiert.[300] Angesichts der Arenafresken Giottos hat Imdahl

298 Es scheint geradezu so, als würde der Wechsel von symmetrisch und nicht-symmetrisch geordneten Bildfeldern in Greenaways frühen Spielfilmen bewußt als Prinzip gestalterischer Variation eingesetzt.

299 Vgl. Theissing, Heinrich, Die Zeit im Bild, Darmstadt 1987, S. 115 ff. Auch wenn diese Aussage historisch zu relativieren ist, wie Theissing hier zu Recht ausführt, kann ihre Gültigkeit für Greenaways klassisch-ausgewogene Kompositionen zunächst beansprucht werden, um sie hier im weiteren Vorgehen von anderen filmischen Erfordernissen her zu relativieren.

300 Theissing 1987, S. 47: „Die Veränderungen im Bild vollziehen sich in der Behandlung der Motive in bezug auf 1. Umriß bzw. Form, 2. Ebene, 3. Raum, 4. Farbe. An diesen Kategorien

hinsichtlich der Gestaltung in der Bildebene, beispielhaft vorgeführt, wie etwa die minimale Verschiebung einer Figur, eine einschneidende qualitative Veränderung des gesamten Gefüges bewirken kann.[301] Die Stellung einer Figur im Bildfeld indiziert - als Aktualisierung eines Weges - eine räumliche wie zugleich eine zeitliche Relation.[302] Das Transitorische in einen Moment zu bannen, das „Eben-Jetzt als Bezugswert eines Vorher und Nachher"[303] zu verbildlichen, bezeichnet eine inhaltlich-szenische sowie eine formal-kompositorische, syntaktische Leistung.[304] Bei aller Unverrückbarkeit der Elemente im Rahmen eines Gemäldes ist das Bildganze mit einem Zeitpotential aufgeladen. Räumlich-szenische Richtungs- und Bewegungsimpulse und formale, lineare Werte sowie Spannungsfelder, induziert durch das Verhältnis einzel-

zeitigt sich in verschiedenen Möglichkeiten und auf verschiedene Weisen die Zeit, weil unter ihrer Anschauungsform die Dinge jeweils andere Umrisse und Farben auf anderen Ebenen und in anderen Räumen gewinnen." An dieser Stelle interessiert die Bewegung in bezug auf den Bildraum beziehungsweise die Bildebene. Die prinzipielle Möglichkeit, unterschiedliche Phasen eines Geschehens in einem Bild zusammenzufassen und damit Veränderung darzustellen (wie dies im Mittelalter geschah), wird hier ebensowenig thematisiert wie die Verfahren im Futurismus.

301 Imdahl, Max, Synthesen von Zeit und Moment, in: ders., Giotto - Arenafresken, Ikonographie - Ikonologie - Ikonik, München 1980, S. 61-83.

302 Vgl. zum Beispiel Imdahl über Giottos Begegnung an der Goldenen Pforte: „Wiederum kann deutlich werden, wie präzise das gegebene Figuren-Bildfeld-Verhältnis ist und wie empfindlich der szenische Ausdruck auf eine auch nur geringfügige Veränderung dieses Verhältnisses reagiert: (...) Das Bildfeld ist gewissermaßen der Rahmen oder eine mehr oder weniger neutrale Umgebung der Gruppe, deren Gebärden etwas Statisches oder jedenfalls Verbliebenes und Fortdauerndes bedeuten, und dies um so mehr, je näher die Gruppe an die Bildmitte gerückt ist.(...) Geprägt ist dieser szenische Ausdruck einer unmittelbaren Aktualität durch eine äußerst dynamische Aufladung des Bildfeldes oder, um es anders zu sagen, durch eine kühne Balance im Verhältnis zwischen Figurengruppe und Bildfeld: Der Abstand zwischen Anna und dem rechten Bildrand ist maximal aktiviert als deren Woher, während das Woher Joachims maximiert ist als ein solches , das unbestimmt weit über den linken Bildrand hinausreicht. Dem entspricht - was nunmehr die Ausfüllung des Bildfelds mit anderen Figuren und Dingen betrifft - die sehr besondere Maßnahme, daß der dem Joachim folgende Hirte vom linken Bildrand zur Hälfte überschnitten ist und daß, innerhalb des Bildfelds, der Verlauf der Brücke die Bewegung Anna auf Joachim zu optisch beschreibt, sozusagen die Spur ihrer Bewegung festhält. Und darüber hinaus ist es wichtig, daß der linke Kontur des linken Torturms den Rückenkontur Joachims tangiert, daß die mittlere Kante dieses Turms sehr genau auf die Schnittstelle der Nimben von Joachim und Anna auftrifft und daß der bildbeherrschende Torbogen dem Nimbus Joachims mehr gleicht als dem der Anna - wie immer jener Bogen zusammenzusehen ist mit dem Verlauf der Brücke, welcher die Bewegung, nämlich das Gekommensein Annas versinnbildlicht." - Imdahl 1980, S. 41f.

303 Ebd., S. 78.

304 Ebd., S. 72.

ner Elemente zueinander und zum gesamten Bildfeld, schaffen eine höchst komplexe Zeitstruktur.

Den filmischen Raum konstruiert der Betrachter aufgrund visueller (und akustischer[305]) Informationen. Er berücksichtigt dabei Größenverhältnisse, Überschneidungen, die Verteilung von Licht und Schatten sowie Aspekte perspektivischer Verkürzung und der Farb- und atmosphärischen Perspektive; letztere kann durch die Verwendung von Linsen und die Variation der Schärfentiefe technisch erheblich manipuliert werden. Darüber hinaus wird der räumliche Eindruck im Film durch die Bewegung erzeugt: durch die der Figuren und Objekte, durch die der Kamera und durch die Bewegung von einer Einstellung zur folgenden. Die Raumwahrnehmung ist das Ergebnis einer Interpretation[306], und sie entwickelt sich im Spielfilm im Rahmen einer Erzählhandlung[307]: Raum ist hier „narrativer Raum“[308].

„(In) keiner der bildenden Künste“, so weiß Lotman, „versuchen die Bilder, die den künstlerischen Raum füllen, so vehement, ihn zu durchbrechen, seine Grenzen zu überwinden, wie im Film.“[309] Trotz der ästhetischen Analogien, die zwischen Film und Malerei bei der Gestaltung *filmischer Tableaus* zum Tragen kommen können, ist Film ein Medium der bewegten Bilder und vermag daher, Bewegung unmittelbar abzubilden. Das betrifft zum einen die Bewegung innerhalb des Bildfeldes und zum anderen diejenige über dessen Grenzen hinaus, wenn sie in Beziehung tritt zu dem, was jenseits des sichtbaren Randes liegt: zum Off. Die Begrenzungen des Bildfeldes fungieren hier als Maske. Zwar kann nicht die Kontinuität des inszenierten Sichtbaren der Fiktion über die Grenzen des Bildfeldes hinaus angenommen werden[310], aber

---

305 Vgl. Bordwell, David, Narration in the Fiction Film, Wisconsin 1985, S. 118f, über *sonic space*.

306 Vgl. z.B. Francastel, Pierre, L'image, la vision et l'imagination, Paris 1983, S. 184: „... l'apparition successive d'observations fragmentaires nous oblige a réconstruire dans l'espace une réalité morcelée dans le temps. En tout hypothèse l'homme ne reconnaît pas directement l'espace - et pour cause - il le crée. Et cet espace est toujours un espace-temps en même temps qu'un espace expérimental et social.“

307 Aumont, Jacques, L'œil interminable, Cinéma et Peinture, Paris 1989, S. 137: „... tout récit informe l'espace, le marque; et donc, que tout espace est, au moins virtuellement, marqué par le narratif.“

308 Vgl. die grundlegenden Arbeiten von Heath, Stephen, Narrative Space, in: Screen, Vol. 17, Nr. 3, 1976, S. 68-112 und Bordwell 1985.

309 Vgl. Lotman, Jurij M., Probleme der Kinoästhetik: Einführung in die Semiotik des Films, Frankfurt a.M. 1977, S. 128.

310 Eine Auffassung seitens Bazin, die Heath bezeichnet als „the final tragedy of a Bazin“, Heath 1976, S. 91.

diese Grenzen sind potentiell offen: Es genügt eine Veränderung der Kamera, ein Schnitt, und das eben noch Unsichtbare wird Teil des sichtbaren filmischen Raumes. Diese Bewegungen sind zumeist innerhalb einer Einstellung angelegt; visuelle und akustische Hinweise bilden „Brückenköpfe“[311], die den Betrachter eine Einstellung mit einer folgenden verbinden lassen: „Der narrative Raum weist auch in der Binnenstruktur seiner Bilder bereits eine Vielzahl von Klammern auf, die die Herstellungen des Kontinuums unterstützen und fördern.“[312]

Burch benennt sechs „Segmente“ des *offscreen space* - den Raum jeweils jenseits der vier Seitenbegrenzungen, den Raum hinter der Kamera und den Raum, der vor der Kamera, aber jenseits des Sichtbaren liegt.[313] Er unterscheidet zwischen einem „imaginären“, und einem „konkreten“ *offscreen space*; das imaginäre Off bleibt solange hypothetisch[314], solange es nicht sichtbare Existenz gewinnt, und damit „konkret“ wird. Dieses raumzeitliche Verhältnis des - wie Bordwell es bezeichnet - „diegetischen“ *offscreen space*[315] kann daher vielfach gestaltet werden, etwa als Verzögerung, als Vorhersage oder als rückblickende Klärung, insofern es die Erwartungen und Vorstellungen betrifft, die im Betrachter freigesetzt werden und die bestätigt, in die Irre geleitet, widerlegt, oder nie „konkret“ werden können.[316] Der diegetische *offscreen space* ist jedenfalls als Raum der Fiktion nicht nur in seiner

311 Hickethier, Knut, Film- und Fernsehanalyse, Stuttgart 1993, S. 85: „Es sind vor allem Verweispartikel, die auf der visuellen Ebene Brückenköpfe in den einzelnen Einstellungen darstellen (Blicke, die aus dem Bild hinausgehen und im folgenden Bild scheinbar erwidert werden; Bewegungsabläufe, die in der nächsten Einstellung eine Fortsetzung finden, usf.). Auf der Tonebene stellen Geräusche, Musik, einstellungsübergreifende Texte Verbindungen her.“

312 Ebd.; vgl. auch Heath, Stephen und sein Konzept der suture, das die Rolle des Betrachters als Angelpunkt und aktiv Verknüpfenden der einzelnen Einstellungen beschreibt; Heath 1976.

313 Burch, Noel, Theory of Film Practice, London 1973, S. 17.

314 Der „imaginäre“ offscreen space bezeichnet beispielsweise das vom Seitenrand Abgeschnittene oder das, was sich nur im Blick und Minenspiel eines Akteurs spiegelt, ohne selbst als Geschehnis sichtbar zu werden, oder als das nur Hörbare, das von außerhalb des Bildfelds akustisch eindringt. Ebd., S. 19ff.

315 Dieser „diegetische“ oder „imaginäre“ offscreen space ist im Gegensatz zu demjenigen zu sehen, der sich tatsächlich außerhalb der Grenzen des Sichtbaren bewegt: das Filmstudio, das Filmteam ...

316 Burch 1973, S. 23: „It is a dialectic in which a number of extremely complex possibilities are implicit, particularly when we consider that not only does the use of such devices as movements into or out of frame, off-screen glances, and partial framing (or the use of any two or tree of these simultaneously) determine whether the space can be either predictive and imaginary or retrospective and concrete ...“ Vgl. auch Bordwell 1985, S. 119f.

Funktion als räumliches *hors champs* bestimmbar, sondern ebenso als handlungs- und zeitbezogenes.[317]

Die Gestaltung des Raumes beziehungsweise des Bildfeldes im Film ist in bezug auf die Relation zu den Bildgrenzen und dem Verhältnis der Elemente untereinander einer kompositorischen Logik verpflichtet, die die Bewegung miteinbezieht: „Wenn das Leben in das Kino als Bewegung eintritt, bringt die Bewegung nichtsdestoweniger ihre Probleme der Komposition innerhalb eines Rahmens mit ein ... Tatsächlich organisiert die Komposition die Einstellung (‘frame’) in Funktion der menschlichen Figur in ihren Handlungen; was ins Kino eintritt, ist eine Logik der Bewegung, und es ist diese Logik, die die Einstellung zentriert. Der Raum der Einstellung (‘frame space’) ist, anders gesagt, konstruiert als narrativer Raum“[318]. Und dieser narrative Raum als Entwicklungsraum der Handlung ist konzipiert in Hinblick auf das, was folgen wird, es ist ein ankündigender Raum.[319]

Im Film wird mit einem spezifisch filmischen visuellen Spannungsfeld operiert, das auf der Potenz der unmittelbaren Bewegung, des direkten Wandels beruht, indem beispielweise aufgrund der Disposition der Elemente im Betrachter bestimmte Hypothesen angeregt werden können. So vermag eine Leerstelle im Bild gleichsam einen Unterdruck zu erzeugen, der den Betrachter mit ihrem Ausgleich, ihrer Besetzung rechnen läßt.[320]Die Konstrukti-

---

317 Er ist die andere Seite des diegetischen Raumes, für den gilt: „The diegetic is the implied spatial, temporal, and causal system of the characters“, Branigan, Edward, The Spectator and Film Space - Two Theories, in: Screen XXII, Nr. 1, 1988, S. 55-78, hier: S. 61.

318 Heath 1976, S. 83.

319 Heath schreibt in bezug auf die Aktivität der Kamera: „Continuity in these terms is also decisive with regard to transitions and changes of frame effected by camera movement. „Imperceptible“ reframing movements, more definite pans and tracking shots are developed in the interests of the narrative composition of space in relation to the actions of the characters; here too, rules are elaborated accordingly, the camera having, for instance, to impregnate space with the anticipation of action: 'if the actor is accompanied by a movement of the camera, more ‘room’ must be left in front of him or her than behind, so as to figure sensorially the space to be crossed'.“ Heath 1976, S. 89.
Analog wird in den statischen Bildmedien verfahren, allerdings hier als Suggestion von Bewegung; Vgl. Gombrich, Ernst H., Der fruchtbare Moment. Vom Zeitelement in der bildenden Kunst, in : Bild und Auge, Neue Studien zur Psychologie der bildlichen Darstellung, Stuttgart 1984, S. 40-62, hier S. 57: „Eine kleine Broschüre für Amateurphotographen weist mit Recht darauf hin, daß ein Segelboot im Zentrum eines Bildes unbeweglich aussehen wird, während sich ein gleiches Boot zu bewegen scheint, wenn es mehr am Rand ist.“

320 Vgl. Bordwell 1985, S. 189f.: „Of course, figure placement allows us to make some plausible hypotheses“; Bordwell beschreibt, um dies zu belegen, exemplarisch eine Einstellungsfolge in His Girl Friday: „Bensinger rises in disgust, and this motivates the camera's reframing to

on des filmischen Raumes bewegt sich in aller Regel im Spannungsfeld von *onscreen* und *offscreen space*. Im Fall eines *filmischen Tableaus* wird jedoch diese Offenheit gegenüber dem *offscreen space* stark vermindert. Es bildet ein relativ geschlossenes System, das quasi mit einem virtuellen Rahmen umgeben ist. Ganz deutlich wird dies angesichts der symmetrisch geordneten Bildebene: In diesem mathematisch konzipierten Bildfeld treten die Elemente gemäß einem übergeordneten Prinzip in einer Weise in formale Relation zueinander, daß die Kräfte und Richtungswerte - in ihrem Bezug auf die Mittelachse hin - innerhalb der Bildgrenzen verbleiben und ein harmonisch ausgewogenes Bildganzes schaffen.

Solch ein in sich relativ stabiles *filmisches Tableau* verstärkt die Tendenz zur Autonomie der Einstellung in ganz besonderem Maße. Es ist einerseits räumlich und darüber hinaus ebenfalls in seiner raumzeitlichen, handlungsbezogenen Dimension mit einer ästhetischen Naht versehen. Die Symmetrie beruht „auf der Bezugsetzung der einen Hälfte zur anderen und dieser wieder zur ersten: Das ist das Bild eines entwicklungs- und geschichtslosen Seins, das Erlebnis des Seins an sich“[321]. „Symmetrie bedeutet Ruhe, Aufheben der Zeitlichkeit durch reine Räumlichkeit.“[322] In ihr sind die Werte auf ihre Mittelachse konzentriert, Spannungen und Entwicklungen in spiegelbildlicher Komplementarität aufgehoben. Die Begeisterung des Architekten für den Kugelbau, den Newton-Kenotaph von Étienne- Louis Boullée in *Der Bauch des Architekten* ist diejenige Greenaways; sie repräsentiert die perfekteste Form der Konzentration aller Kräfte:

> Wird die Zentralsymmetrie auf alle drei Dimensionen ausgedehnt, so ergibt sich in konsequenter Durchbildung die Kugelform. In ihr erscheinen alle Bewegungstendenzen aufgehoben; in ihr symbolisiert sich das Erlebnis des Seins schlechthin. In diesem Sinne wird die Kugel als höchstes Ordnungsprinzip in klassizistischen Kunstperioden zur Idealgestalt und zum Ausdruck der Vollkommenheit.[323]

Auch das symmetrisch organisierte Bild negiert scheinbar jedes Außerhalb, jedes Off. Nichts drängt in ihm daraufhin (oder: nichts läßt den Be-

leave a bit of vacant space in the right middle ground. (...) Viewed from a new angle, the space reserved for Hildy is filled as she strides in.“

321 Theissing 1987, S. 111. Das symmetrisch aufgebaute filmische Tableau bildet bei Greenaway eine Komposition, die in sich vollkommen ausgewogen und stabil dazustehen scheint - keine eines fruchtbaren Augenblicks. Vgl. Theissing 1987, S. 119.

322 Frey, Dagobert, Zum Problem der Symmetrie in der bildenden Kunst, in: Bausteine zu einer Philosophie der Kunst, Darmstadt 1976, S. 236-259, hier: S. 250.

323 Frey, Dagobert, Zum Problem der Symmetrie in der bildenden Kunst, in: ders., Bausteine zu einer Philosophie der Kunst, Darmstadt 1976, S. 236-259, hier: S. 257.

trachter damit rechnen), den *Rahmen* zu durchstoßen oder dessen Begrenzungen zu verschieben. Natürlich ist dies im Film möglich, ebenso wie die szenische Bewegung innerhalb des Bildfeldes, aber das Ensemble ist für sich genommen erst einmal stabil, ohne innere Dynamik, ohne potentielle Energie, die auf einen Wandel verweisen.

Dennoch, verglichen mit der Malerei ist diese Grenze im Film durchlässig - insofern muß das eben Gesagte relativiert werden. Es ist im Film möglich, symmetrisch angelegte Bewegung zu integrieren, mithin ohne die Symmetrie zu zerstören, beispielsweise wenn die szenische oder Kamerabewegung entlang der Mittelachse, der Tiefe des Raumes folgend, verläuft (wie das in Greenaways Filmen häufig geschieht) oder wenn die szenische Bewegung, von der Mitte ausgehend, zu beiden Seiten hin synchron erfolgt. Stabilität und Zeitlosigkeit, die der Symmetrie in der Malerei zueigen sind, werden im Film gestört. Denn selbst wenn die Elemente des symmetrisch geordneten Ensembles annähernd statisch verharren - wie das bei Greenaway meistens der Fall ist -, öffnet sich das *filmische Tableau* gegenüber der vierten Dimension: der Zeit. Die Zeit ist nicht nur die begrenzte Projektions- oder Betrachterzeit (wie sie auch das *Tableau vivant* betrifft), sondern angesichts eines *filmischen Tableaus* darüber hinaus die Bildzeit, die innere Zeit der Einstellung. Auch das symmetrische Äquilibrium charakterisiert hier nicht mehr nur Ruhe und Entwicklungslosigkeit - der Faden der Erzählhandlung verläuft in der szenischen, dialogischen Entfaltung des Spielgeschehens längs hindurch. Lassen sich die beiden Hälften der räumlichen beziehungsweise flächenhaften symmetrischen Anordnung zueinander in spiegelbildlicher Entsprechung in Bezug setzen - in ihrem zeitlichen Verlauf ist dies unmöglich. Es gibt keine Symmetrie in der Zeit. Der Anfang des *filmischen Tableaus* korrespondiert nicht spiegelbildlich mit seinem Ende (täte er das, würden in der zweiten Halbzeit die Bewegungen, die Dialoge rückwärts ablaufen).[324]

Die symmetrische Komposition trägt neben der szenischen und filmischen Gestaltung dazu bei, ein relativ geschlossenes lokales, temporales und kausales Ensemble zu schaffen. Dessen Elemente bilden aufgrund der Dauer ihrer Gegenwart, ihrer räumlichen Kohärenz sowie dadurch, daß sie kompositorisch aufeinander bezogen sind, ein System, in dem vergleichsweise we-

324 Ebd., S. 248f.: „Das wesentliche Merkmal der Zeit als der 'vierten Dimension' gegenüber den drei Raumdimensionen ist, daß sie in ihrer Bewegungsrichtung nicht umkehrbar ist. Eine Raumdimension können wir in gleicher Weise nach der einen oder anderen Richtung ablesen, was bei der Zeitdimension nicht möglich ist. Daraus folgert, daß es in der Zeit grundsätzlich keine Symmetrie gibt, weil die spiegelbildliche Struktur eine Gegenbewegung fordern würde, die wohl räumlich, aber nicht zeitlich ausführbar ist".

nig Kommunikation mit einem Off angelegt ist, und in dem, da mit einem virtuellen Rahmen umgeben, alle Ereignisse und formalen Werte im *on-screen space* realisiert sind.

In diesen Faktoren liegen die Kriterien begründet, die eine Analogie zur Malerei ermöglichen, und sie gelten für das *filmische Tableau* im allgemeinen, das heißt nicht nur für das symmetrisch Geordnete. Im symmetrisch Organisierten findet all dies jedoch aufgrund seiner kompositorischen und zeitlichen beziehungsweise 'entzeitlichenden' Struktur eine besonders prägnante Formulierung. Zwar vermag das *filmische Tableau* nicht die Bewegung des Films stillzustellen, aber es weist eine Tendenz dazu auf. Es trägt aufgrund seiner Raum-Zeit-Struktur ein Doppelgesicht: Zum einen bleibt es den Entwicklungssgesetzen und Ausdrucksmöglicheiten des Films verpflichtet; zum anderen scheint es dem ephemeren Erscheinen der Film-Bilder den Eindruck der Dauer der Malerei verleihen zu wollen. Daß eine solche ästhetische Angleichung nur als Annäherung - in den Grenzen und Möglichkeiten der Analogie - verstanden werden kann, ist durch die Unterschiedlichkeit der beiden Medien vorgegeben.

Das erweiterte filmische Tableau

Eine lange Einstellungsdauer, ein konstantes Bildfeld, wobei die darin existenten Werte und Kräfte zumeist innerhalb des Rahmens wirkend verbleiben, dazu ein Betrachterstandpunkt, distanziert und vis-à-vis dem Dargestellten - diese in Entsprechung zur Malerei interpretierbaren Methoden und Prinzipien tauchen tatsächlich stellenweise in Greenaways Filmen in solcher Klarheit und Reinheit auf, aber das ist keineswegs die Regel - sie werden vor allem immer wieder modifiziert. Oft wird das Geschehen filmisch, szenisch und schnittechnisch variiert, gleichsam in eine Sequenz von Para- und Sub-Ensembles zergliedert.

Das *filmische Tableau* kann auf dreifache Weise erweitert werden: 1. durch die szenische Bewegung; 2. durch die filmische Bewegung als Veränderung des Bildfeldes; 3. durch die Zerlegung in der Montage.

1. Dem Betrachter bietet sich in Greenaways Spielfilmen häufig der Blick auf ein fixes Bildfeld; dann treten aus den undefinierten Zonen des *offscreen space* Figuren in den sichtbaren Ausschnitt. Dies kann von den seitlichen Rändern her geschehen oder von den hinteren, rückwärtigen Bereichen her. Manchmal erfolgt dieses Eintreten sogar aus der Zone, die diesseits der Kamera liegt. Wiederholt taucht beispielsweise in *Der Bauch des Architekten* die Figur des Architekten in den Totalaufnahmen der Architekturen auf, in-

dem sie sich als riesenhafte Figur im Vordergrund ins Bildfeld schiebt, um dann in der Bewegung ins Bild hinein gleichsam zu schrumpfen und im Vergleich zu der Monumentalität der Gebäude verschwindend klein zu werden.

In all diesen Fällen existiert das Ensemble scheinbar als ein selbständiges, ist nicht bloß Staffage, sondern in und für sich bedeutsam - wie die Landschaft in *Der Kontrakt des Zeichners* oder die Architektur in *Der Bauch des Architekten*. Es ist zudem Ziel, Parkett, Gehäuse einer Bewegung; es liefert eine Hülle, steckt ein Terrain ab für die Aktivitäten der Darsteller. Es ist vorher da, und nicht selten bleibt es danach, wenn die Akteure es bereits verlassen haben, noch kurz sichtbar. So sind die Begrenzungen des Bildfeldes/-raumes durchlässig, offen für den Zutritt der Protagonisten. Aber zugleich sind diese filmischen Bewegungen der Handelnden einem eigenwertigen Setting untergeordnet oder zumindest ihm gegenüber als gleichwertige eingeschrieben. Daher fungieren die Ränder zwar als Maske für die szenische Bewegung, aber sie rahmen und definieren zugleich ein scheinbar unabhängig von ihr bestehendes Ensemble und Bildfeld.

2. Immer wieder gibt es die Bewegung der Kamera, eine Verschiebung des Bildfeldes, und erst wenn jene endet und diese abschließt, erst dann bietet sich dem Betrachter der Blick auf ein *filmisches Tableau* im oben beschriebenen statischen, geschlossenen Sinne. In *Der Koch, der Dieb, seine Frau und ihr Liebhaber* gleitet beispielsweise die Kamera von einem Schauplatz zum nächsten. Ihr Ausgangspunkt ist zum Beispiel die Küche, dann fährt sie - motiviert durch die Bewegung der Protagonisten - hinüber in den Speisesaal. Sie stoppt, wenn sie ihr Ziel, das Bildfeld des nächsten *filmischen Tableaus*, einfaßt. Der bühnenkastenartige Aufbau der szenischen Räume wird dadurch anschaulich, daß die Kamera parallel zur Bildebene entlangfährt, wobei das Passieren der Trennwand zwischen Küche und Speiseraum die Öffnung der Räume zur Seite des Betrachters hin anzeigt. Diese Verschiebung ist zugleich ein Übergang von einem *filmischen Tableau* zum anderen und wird stets durch ein spezielles musikalisches Motiv akzentuiert.

Die Bewegung der Kamera als Ein-Stellung auf ein *filmisches Tableau* ergibt sich auch zuweilen als Bewegung in den Raum des Bildes hinein (oder aus ihm heraus, wie das *Tableau vivant* von Vermeers *Die Malkunst* zeigte): In *Der Bauch des Architekten* beschreibt die Kamera eine Kurve, eine halbkreisförmige Bahn, die endet, als sie den Architekten, am Schreibtisch sitzend, erreicht (47. Min.). Diese Bewegung korrespondiert mit der Bogenform, die zu Anfang desselben Films in einer seitlich zurückweichenden Bewegung zur Tischszene hinführt (die Bogenform greift die zentralen Mo-

Abb. 36 Die tableau-artige Einstellung (*Prospero*)

tive des Films auf; sie beschreibt die Kuppelrundung des Newton-Monuments und die Bauchwölbung quasi als Grundrißfigur; (Abb. 38.1-3).

Die Bewegung, die auf das *filmische Tableau* hin- oder davon wegführt, öffnet das geschlossene Ensemble und erweitert die Komposition zum *offscreen space*. Daß dennoch der Eindruck einer relativen Geschlossenheit gewahrt bleibt, liegt an der besonderen Art der vorausgehenden Bewegung und der kompositorischen Gestaltung der Einstellung. Die Bewegung ist hinsichtlich ihrer Choreographie und Motorik der unpsychologischen, formal-abstrakten und selbstreflexiven Gestaltungsweise Greenaways verpflichtet. Es ist ihr eine Berechenbarkeit, die Zwangsläufigkeit einer Logik zueigen, die dem Umschalten an einem Relais ähnelt. Jedes Anhalten erweckt zumeist den Eindruck, als würde eine sinnreiche, bereits zuvor definierte Position erreicht. Aufgrund der kompositorischen (zumeist symmetrischen) Ausgewogenheit des *filmischen Tableaus*, in der die Bewegung, die Verschiebung des *Rahmens*, einen idealen Haltepunkt findet, scheint es, als würden die Begrenzungen des sich verschiebenden Bildfeldes mit einem festgelegten, virtuellen Rahmen zur Deckung gelangen.

Darüber hinaus existiert diese Bewegung angesichts eines Ensembles. das den Bildausschnitt in seinen Ausmaßen übersteigt und dann durch die Bewegung der Kamera sukzessive erfaßt wird. In *Der Kontrakt des Zeichners* fährt die Kamera langsam bildparallel an der Tischgesellschaft vorbei, und dieses Entlanggleiten gleicht der Verschiebung vor einem Tableau - selbst wenn dieses nicht in seiner Gesamtheit im Bild erscheint, sondern nur mittels Aufnahmen einer kleineren Einstellungsgröße gleichsam abgefahren wird. In einer anderen Einstellung, in *Prosperos Bücher*, in der Prospero nach vielen Jahren seinen ehemaligen Feinden und Freunden gegenübertritt (104.-107. Min.), liegt der Fall etwas anders. Hier fährt die Kamera zurück in Entsprechung zur Vorwärtsbewegung Prosperos. Von den Seiten her gelangen weitere Gestalten ins Bildfeld. Die Kamera verlagert ihren Bildausschnitt gemäß einer symmetrischen Konzeption, wobei sie sich weitgehend, aber nicht ausschließlich an der Entwicklung der Dialoge orientiert. Erst am Ende dieser Einstellung wird durch das Zurückweichen der Kamera quasi das gesamte Tableau sichtbar (Abb. 36).

3. Was im eben genannten Beispiel mit Hilfe einer 'inneren Montage' durch die Kamerabewegung in einer einzigen Einstellung gelöst wurde, geschieht in Greenaways Spielfilmen jedoch zumeist per Schnitt, indem das *filmische Tableau* in eine Folge kleinerer Bildeinheiten zerlegt wird. Der Krankenhausbesuch der Brüder Oswald und Oliver in *Ein Z und zwei Nullen* ist in einer symmetrischen Komposition wiedergegeben. Doch die Totale ist durchsetzt von halbnahen und Großeinstellungen. Die Einheit von Einstellungslänge und konstanter Einstellungsgröße wird aufgelöst; das *filmische Tableau* wird zerlegt, wobei die zeitliche Abfolge in ihrem Wechsel von rechts und links der symmetrischen Korrespondenz Rechnung trägt.[325] Dem Betrachter erlaubt diese Aufgliederung zwar ein Herantreten an das Film-Bild, aber er bleibt hier wie angesichts des kompletten *filmischen Tableaus* vor dem Geschehen verankert. Der Schnitt auf ein kleineres Bildfeld geht nicht einher mit einem Achsensprung; dem Betrachter bietet sich der Ausschnitt nicht aus einer wesentlich anderen Perspektive als aus derjenigen der Gesamtansicht (die erste Einstellung, die Alba zeigt, ist allerdings, verglichen mit der Totalen, aus einer leichten Aufsicht aufgenommen). Die Blickachse ist allenfalls, insofern dieses Segment aus den seitlichen Bereichen des gesamten *filmischen Tableaus* entstammt, parallel zur Bildebene verlagert, so daß der Augenpunkt wieder auf der Mittlelachse des jeweiligen Ausschnitts liegt. Das *filmische Tableau* bleibt in bezug auf seine Bildebene trotz der Parzellierung intakt.

325 Vgl. Barchfeld 1993, S. 99: „Die symmetrische Komposition beschränkt sich nicht nur auf die *mise en scène* innerhalb der Einstellungen, sondern manifestiert sich auch in der Ebene der Montage innerhalb eines Segments wie auch der Gesamtstruktur des Filmes durch die Symmetrie einzelner Motive.“ - Auf das hier verwendete Beispiel weist Christiane Barchfeld unter dem Aspekt der Montage hin.

Doch dies ist eine Ausnahme; normalerweise wird das *filmische Tableau* - im Unterschied zu den Gegebenheiten der Malerei[326] - räumlich aufgefächert und in eine Folge von Aufnahmen aus unterschiedlichen Standpunkten und Einstellungsgrößen zerlegt. In einer anderen Szene, ebenfalls in *Ein Z und zwei Nullen* (63. - 67. Minute) ist das Geschehen in fünf Einstellungen aufgegliedert (Abb. 37.1-5). Die Symmetrie der Anlage findet sich auch hier in der zeitlichen Aufeinanderfolge der Einstellungen wieder (unter dem besagten Vorbehalt, daß es in der Zeit keine wirkliche Symmetrie geben kann). Die zentrale Einstellung ist jedoch mit fast dreieinhalb (!) Minuten Länge die zweite (Abb. 37.2) - nicht die mittlere dritte mit ihren acht Sekunden. Diese dritte Einstellung ist aber insofern erstaunlich, als sie die Dinge gegenüber der vorhergehenden um 180° gedreht zeigt und Albas Bein plötzlich 'verkehrt herum', nah und bildbeherrschend, präsentiert (Abb. 37.3). Dieses Verfahren wendet Greenaway immer wieder an. Es eröffnet gewissermaßen den Blick auf die Rück- oder (bei Schnitten um die 90°-Achse) Querseite eines zuvor oder im Laufe einer Einstellungsfolge definierten *filmischen Tableaus*, und es erfolgt gleichsam eine Bewegung in den Raum dieses Tableaus hinein, um darin auch in der Variation der Einstellungsgröße - Para- und Subtableaus zu bestimmen (Bei der Tischszene im *Vittorio Emmanuele* in *Der Bauch des Architekten* wird beispielsweise zunächst in einer Totalen die gesamte, streng symmetrisch geordnete Komposition präsentiert, bevor der Architekt in einer Nahsicht herausgehoben wird. Die nächste Einstellung zeigt die ihm direkt gegenüber sitzenden Personen; nach diesem 180°-Wechsel folgt ein 90°-Grad-Sprung, der das Geschehen wieder in der Totalen von der Seite wiedergibt usf.).

326 „Because the construction of filmic space implies the element of time and because it also implies topological relationships (of inclusion, of contiguity, for example) and relationships of order, the cinematographic point of view must in the first instance be referred not to the immobile view but to the sequence of views. Unlike the pictorial model, the point of view in cinema is defined as an ordered and measured series." Aumont, Jacques, The Point of View, in: Quarterly Review of Film and Video XI/2, Vol. 11, Nr. 2, Aug. 1989, S. 1-22, hier: S. 7.

1 4
2 5
3

Abb 37.1-5 Das in einer Einstellungsfolge aufgegliederte *filmische Tableau* (*Z00*).

Freie und angeleitete Wahrnehmung

Der erste Teil einer Sequenz in *Der Bauch des Architekten* gibt eine Tischgesellschaft vor dem erleuchteten Pantheon wieder (Abb. 38-43). Anlaß ist ein abendlicher Empfang zu Ehren des Geburtstages und der Ankunft des Architekten in Rom. Das Ensemble ist, nebenbei bemerkt, in bewußter Anlehnung an den Typus der Abendmahl-Darstellungen gestaltet, und einige Male wird im Verlauf des Films die Parallele zwischen der Leidensgeschichte des Architekten und dem Martyrium Jesu gezogen. Die tableauartige Einstellung, die die Tischgesellschaft in der Totalen wiedergibt (z.B. 39.2), repräsentiert einen *establishing shot*, der allerdings besonders ausgeprägt ist. Bereits aufgrund der Dauer seines Erscheinens wird deutlich, daß er mehr bewirkt, als nur das Setting mit seinem größeren Umfeld vorzustellen. Diese Einstellung fungiert als zentraler Handlungsträger, und sie kehrt - unterbrochen von den anderen Einstellungen - (quasi als *reestablishing shot*) mehrfach wieder. Sie definiert das Aktionsfeld, den Handlungsraum; ihre Grenzen sind wie perforierte Rahmen - ein wenig geöffnet für die szenische oder filmische Passage, aber dennoch ein relativ fixes, in sich abgestimmtes und aufeinander bezogenes Ensemble bildend.

Abb. 38-43: Das filmische Tableau in der Entfaltung eines handlungbezogenen und raumzeitlichen Kontinuums (*Architekt*).

Abb. 38. 1-3

Abb. 39.1-3

Die Mittelachse der symmetrischen Komposition, die durch einen Obelisken betont wird, besetzen die Figur des Architekten sowie die Geburtstagstorte, die Boullées Newton-Kenotaph nachgebildet ist. Inszenatorisch und kompositorisch sorgfältig gestaltet und ausgeklügelt (die gedachten Verlänge-

Abb.40.1-3

Abb. 41.1-3

rungen der Tischkantenschrägen der seitlichen Tische im Vordergrund tangieren beispielsweise die Umrißlinien der Torte), bildet diese Einstellung zwar eine zentrale, aber dennoch nur eine von mehreren anderen Einstellungen einer Sequenz.

Anfangs führt eine langsame Kamerafahrt in einer seitlich zurückweichenden, halbkreisförmigen Bewegung zu diesem Ensemble hin (Abb. 38.1-3). Der Rahmen des Bildfeldes verschiebt sich: Zunächst ist der Portikus des

Pantheon zu sehen, dann taucht ein Strauch oder eine Hecke im Vordergrund auf, schließlich die Gesellschaft, und sobald diese in achsensymmetrischer Verteilung im Bildfeld eingefangen ist, endet die gleitende Bewegung der Kamera. Die Tischgesellschaft ist zuerst verdeckt durch die Torte im Vordergrund und zwei Bedienstete, die sie zum Tisch tragen, dort absetzen und dann seitlich aus dem Bild verschwinden (Abb. 38.3); die beiden Assistenzfiguren, die für das Geschehen von untergeordneter Bedeutung sind, bewegen sich also in den Raum hinein und durchstoßen anschließend die seitlichen Bildgrenzen; von links taucht der eine kurz darauf wieder auf, um den Anwesenden einzuschenken.

Währenddessen hat sich eine andere Gestalt erhoben und spricht ein paar Begrüßungsworte für den Architekten und gibt seiner Zuversicht Ausdruck, daß die geplante Ausstellung über Étienne-Louis Boullée ein Erfolg werden wird. Bei der Nennung des Namens wird geschnitten, und der Betrachter sieht das ganze Arrangement unvermittelt von hinten - der Name Boullées ist jetzt, in großen roten Lettern auf einem weißen Transparent prangend, sichtbar (Abb. 39.1). Der Schnitt um die 180°-Achse, der das gesamte Ensemble von hinten wiedergibt, nimmt keinen subjektiven Blick eines Protagonisten auf. Er präsentiert gleichsam die Rückseite des *filmischen Tableaus* und erweitert den filmischen Raum um die bis dahin unsichtbaren Tische des Restaurants im Vordergrund und um die Dachkonstruktion sowie das Transparent über beziehungsweise hinter der Gesellschaft. Dieser sich an formal-abstrakten Erwägungen orientierende Anschluß ist ungewöhnlich; ein solcher Übergang irritiert für einen kurzen Moment, und der Zuschauer muß sich orientieren.

Abb. 42.1-3

Abb. 43.1-3

Dann erfolgt der Schnitt zurück auf die Einstellung en face, der Architekt Stourley Kracklite erhebt sich, um den Dank zu erwidern (Abb. 39.2). Im folgenden werden Einstellungen montiert, die verschiedene Details und kleinere Einheiten des Ensembles zeigen: die Torte, den Architekten, den Architekten und seine Frau, die Einpfundnote.[327] Dazwischen kehrt die Einstellung in der Totalen mehrfach wieder. Gegen Ende des ersten Teils dieser Sequenz gehen die Akteure ab, indem sie sich in die Tiefe des Raumes auf den Pantheon zu bewegen. Dies geschieht gemäß einer präzisen symmetrischen Choreographie: Zuerst erheben sich die beiden hinter dem Tisch außen Sitzenden, dann der Architekt in der Mitte und die beiden ganz außen an den Schmalseiten Plazierten, zum Schluß die zwei Frauen (Abb. 43.1/2).

Diese Sequenz vereint viele der für Greenaway charakteristischen Verfahren innerhalb seiner frühen Spielfilme. Die Handlung wird in Gestalt eines *filmischen Tableaus*, einer tableauartigen Einstellung entfaltet, die szenisch, filmisch und mittels der Montage gleichsam geöffnet wird. Diese Bewegungen unterliegen bestimmten stilistischen Grundsätzen, die narrativen und formal-abstrakten Erfordernissen gehorchen. Und diese Bewegungen steuern und fordern die Wahrnehmung des Betrachters auf eine spezifische Art und Weise.

Lessing differenzierte im *Laokoon* zwischen Malerei und Poesie, wobei er die Malerei als Kunst, die sich im Raum, die Poesie als eine, die sich in der Zeit entfaltet, begriff. Diese Zuordnung ist zu Recht häufig kritisiert worden. Jacques Aumont argumentiert einerseits, daß auch die Wahrnehmung einer 'Zeitkunst', wie sie diejenige angesichts des Films darstellt, nicht in einer einfachen Abfolge vonstatten geht, sondern im Vorgang des Zusammenfassens, Vergleichens, Einordnens durch das Gedächtnis in einem gewissen Nebeneinander, quasi im Raum, organisiert wird.[328] Ernst Gombrich, Rudolf Arnheim oder Jurij Lotman kontern andererseits damit, daß im komplexen und höchst aktiven Vorgang der Wahrnehmung die Rezeption eines Gemäldes in der Zeit erlebt wird.[329]

Arnheim differenziert die Medien auf andere Weise als Lessing, denn im Vorgang der Rezeption eines Gemäldes wird für ihn das simultan Existieren-

327 Die Einpfundnote, auf der Newton abgebildet ist, enthält, so verrät der Architekt seiner Nachbarin, eine Anspielung auf die Schwerkraft: die Apfelblüte. Diese Sichtweise ist perfekter Ausdruck des Vorgehens Greenaways, der seine Filmbilder als Bilderrätsel gestaltet.

328 Aumont (Paris) 1989, S. 137: „Déroulée dans le temps, l'œuvre n'est pas pour autant recue comme un simple défilement, mais donne lieu à un infini processus de sommation, de comparaison, de classement, bref, de mémoire, qui, par définition, fixe le temps - dans une sorte d''espace', si l'on y tient."

329 Vgl. Gombrich 1984: Gombrich führt aus, daß die Idee eines „punctum temporalis" (unter Verweis auf das Zeno-Paradox) nicht nur logisch, sondern ebenfalls vom psychologischen Standpunkt aus absurd ist - aufgrund der Langsamkeit des Auges und dadurch, daß jede Wahrnehmung mit Erinnerungen und Vorwegnahmen im Bewußtsein des Betrachters verknüpft ist.

de zwar stets in der Sukzessivität des Sehakts erfahren, doch dieser ist weitgehend nicht im Kunstwerk angelegt.

> Der wesentliche Unterschied zwischen beiden künstlerischen Medien ist nicht, daß das eine auf der Zeit und das andere auf dem Raum beruht, sondern daß die Folge, in der die Teile einer Komposition miteinander verbunden werden sollen, beim Tanz oder Bühnenstück vorgeschrieben ist, während dieser Leitfaden bei einem Bild oder Bauwerk fehlt. Die zeitliche Ordnung unserer Wahrnehmung gehört nicht zur Komposition, wenn wir eine Statue oder ein Bild betrachten, wie bei einem Tanz.[330]

Im Film wird die „Reihenfolge des Lesens" festgelegt:

> Die Einstellung als diskrete Einheit hat doppelte Bedeutung: sie bringt die Elemente der Unterbrechung, Gliederung und Einteilung sowohl in den Raum als auch in die Zeit des Films. (...) Alles Sichtbare, das in der realen Welt räumliche Ausdehnung hat, kann man im Film als zeitliche Kette organisieren, indem man es in Einstellungen zerlegt und ihrer Abfolge nach anordnet. Nur der Film - als einzige der Künste, die mit optischen Phänomenen umgehen - kann die Gestalt eines Menschen als zeitlich geordneten Satz aufbauen. Die psychologische Erforschung der Wahrnehmung von Malerei und Plastik zeigt, daß auch dort der Blick am Text entlangwandert und eine gewisse Abfolge des 'Lesens' herstellt. Allerdings bringt die Gliederung im Film etwas prinzipiel Neues in diesen Prozeß. Erstens: die Reihenfolge des Lesens ist zwingend und eindeutig festgelegt, und damit entsteht eine Syntax. Zweitens: diese Anordnung gehorcht nicht den Gesetzen einer psycho-physiologischen Mechanik, sondern der Zielgerichtetheit einer künstlerischen Idee, den Sprachgesetzen einer bestimmten Kunstgattung.[331]

Im Kapitel *Das Tableau im Film* war am Beispiel des Gemäldes von Januarius Zick vorgeführt worden, wie ein gemaltes Werk filmisch aufgegliedert werden kann: Einzelne Ausschnitte des Bildes werden selektiert und miteinander kombiniert, so daß eine Syntax, eine Blickanweisung entsteht, die die Erkundung des Bildes anleitet. Aber selbst wenn das Gemälde im Film in seiner Gesamtheit wiedergegeben ist, bleibt die Gelegenheit seiner visuellen Erkundung begrenzt durch seine Präsenz, das heißt die Dauer seiner

---

330 Arnheim, Rudolf, Kunst und Sehen. Eine Psychologie des schöpferischen Auges, Berlin 1965, S. 327. Unter anderen widerspricht auch Theissing dieser Klassifizierung und Polarisierung in eine 'Raumkunst' auf der einen und eine 'Zeitkunst' auf der anderen Seite. Theissing 1987, S. 28. Vgl. auch Aumont (Paris) 1989, S. 137f.: „Je réclamais pour la peinture le droit d'être traitée comme un art du temps. Il s'agit tout simplement, maintenant, de prendre le cinéma comme un art de l'espace."
Eco unterscheidet seinerseits zwischen der Zeitlichkeit plastischer Werke, den Installationen eines Calder, und dem Film: „Die Mobilität kann sequentiell sein (wie im Film) oder punktuell-global wie beim Mobile. Daraus ergeben sich verschiedene Dynamiken der Wahrnehmung des Ausdrucks." Eco, Umberto, Die Zeit in der Kunst, in: ders., Über Spiegel und andere Phänomene, München 1990, S. 143-154, hier: S. 146.

331 Lotman 1977, S. 41.

Projektion. Dasselbe gilt für das *filmische Tableau*. Während angesichts eines Gemäldes die innere Bildzeit und diejenige der Betrachtung voneinander unabhängig sind, ist im Film die Betrachtungszeit untrennbar von der Projektionszeit. Der Betrachter kann die Detailaufnahme der Torte beim Empfang des Architekten als (Film-)Tableau-im-(Film-)Tableau mit derselben Freiheit in puncto Augenführung erkunden wie die Totale der Tischgesellschaft - dies betrifft keine grundsätzliche Differenz, sondern eine der Informationsmenge, der Datenfülle. Doch in der Zerlegung eines *filmischen Tableaus* in eine Sequenz von Einstellungen mit voneinander abweichenden Perspektiven und Einstellungsgrößen ist die Wahrnehmung zugleich einer sukzessiven Ordnung unterworfen, ist der Betrachter den zuvor selektierten, kombinierten und zeitlich strukturierten Teilen zu folgen angewiesen.

Die Einstellung im Film kadriert demzufolge ein bildmäßiges (simultanes) Ensemble und stellt zugleich ein (sukzessives) Bewegungs-Bild dar. Für die Einstellung im Film trifft also beides zu: Die zeitliche Abfolge der Wahrnehmung ist hinsichtlich der gegebenen Bildstruktur (dem szenischen Raum, der Kompositon innerhalb des Bildfeldes) relativ freigestellt, und die zeitliche Abfolge der Wahrnehmung ist zugleich in der diese (simultane) Struktur durchdringenden fixierten (sukzessiven) Sequenz der Bewegungsmomente verbindlich mitgegeben. Im Film existiert daher eine komplexe dialektische Beziehung zwischen Simultanem und Sukzessivem: Einerseits wird das Simultane im Vorgang des Sehakts zeitlich aufgegliedert und andererseits das Sukzessive im 'geistigen Raum' nebeneinandergeordnet, und diese beiden Bewegungen durchdringen und affizieren einander fortwährend. Im Vergleich zum üblichen, schnellen Wechsel der Einstellungen kann - mit den medial bedingten Einschränkungen und Differenzen - formuliert werden, daß das Verhältnis von angeleiteter und freier Blickfolge in den *filmischen Tableaus* relativ zugunsten der freien, bildmäßigen verschoben ist und daß der Sehakt angesichts dieses Film-Bildes sich tendenziell demjenigen angesichts eines Gemäldes annähert.

Im Gegensatz zum Gemälde oder *Tableau vivant* findet im Fall des *filmischen Tableaus* keine zeitliche Aufgliederung eines an sich statischen Ensembles statt, sondern eine, die zugleich - als raumzeitliche Entfaltung einer Erzählhandlung - einer Veränderung in der Zeit Rechnung trägt und Ausdruck verleiht. Die Einstellung ist zugleich affiziert von der unmittelbaren zeitlichen Entwicklung bezogen auf die Entfaltung einer Narration. Wenn beispielsweise am Ende jenes Teils der Sequenz, in der der Architekt in Rom begrüßt wird, die zerstörte Torte in Großaufnahme zu sehen ist (Abb. 43.3), handelt es sich nicht einfach um ein Detail, das, von Anfang an in der Totalen sichtbar, nun nochmals gesondert herausgestellt wird; vielmehr ereignete sich im Verlauf der Sequenz ein sukzessiver, narrativer Prozeß, der gleichsam seine Spuren an der anfangs so makellos weißen und perfekt geformten Süßspeise hinterlassen hat (Abb. 39.3). Die Torte, ein Modell des Entwurfs von Boullée und ein symbolisches Modell der Vision des Architekten Stourley Kracklite, wird bezeichnenderweise von seiner Frau und seinem jungen Nebenbuhler zerschnitten (Abb. 41.3). Was bleibt, sind die Überreste (Abb. 43.3), das antizipierte Ende als Bild der Ruine eines Traums[332] - vergleichbar mit den verbrannten Zeichnungen oder der zerstörten Apparatur am Ende von *Der Kontrakt des Zeichners* beziehungsweise *von Ein Z und zwei Nullen.*

In der Wiedergabe unmittelbarer Bewegung als projizierter Abfolge von Bewegungsbildern entwickelt sich demzufolge der Spielfilm in einer fortwährenden Dialektik von Simultanem und Sukzessivem, von freier und angeleiteter Wahrnehmung in der Entfaltung einer Narration.

Auch in den langen Einstellungen stellt sich angesichts von Greenaways Spielfilmen niemals der Eindruck meditativer Ruhe oder kontemplativer Beschaulichkeit ein. Der Zuschauer ist gefordert, die visuellen formalen und inhaltlich-allegorischen Daten im Verein mit den akustischen Informationen, insbesondere den zahlreichen Dialogen, zu verarbeiten. Greenaways Film-Bilder sind häufig geradezu gesättigt von Daten, und um diese zu bewältigen, sind seine Filme zudem (zusätzlich zur langen Verweildauer einzelner Einstellungen) darauf angelegt, mehrmals gesehen zu werden.

Zu dem Parameter der Einstellungslänge kommen noch andere ins Spiel, die die Informationsdichte und die Wahrnehmbarkeit beeinflußen: die Einstellungsgröße und die Schärfentiefe. Greenaway wählt häufig hohe Einstellungsgrößen und bildet alles in einer homogenen Schärfe ab. Niemals wird eine Ebene oder eine Zone des Bildes scharf gegenüber einer unscharfen hervorgehoben. Dies würde eine Subjektivität ins Bild bringen, die der sonstigen mechanischen Verfahrensweise - es sei beispielsweise an die Bewegung der Kamera erinnert - zuwiderlaufen würde. Die hohe Einstellungsgröße und die optische Klarheit der Schärfentiefe sowie die Einstellungslänge bewirken, daß das Auge des Betrachters über das Film-Bild schweifen kann, und sie sind Ausdruck einer allgemeinen Konzeption, die sich nicht allein auf die Handlung der 'Stars' konzentriert, sondern die Darsteller in ein größeres Ensemble integriert, das die ästhetische Gestaltung, die formalen Werte, die symbolische Bedeutung gleichermaßen umfaßt.

---

332 Vgl. Barchfeld 1993, S. 122f.

Räumliche und intellektuelle Distanz

Im Film wird nicht nur die zeitliche, sondern auch die räumliche Ordnung im Wechsel der Perspektiven und Distanzen organisiert und fixiert. Unter erzählstrategischem Gesichtspunkt betrachtet, realisiert die Kameraperspektive in ihrer Choreographie der Bewegungen sowie der Montage in Greenaways Spielfilmen anscheinend ein auktoriales Konzept des Erzählens[333], wobei jedoch die „Innenperspektive", über die ein auktorialer Erzähler verfügt, zugunsten der „Außenperspektive"[334] vernachlässigt wird. Aber in seinen Spielfilmen ist die „Organisation des Blicks und der Blickfolge" als sukzessiv-syntaktische Staffelung des *filmischen Tableaus* in ein oder mehrere kleinere Bildfelder nicht ausschließlich oder vorrangig daran orientiert, ein dramatisches, narratives Geschehen visuell zu vermitteln, sondern ist, wie dargestellt, ebenfalls davon unabhängigen formal-ästhetischen Kriterien und der Konstruktion der allegorischen Dimension verpflichtet.

Der Wechsel von objektiver und subjektiver Kamera ist im Film, insbesondere in der Tradition des klassischen Erzählkinos, ein ständig verwendetes Mittel, die „erzählerische Potenz des Mediums zu steigern", den Informationsfluß zu regulieren und die „identifikatorische Nähe" zu erhöhen.[335] Dies findet bei Greenaway nur eingeschränkt statt, denn es gibt diese Übergänge nur bedingt, da selbst die Wiedergabe eines 'subjektiven' Blicks eigenartig 'objektiv' geschieht: Beim Zerschneiden des Bandes (Abb. 41.1), dem Anschneiden der Torte, der Betrachtung der Einpfundnote (Abb. 42.1-3) wird die Position des Gegenüber aufgebrochen, und der Betrachter sieht auf das Geschehen von der anderen Seite des Tisches beziehungsweise des Raumes. Einerseits scheinen diese Detailaufnahmen durch den subjektiven Blick der Handelnden motiviert (Abb. 42.2), und andererseits sind sie relativ autonom abgebildet. Niemals wird aufnahmetechnisch die Wahrnehmung eines schauenden Subjekts simuliert, es gibt beispielsweise keinen Schwenk, der einen

---

333 Vgl. Hickethier 1993, S. 126: „In die Organisation des Blicks und der Blickfolge ist (...) ein Wissen um die gesamte Erzählung bzw. der Darstellung enthalten. Mit dem Wissen um die Gesamtheit der Geschichte entwickelt der Erzähler seine erzählerischen Strategien. Erkennbar ist dies daran, daß im Spielfilm die Kamera oft weiß, was die Figuren, die sie wahrnehmen, tun werden. Dazu gehört auch, daß die Erzählposition innerhalb eines Geschehensvorgangs wechselt und dabei das Geschehen aus wechselnden Ansichten aufgenommen wird. Das Erzählen ist auf diese Weise in die Kamerahaltung und über sie in den Ablauf des Geschehens integriert."

334 Ebd.

335 Ebd., S. 127f.

wandernden Blick nachahmt; statt dessen fokussieren ein Schnitt und eine kleinere Einstellungsgröße auf die auf dem Geldschein abgebildete Apfelblüte (Abb. 42.3) Die Geldnote wird zudem ohne ihr Umfeld gezeigt. In diesem Fall ist nicht einmal die Hand, die ihn hält, im Bild zu sehen. In ähnlicher Weise werden in Greenaways Spielfilmen häufig Detailaufnahmen - von Zeichnungen, Fotos, Architekturplänen, Schriftstücken, Ansichtskarten Buchseiten usw. - selbst wenn sie aus einer Figurenperspektive heraus aufgenommen sind, als eigenwertige semiotische Systeme behandelt eingeblendet. Die Kamera imitiert nicht die Aktivität eines schauenden Subjekts. Sie ist stets, selbst wenn der Blick eines Akteurs aufgenommen wird, als mechanisches Auge erkennbar, dessen Sehfeldbegrenzungen ein Objekt oder ein Ensemble rahmen. Hier dominiert die zentralperspektivische Konstruktion, die die 'Sehstrahlen' in *einem* Auge bündelt[336]: visualisiert und realisiert in der Apparatur des Zeichners ebenso wie in der Kamera. „Die Konzeption des Quattrocento Systems" schreibt Stephen Heath, „ist die eines szenographischen Raumes, Raum gestaltet als Schauspiel für das Auge des Zuschauers. Auge und Wissen treffen sich; Subjekt, Objekt und die Distanz einer stetigen Beobachtung, die dem einen erlaubt das andere zu beherrschen; die Szene mit ihrer Strenge der Geometrie und Optik."[337]

Im Fall der symmetrischen Organisation des Bildfeldes wurde die Stellung des Betrachters angesichts eines *filmischen Tableaus* deutlich: Er begegnet einem Arrangement, das auf einen Betrachter bezogen ist, aber auf einen abstrakten, idealen, der (wie vor einem Gemälde) auf Distanz gehalten wird.[338] Das ist nicht die Art filmischen Raumes, die den Zuschauer in seine Welt entführt. Dieser Raum ist derart konzipiert, daß er Raum intellektueller Anschauung bleibt. Daran ändern auch die Parzellierungen und die geometrisch vollzogenen Segmentierungen per Schnitt und damit die Wechsel des *point of view* nichts, die es dem Zuschauer erlauben, in das *filmische Tableau* gleichsam einzudringen, denn auch vor jedem Sub- und Para-Ensemble sieht er sich in derselben distanzierten Situation und Position. Solche (Unter- und

---

336 Vgl. zu diesem Aspekt, daß die Kamera ein Erbe der wissenschaftlichen Perspektive der Renaissance darstellt, den Aufsatz von Lynne Kirby, die hier ihrerseits Pascal Bonitzers *Décadrages* kritisiert: Kirby, Lynne, Painting and Cinema: The Frames of Discourse, in: Camera obscura (Berkeley, Kalifornien), Nr. 18, Sept. 1988, S. 95-105, hier: S. 96

337 Heath 1976, S. 77.

338 Vgl. Housen, Jean, Espace plastique et espace filmique, in: Revue Belge du Cinéma, Herbst 1983, Nr. 5, S. 49: „L'espace filmique suppose un spectateur qui soit a`la fois hors et dans l'espace, tandis que l'espace pictural établit une clair distinction entre l'espace et son spectateur, l'un faisant front à l'autre."

Neben-)Einheiten wirken, auch wenn sie in der Regel nur für kürzere Zeit im Bild sind, wie relativ eigenständige Tableaus oder Stilleben - aufgrund eines konstanten Bildfeldes und einer in sich ausgewogenen kompositionellen Gestaltung. Was sichtbar ist, hält die Spannung zwischen Bildebene und Raum, Leinwand und seinen Begrenzungen wach. Der Raum bei Greenaway ist ein (von dem szenographischen Raum der Narration) relativ autonomer Raum; er ist manchmal vorher da und bleibt noch nach der Handlung, er ist - wie im vorigen Kapitel über die formalen Konstruktionsprinzipien ausgeführt - eine Folie für Bewegungsvorgänge, seine Grenzen kadrieren ein auf die Fläche bezogenes kompositionell ausgewogenes Ensemble, und seine Konstruktion hinsichtlich des Wechsels von einer Einstellung zur folgenden geschieht gemäß formal-abstrakter Prinzipien.[339]

„Aber schon vom Konzept her", schrieb Gilles Deleuze angesichts des Bildfeldes im Film, „können die Grenzen in zweierlei Weise begriffen werden, mathematisch oder dynamisch: sie sind vor der Existenz eines Körpers da, dessen Essenz sie festlegen, oder sie gehen genau so weit, wie die Kraft des existierenden Körpers reicht."[340] Greenaways Gestaltungsweise ist die „mathematische": Die Begrenzungen der Film-Bilder in Greenaways Spielfilmen definieren alles in ihnen Enthaltene ostentativ als *Rahmen*, indem das Abgebildete stets zugleich als ein auf die Fläche des Bildfeldes Projiziertes gedacht erscheint und das Bildfeld als ein zentripetales aufgefaßt ist.[341] Die daraus resultierende Distanzierung geschieht in Analogie zur Malerei: „Es ist wahr, das sich unser Blick auf den Film und auf die Malerei voneinander unterscheiden. Die Malerei trägt in sich ein Vermögen der Distanzierung, das ich sehr schätze: sie hat die Fähigkeit die ihr eigenen Mittel (Komposition, Farbe) und das Bild selbst zu verschließen: die 'Ikone', die betrachtet werden kann ohne emotionale Identifikation."[342]

Das *filmische Tableau* präsentiert das Geschehen in Analogie zu Darstellungsweisen des Theaters und der Malerei.[343] Die szenische Entfaltung der

339 Vgl. Heath 1976, S. 105f.: Heath stellt einige vergleichbare Merkmale angesichts der Filme von Ozu fest.

340 Deleuze, Gilles, Das Bewegungs-Bild - Kino 1, Frankfurt a.M. 1989, S. 28f.

341Vgl. Spielmann, Yvonne, Framing, Fading, Fake: Peter Greenaways Kunst der Regeln, in: Jochim Paech (Hg.), Film, Fersehen, Video und die Künste - Strategien der Intermedialität, Stuttgart . Weimar 1994, S. 132-149, hier: S.137ff.

342 Greenaway in einem Gespräch mit Philippe Pilard, in: ders., Peter Greenaway, Paris 1987, S. 94-118, hier: S. 110.

343 Mit Blick auf die Anteile, Anlehnungen und Analogien, die sich durch die Orientierung an den Medien des Theaters und der Malerei ergeben, darf nicht verwischt werden, was hier die

Handlung innerhalb eines fest umrissenen Bildraumes ist ein Charakteristikum des klassischen Theaters; als flächenbezogenes, bildmäßiges System, so kann resümiert werden, integriert das *filmische Tableau* dagegen Strukturprinzipien in Analogie zur Malerei in den Film: Es verlangsamt scheinbar - aufgrund der Dauer und Konstanz seiner Präsenz sowie seiner inneren, raumzeitlichen Strukturierung - den Strom der Bilder; es negiert weitgehend jegliches Off, realisiert das inhaltliche Geschehen sowie die formal-kompositorischen Werte im *onscreen space* und konstituiert mit diesen Entscheidungen einen virtuellen Rahmen. Es verankert den Betrachter in der Position eines Gegenüber und weist ihm die Freiheit und Arbeit seiner Erkundung zu.

Qualität des Mediums Film ist und bleibt: die *découpage*, die Szenenaufgliederung, die Zerlegung eines *filmischen Tableaus* in unterschiedliche Einstellungen und damit Blickwinkel und Einstellungsgrößen, die Rhetorik der Bildfolgen (einschließlich der Bild-Wort-Kombinationen), die spezielle Konstruktion des Raum-Zeit-Handlungs-Kontinuums...

Aus-Blick

> Das Kino stirbt im sozialen wie im technischen Sinn. All die Kraft, die Phantasie, das wissenschaftliche Interesse der Epoche haben sich vom Kino wegbewegt. Ins Fernsehen zum Beispiel. Für mich ist das nicht besonders beunruhigend, denn ich halte das Fernsehen für ein viel reicheres, intelligenteres Medium als das Kino. *Der Koch, der Dieb, seine Frau und ihr Liebhaber* ist noch ein reiner Kinofilm, deshalb habe ich ja das Breitwandformat gewählt. Aber ich werde dem Kino keine Träne nachweinen. Die 2000 Jahre der abendländischen Malerei interessieren mich mehr als die 100 Jahre des Films. Das Fernsehbild ist nicht nur billiger herzustellen, es kann auch viel mehr Bedeutungsebenen tragen als das teure, schwerfällige Kinobild. Es wird immer Bilder geben, gleichgültig auf welche Weise sie hergestellt werden.
>
> Peter Greenaway[344]

Eine Möglichkeit der Begegnung von Malerei und Film in Greenaways Filmen wurde bislang ausgeklammert: das Verfahren, das Material direkt zu bearbeiten, wie dies in *Prosperos Bücher* mit Hilfe digitaler Manipulation praktiziert wurde. Durch die Entwicklung des hochauflösenden Bildschirms (HDTV) gelang es, obgleich unter gewissen Einbußen hinsichtlich der Bildqualität, das Potential der Bildbearbeitung der Videotechnik zu nutzen und anschließend das elektronische Bild auf den (35-mm-)Film als Bildträger zu übertragen. Die von Greenway so geschätzten Bild-im-Bild-Kompositionen avancieren in *Prosperos Bücher* zu bewegten Bildern in bewegten Bildern, zu Einstellungen-in-Einstellungen: Insbesondere im ersten Drittel des Films öffnen sich ständig 'Fenster', bilden sich Rahmen, in denen sich Bilder zweiter oder auch dritter Ordnung in der Art komplexer visueller „Cluster"[345] überlagern.

Die Verwendung einer sogenannten Paintbox erlaubt es, das elektronisch erzeugte Bild digital zu bearbeiten. Mit Hilfe eines solchen „elektronischen Malkastens"[346] können innerhalb der aufgerufenen Bilder die Beziehungen der Objekte zueinander, ihre Ausmaße, ihre Farben verändert werden; es können

344 Greenaway in einem Gespräch mit Andreas Kilb, in: Die Zeit, Nr. 48, 24. Nov. 1989, S. 69.

345 Spielmann, Yvonne, Peter Greenaways Kunst der Regel, in: Film, Fernsehen, Video und die Künste. Strategien der Intermedialität, Joachim Paech (Hg.), Stuttgart - Weimar 1994, S. 132-149, hier: S.134f.

346 Messias, Hans, High-Tech-Barock, Peter Greenaway und 'Prosperos Bücher', in film-dienst, Nr. 24, 26. Nov. 1991, S. 10f., hier S. 11.

die Seiten vertauscht, das Bild gedreht werden, Elemente des Bildes animiert werden, während die Umgebung unbewegt bleibt, und mit dem elektronischen Stift kann auf (in) die Vorlage geschrieben, gezeichnet, gemalt werden. „Ich begann als Maler", sagt Greenaway, „und ich glaube immer noch, daß die Malerei die höchste experimentelle visuelle Kunstform ist. Aber es gibt einen Weg, der dies nicht nur kombiniert mit der Sprache des Fernsehens und Films, sondern zudem malerische ('painterly') Werte zurückbringt, was sehr aufregend ist. Die Paintbox, wie ihr Name sagt, verbindet das Vokabular des elektronischen Bilder-Machens mit der Tradition des Künstlers: Feder, Palette und Pinsel. Nun weiß ich, daß Kino nicht Malerei ist und umgekehrt, aber da ist eine ganze Sprache, die in filmische Ausdrucksweisen eingebracht werden kann und die das Kino tausendmal spannender und interessanter machen."[347]

Im Rahmen dieser Arbeit wurde dieser Komplex hinsichtlich seiner ästhetischen Komponente nicht ausführlicher dargestellt, weil er einen stark erweiterten, die neuen Medien einbeziehenden Filmbegriff voraussetzt. Hier ist, wie es Yvonne Spielmann formuliert, „der Wirklichkeits- und Abbildbezug (...) durch den Sprung von analog zu digital endgültig obsolet geworden".[348] Das Medium Film wird in einer Weise modifiziert, daß einige, und zu ihnen gehört Greenaway, den Tod des Kinos erklären.[349] Es ist durchaus prognostizierbar, daß das Medium Film, das auf dem Zelluloidstreifen als materiellem Bildträger beruht, an Bedeutung einbüßen oder sogar verschwinden wird. Inwiefern dies den dann nunmehr digital gespeicherten Film selbst modifizieren wird und wie weit sich mit den digitalen Produktionsverfahren auch die Rezeption verändern wird, muß sich erweisen.

Die Erfindung der Fotografie, dann des Films, jetzt der neuen Medien - die jüngere und jüngste Kulturgeschichte des technischen Bilderproduzierens und -reproduzierens und die enormen sozialen, politischen, wirtschaftlichen und wissenschaftlich-technischen Veränderungen innerhalb dieses Zeitraums, verweisen auf die Geschichte eines Wandels der Welt, die zugleich die ihrer medialen Vermittlung und Wahrnehmung ist. Der Komplex historischer und technisch-medialer Entwicklungen affiziert die traditionellen Kunstformen hinsichtlich ihrer Produktions-, Reproduktions-, und Rezeptionsbedingungen.

---

347 Greenaway, Peter, zit. n. einem Artikel in Screen International, Nr. 824, 13. Sept. 1991, S 16 u. 18, hier: S. 18.

348 Spielmann 1994, S. 146.

349 Vgl. Greenaway, Peter, in einem Gespräch mit Beat Glur, „Kino ist eine aussterbende Kunstform", in: Zoom, Nr. 20, 1991, S. 26-30.

Die medialen Entwicklungen ermöglichen darüber hinaus die Brückenschläge von einem Medium zum anderen, die Begegnungen, Auseinandersetzungen, Aneignungen, Vermischungen: die hybriden Werke. Wie immer man sich dazu verhält, ob affirmativ wie Greenaway oder in der Position einer Abgrenzung - eines bleibt davon unberührt: Der Begriff von Kunst und Werk hat sich verändert, und er verändert sich weiter.

Filmographie

The DRAUGHTSMAN'S CONTRACT (*Der Kontrakt des Zeichners*) 1982
Peter GREENAWAY Regie und Buch, David PAYNE Producer, Curtis CLARK Kamera
Darsteller: Anthony HIGGINS, Janet SUZMAN, Anne Louise LAMBERT, Neil CUNNINGHAM, Hugh FRASER

A ZED & TWO NOUGHTS (*Ein Z und zwei Nullen*) 1985
Peter GREENAWAY, Regie und Buch, Koproduktion GB/Holland. Peter SAINSBURY, Kees KASANDER Producer, Sacha VIERNY Kamera
Darsteller: Andréa FERRÉOL, Brian DEACON, Eric DEACON, Frances BARBER, Joss ACKLAND, Jim DAVIDSON, Agnes BRULET, Guusje van TIBORGH -

The BELLY OF AN ARCHITECT (*Der Bauch des Architekten*) 1987
Peter GREENAWAY Regie und Buch, Koproduktion GB/Italien. Colin CALLENDER, Walter DONOHUE Producer, Sacha VIERNY Kamera
Darsteller: Brian DENNEHY, Stourley Kracklite, Chloe WEBB, Lambert WILSON, Sergio FANTONI, Stefania CASINI

DROWNING BY NUMBERS (Verschwörung der Frauen) 1987-88
Peter GREENAWAY Regie und Buch, Koproduktion GB/Holland. Kees KASANDER, Denis WIGMAN Producer, Curtis CLARK Kamera
Darsteller: Joan PLOWRIGHT, Juliet STEVENSON, Joely RICHARDSON, Bernard HILL, Jason EDWARDS

The COOK THE THIEF HIS WIFE & HER LOVER (*Der Koch, der Dieb, seine Frau und deren Liebhaber*) 1989.
Peter GREENAWAY Regie und Buch, Koproduktion GB/Frankreich.
Kees KASANDER, Denis WIGMAN, Pascale DAUMAN Producer, Sacha VIERNY Kamera
Darsteller: Helen MIRREN, Michael GAMBON, Alan HOWARD, Richard BOHRINGER, Ian DURY

Literaturverzeichnis

Ackermann, James, Alberti's Light, in: Studies in Late Medieval Painting in Honour of Millard Meiss, Irving Lavin und John Plummer (Hg.), 2 Bde., New York 1977, Bd. 1.

Albersmeier, Franz-Josef (Hg.), Texte zur Theorie des Films, Stuttgart 1979.

Alberti, Leon Battista, Erstes Buch über die Malerei, in: L. B. Albertis Kleinere Kunsttheoretische Schriften, übersetzt und erläutert von Wilhelm Braunmüller, Wien 1877.

Alekan, Henri, Des Lumières et des Ombres, Paris 1979.

Alekan, Henri, in einem Interview mit Mona de Pracontal, in: La Revue du Cinéma, März 1985, S. 42-45.

Alpers, Svetlana, Holländische Malerei des 17. Jahrhunderts, Köln 1985.

Alpers, Svetlana, „Ut pictura, ita visio“ - Keplers Modell des Auges und das Bildermachen im Norden, in: dies., Kunst als Beschreibung, Holländische Malerei des 17. Jahrhunderts, Köln 1985, S. 79-146.

Alpers, Svetlana, Kartographie und Malerei in Holland, in: dies., Kunst als Beschreibung - Holländische Malerei des 17. Jahrhunderts, Köln 1985, S. 213-286.

Arnheim, Rudolf, Kunst und Sehen. Eine Psychologie des schöpferischen Auges, Berlin 1965.

Arnheim, Rudolf, Malerei und Film (1934), in: Diederichs, Helmut H. (Hg.), Kritiken und Aufsätze zum Film, München-Wien 1977, S. 151-153.

Asemissen, Hermann Ulrich, Jan Vermeer - Die Malkunst, Frankfurt a. M. 1988.

Aumont, Jacques, L'œil interminable, Cinéma et Peinture, Paris 1989.

Aumont, Jacques, The Point of View, in: Quarterly Review of Film and Video XI/2, Vol. 11, Nr. 2, Aug. 1989, S. 1-22.

Badt, Kurt, ‘Modell und Maler’ von Jan Vermeer, Köln 1961.

Bätschmann, Oskar, Einführung in die kunstgeschichtliche Hermeneutik, Darmstadt 1984.

Barchfeld, Christiane, Filming by Numbers: Peter Greenaway - Ein Regisseur zwischen Experimentalkino und Erzählkino, Tübingen 1993.

Baron, A. M., Tableaux vivants du cinéma, in: Cinéma, Nr. 420, Dez. 1987, S. 7-10.

Barthes, Roland, S/Z, Frankfurt a.M. 1976.
Baumgart, Fritz, Die 'Falschspieler' Caravaggios, in: Das Werk des Künstlers I, 1939-40, S. 482-524.
Baumgart, Fritz, Caravaggio - Kunst und Wirklichkeit, Berlin 1955.
Bazin, André, Qu'est-ce que le cinéma?, Paris 1981.
Beilenhoff, Wolfgang (Hg.), Poetik des Films, München 1974.
Belting, Hans u.a. (Hg.), Kunstgeschichte - Eine Einführung, Berlin 1985.
Benjamin, Walter, Das Kunstwerk im Zeitalter seiner technischen Reproduzierbarkeit, in: Illuminationen, Frankfurt a.M. 1977.
Berger, John, goodbye, in: Sight & Sound, Juni 1991, S. 14-17.
Bock, Henning u. Thomas W. Gaehtgens (Hg.), Holländische Genremalerei im 17. Jahrhundert, Berlin 1987.
Bodmer, Michel, Albert will den Rivalen Michael fressen, in: Die Weltwoche, Zürich, 14.09.1989.
Bodmer, Michel, Technik und Handwerk. Peter Greenaway und William Shakespeare, in: filmwärts, Nr. 21, 1/92, Winter 1992, S. 29-35.
Bonitzer, Pascal, Décadrages, in: Cahiers du Cinéma, Nr. 284, Jan. 1978, S. 7-15.
Bonitzer, Pascal, Le Plan-Tableau, in: Cahiers du Cinéma, Nr. 370, April 1985, S, 17-22.
Bonitzer, Pascal, Décadrages - Peinture et cinéma, Paris 1985.
Bordwell, David, Eisensteins epistemological shift, Screen XV/4 Winter 1974/75, Oxford University Press, S. 32-46.
Bordwell, David, Narration in the Fiction Film, Wisconsin 1985.
Bordwell, David, Ozu and the Poetics of Cinema, Princeton University Press 1988.
Borsi, Franco, Leon Battista Alberti, Das Gesamtwerk, Stuttgart-Zürich 1981.
Boujut, Michel, in einem Gespräch mit Peter Greenaway, in: L'Avant Scène Cinéma, Nr. 333, Okt. 1984, S. 6.
Bourget, Jean-Loup, in einem Gespräch mit Peter Greenaway, L'Anatomie de la Gastronomie, in: Positif, Nr. 345, Nov. 1989, S. 9-16.
Branigan, Edward, The Spectator and Film Space - Two Theories, in: Screen XXII, Nr. 1, 1988, S. 55-78.
Breitmoser-Bock, Bild, Filmbild, Schlüsselbild. Zu einer kunstwissenschaftlichen Methodik der Filmanalyse am Beispiel von Fritz Langs Siegfried, München 1992.

Brown, Robert, Intervals, in: Monthly Film Bulletin, April 1982, XLIX/579, S. 75.

Buchholz, Hartmut und Uwe Künzel in einem Gespräch mit Peter Greenaway, in: Zoom, Nr. 22, Nov. 1988, S. 11-13.

Burch, Noel, Theory of Film Practice, London 1973.

Carbonnier, Alain und Jean Roy, in einem Gespräch mit Peter Greenaway, in: Cahiers du Cinéma, März 1988, Nr. 303, S. 47-49.

Ciment, Michel, in einem Gespräch mit Peter Greenaway, in: Positif, Feb. 1984, Nr. 276, S. 2-9.

Ciment, Michel, in einem Gespräch mit Peter Greenaway, in: Positif, April1986, Nr. 302, S. 31-39.

Ciment, Michel, in einem Gespräch mit Peter Greenaway, in: Positif, Okt. 1987, Nr. 320, S. 20-26.

Ciment, Michel, in einem Gespräch mit Peter Greenaway, in: Positif, Nr. 368, Okt. 1991, S. 38-46.

Coremans, P.B., Van Meegeren's faked Vermeers and De Hooghs, Amsterdam 1949.

Damisch, Hubert, in einem Interview mit Jean-Pierre Touati und Santiago Amigorena, L'epée devant les yeux, in: Cahiers du Cinéma, Nr. 386, Juli/Aug. 1986, S. 26-32.

Deleuze, Gilles, Das Bewegungs-Bild - Kino 1, Frankfurt a.M. 1989.

de Meredieu, Florence, Le Peintre à la Caméra, in: Pilard, Philippe u.a., Peter Greenaway, Paris 1987, S. 40ff.

Diederichs, Helmut H. (Hg.), Kritiken und Aufsätze zum Film, München-Wien 1977.

Eberlein, Johann Konrad, Apparitio regis - revelatio veritatis. Studien zu Darstellungen des Vorhangs in der bildenden Kunst von der Spätantike bis zum Ende des Mittelalters, Wiesbaden 1982.

Eco, Umberto, Über Spiegel und andere Phänomene, München 1990.

Eco, Umberto, Über Spiegel, in: ders., Über Spiegel und andere Phänomene, München 1990, S. 26-61.

Eco, Umberto, Die Innovation im Seriellen, in: ders., Über Spiegel und andere Phänomene, München 1988, S. 155-180.

Eisenstein, Sergej M., The Film Sense, London 1943.

Eisenstein, Sergej M., Dramaturgie der Film-Form - Der dialektische Zugang zur Film-Form, 1929, in: Texte zur Theorie des Films, Albersmeier, Franz-Josef (Hg.), Stuttgart 1979, S. 278-307.

Eisenstein, Sergej M., „E!“ Zur Reinheit der Kinosprache, 1934, in: Albersmeier, Franz-Josef (Hg.), Texte zur Theorie des Films, Stuttgart 1979, S. 58-72.

Eisenstein, Sergej, Das dynamische Quadrat (1932), in: Das dynamische Quadrat. Schriften zum Film, Leipzig 1988, S. 157-176.

Ferber, E., in: Kunstchronik und Kunstliteratur, Beilage zur Zeitschrift für Bildende Kunst, (Heft 11, Feb.1927), 60 Jg. 1926/27, S. 123.

Elsaesser, Thomas, Reflection & Reality, Narrative Cinema in the concave Mirror, in: Monogram, Nr. 2, Summer 1971, S. 2-9.

Francastel, Pierre, L'Image, la Vision et l'Imagination, Paris 1983.

Frey, Dagobert, Bausteine zu einer Philosophie der Kunst, Darmstadt 1976.

Frey, Dagobert, Das Zeitproblem in der Bildkunst, in: ders., Bausteine zu einer Philosophie der Kunst, Darmstadt 1976, S. 212-236.

Frey, Dagobert, Zum Problem der Symmetrie in der bildenden Kunst, in: ders., Bausteine zu einer Philosophie der Kunst, Darmstadt 1976, S. 236-259.

Glur, Beate, in einem Gespräch mit Peter Greenaway, Kino ist eine aussterbende Kunstform, in: Zoom, Nr. 20, 1991, S. 26-30.

Görling, Reinhold, Barocke Perücken & Postmoderne Spielregeln. Peter Greenaways *The Draughtman's Contract*, in: filmwärts, Nr. 21, 1/92, Winter 1992, S. 18-27.

Goethe, Johann Wolfgang, Die Wahlverwandtschaften, Stuttgart 1984.

Götz, Karl-Otto und Karin Götz, Probleme der Bildästhetik. Eine Einführung in die Grundlagen anschaulichen Denkens, Düsseldorf 1972.

Gombrich, Ernst H., Bild und Auge, Stuttgart 1984.

Gombrich, Ernst H., Der fruchtbare Moment. Vom Zeitelement in der bildenden Kunst, in: Bild und Auge, Neue Studien zur Psychologie der bildlichen Darstellung, Stuttgart 1984, S. 40-62.

Greenaway, Peter, Meurtre dans un Jardin anglais (Drehbuch) in: L'Avant Scène Cinéma, Nr. 333, Okt. 1984, S. 44-117.

Greenaway, Peter, A Zed & two Noughts (Drehbuch), London 1986.

Greenaway, Peter, Fear of Drowning - Règles du Jeu, Paris 1988.

Greenaway, Peter, Der Koch, der Dieb, seine Frau und ihr Liebhaber (Drehbuch), Zürich 1989.

Greenaway, Peter, Wider die gefräßige Gesellschaft, in: Der Tagesspiegel, Berlin, 26.11.1989.

Greenaway, Peter, Prosperos Bücher (Drehbuch), Zürich 1991.

Greenaway, Peter, Prospero's Books (Drehbuch), New York 1991.
Greenaway, Peter, Watching Water, Katalog anläßlich seiner Ausstellung vom 12.6 - 12.9 1993 im Palazzo Fortuny in Venedig, Mailand 1993.
Greenaway, Peter, Das Wunder von Mâcon (Drehbuch), Hamburg 1993.
Hacker, Jonathan und David Price, Take Ten, Essay on Peter Greenaway, Oxford 1991, S. 189-227.
Hagmann, Karl-Eugen, Das Lächeln der Made, in: film-dienst, 42. Jg., Nr. 23, 1989, S. 726-730.
Harnest, Joseph, Dürer und die Perspektive, in: Strieder, Peter, Dürer und die Perspektive, Königstein im Taunus 1981, S. 347-360.
Hayward , Phillip (Hg.), Picture This, London 1988
Heath, Stephen, Narrative Space, in: Screen, Vol. 17, Nr. 3, 1976, S. 68-112.
Hedinger, Bärbel, Karten in Bildern. Zur politischen Ikonographie der Wandkarte bei Willem Buytewech und Jan Vermeer, in: Bock, Henning u. Thomas W. Gaehtgens (Hg.), Holländische Genremalerei im 17. Jahrhundert, Berlin 1987.
Hein, Birgit und Wulf Herzogenrath (Hg.), Film als Film - 1910 bis heute, Köln 1978.
Hickethier, Knut, Film- und Fernsehanalyse, Stuttgart 1993.
Hohenberger, Eva, Die Früchte der Frauen, in: Frauen und Film, Nr. 40, Aug. 1986, S. 45-61.
Hollander, Anne, Moving Pictures, in: Raritan: A Quarterly Review, Nr. 5, Winter 1986, S. 82-102.
Hoppe, Edmund, Geschichte der Physik, Braunschweig 1926.
Housen, Jean, Espace plastique et Espace filmique, in: Revue Belge du Cinéma, Nr. 5, Herbst 1983.
Imdahl, Max, Giotto - Arenafresken, Ikonographie - Ikonologie - Ikonik, München 1980.
Imdahl, Max, Moderne Kunst und Medien, in: Das Kunstwerk, Zeitschrift für moderne Kunst, Jg. XXXVI, Feb. 1983, S. 18-21.
Jaehne, Karen, in einem Gespräch mit Peter Greenaway, in: Cineaste (USA), Vol. 13, Nr. 2, 1984, S. 13-15.
Kahl, Michael, Der Begriff der Allegorie in Benjamins Trauerspielbuch und im Werk Paul de Mans, in: Reijn, W., Allegorie und Melancholie, Frankfurt a.M. 1992, S. 292-318.
Kallai, Ernst, Malerei und Fotografie (1927), in: Kemp, Wofgang, Theorie der Fotografie II, München 1979, S. 113ff.

Kalman, Jean, Lettre à propos du Décadrage, in: Cahiers du Cinéma, Nr. 290/291, Jul. /Aug. 1978, S. 99-101.

Kanzog, Klaus, Einführung in die Filmphilologie, München 1991.

Kapp, Hans-Jörg, Musik, Zeit und anderes. Peter Greenaway und Michael Nyman, in: filmwärts, Nr. 21, 1/92, Winter 1992, S. 6-16.

Kaufhold, Enno, Bilder des Übergangs. Zur Mediengeschichte von Fotografie und Malerei in Deutschland um 1900, Marburg 1986.

Kazanskij, B., Die Natur des Films, in: Beilenhoff, Wolfgang (Hg.), Poetik des Films, München 1974, S. 64-96.

Kemp, Wolfgang, Theorie der Fotografie I, München 1980.

Kemp, Wolfgang, Theorie der Fotografie II, München 1979.

Kemp, Wolfgang, Kunstwerk und Betrachter: Der rezeptionsästhetische Ansatz, in: Belting, Hans u.a. (Hg.), Kunstgeschichte - Eine Einführung, Berlin 1985, S. 203-223.

Kemp, Wolfgang, Der Betrachter ist im Bild, Kunstwissenschaft und Rezeptionsästhetik, Köln 1985, S. 183-224.

Kilb, Andreas, in einem Gespräch mit Peter Greenaway, Der Koch bin ich, in: Die Zeit, Nr. 48, 24. Nov. 1989, S. 69.

Kirby, Lynne, Painting and Cinema: The Frames of Discourse, in: Camera obscura (Berkeley, Kalifornien), Nr. 18, Sept. 1988, S. 95-105.

Klessmann, Rüdiger, in: Die Sprache der Bilder, Realität und Bedeutung in der niederländischen Malerei des 17. Jahrhunderts; Katalog zur Ausstellung im Herzog Anton Ulrich-Museum Braunschweig vom 6. September bis 5. November 1978.

Kogel, Jörg-Dieter (Hg.), Europäische Filmkunst - Regisseure im Portrait, Frankf. a.M. 1990.

Korte, Helmut, Johannes Zahlten (Hg.), Kunst und Künstler im Film, Hameln 1990.

Kunst, Hans Joachim, Eine Anmerkung zur Kathedrale von Reims, in: Kritische Berichte, 4, 1976, Heft 4, S. 19-25.

Krüger, Klaus, Jean-Luc Godards *Passion* (Frankreich 1982): Kunst als Wirklichkeit postmodernern Imagination, in: Korte, Helmut u. Johannes Zahlten (Hg.), Kunst und Künstler im Film, Hameln 1990, S. 81-92.

Kunst, Hans Joachim, Eine Anmerkung zur Kathedrale von Reims, in: Kritische Berichte, 4, 1976, Heft 4, S. 19-25.

Langen, August, Attitüde und Tableau in der Goethezeit, in: Jahrbuch der Deutschen Schillergemeinschaft, 12. Jahrgang, Stuttgart 1968, S. 194-258.

Lawder, Standish D., The Cubist Cinema, New York 1975.

Lemaitre, Henri, L'Animation des Tableaux et les Problèmes du Film sur l'Art, in: Souriau, Etienne, L'univers filmique, Paris 1953, S. 157-177.

Lessing, Gotthold Ephraim, Laokoon oder über die Grenzen der Malerei und Poesie, Stuttgart 1987.

Levy-van Halm, Koos und Liesbeth Abraham, Frans Hals, Schütze und Maler: Das Schützenstück als historisches Dokument, in: Slive, Seymour (Hg.), Frans Hals, (anläßlich einer Ausstellung), München 1989, S. 87 - 102.

Loske, Lothar M., Die Sonnenuhren - Kunstwerke der Zeitmessung und ihre Geheimnisse, Berlin - Göttingen - Heidelberg 1959.

Lotman, Jurij, Einführung in die Semiotik des Films, Frankfurt a.M. 1977.

Matzker, Reiner, Landschaftserfahrung im Film, in: Filmkunst, Nr. 113, 1987, S. 3-9.

Messias, Hans, High-Tech-Barock, Peter Greenaway und 'Prosperos Bücher', in: film-dienst, Nr. 24, 26. Nov. 1991, S. 10f.

Mitry, Jean, Esthétique et psychologie du cinéma, Bd. I, Paris 1963.

Nicolson, Benedict und Christopher Wright, Georges de La Tour, London 1974.

Niewöhner, Heinrich, 'Das Schweigen der Lämmer' - der Film und sein Betrachter, in: Letrre, Nr. 19, Winter 1992, S. 48-54.

Paech, Joachim, Literatur und Film, Stuttgart 1988

Paech, Joachim, *Passion* oder die Einbildungen des Jean-Luc Godard, Frankfurt a.M. 1989.

Paech, Joachim, Ein-BILD-ungen von Kunst im Spielfilm, in: Korte, Helmut u. Johannes Zahlten (Hg.), Kunst und Künstler im Film, Hameln 1990, S. 43-50.

Paech, Joachim, Bilder von Bewegung - bewegte Bilder, in: Funkkolleg Moderne Kunst, Studieneinheit 11, Weinheim und Basel 1990.

Paech, Joachim (Hg.), Film, Fernsehen, Video und die Künste. Strategien der Intermedialität, Dokumentationsband der Konstanzer Tagung der Gesellschaft für Film und Fernsehwissenschaft 1992, Stuttgart 1994.

Panofsky, Erwin, Stil und Stoff im Film, Filmkritik Nr. 6, 1967, S. 343-355.

Panofsky, Erwin, Ikonographie und Ikonologie, in: Sinn und Deutung in der bildenden Kunst, Köln 1978, S. 36-67.

Perlmutter, Ruth, in einem Gespräch mit Peter Greenaway, in: Post Script, Vol. 8, Nr. 2, Winter 1989, S. 56-63.

Peterson, James, The artful Mathematicians of the Avant-Garde, in: Wide Angle, 7/3, 1985, S. 14-23.
Pilard, Philippe u.a., Peter Greenaway, Paris 1987.
Rasch, Uwe, Peter Greenaway über Prospero's Books, Kino, Malerei und HDTV, in: epd Film, Nr. 11, 1991, S 22ff.
Prill, Meinhard, Vom Illusionscharakter der Medien, in: Medien und Erziehung, 28. Jg., Nr. 6, 1984, S. 343-349.
Reijn, W., Allegorie und Melancholie, Frankfurt a.M. 1992.
Reinhardt, Brigitte (Hg.), Januarius Zick und sein Wirken in Oberschwaben, Ulmer Museum, München 1993.
Rieth, Adolf, Der Blitz in der Bildenden Kunst, München 1953.
Riviére, Daniel u. Daniel Caux, in einem Gespräch mit Michael Nyman, in: Pilard, Philippe u.a., Peter Greenaway, Paris 1987, S. 74-91.
Rohmer, Eric, Murnaus Faustfilm, München - Wien 1980.
Ruggle, W., Von den Dualitäten des Daseins, in: Filmbulletin, 29/2, Nr. 153, 1987, S. 45-47.
Schnelle, Josef, Bizarre Rätselspiel - herzlos und kalt: Peter Greenaway, in: Kogel, Jörg-Dieter (Hg.), Europäische Filmkunst - Regisseure im Portrait, Frankf. a.M. 1990, S. 71-82.
Schöne, Wolfgang, Über das Licht in der Malerei, Berlin 1954.
Sellenriek, Jörg, Zirkel und Lineal - Kulturgeschichte des konstruktiven Zeichnens, München 1987.
Simon, Larry, in einem Gespräch mit Michael Nyman, in: Millenium Film Journal, Herbst/Winter 1981/82.
Slive, Seymour, Frans Hals, Das Festmahl der St. Georgs-Schützengilde, Stuttgart 1962.
Slive, Seymour (Hg.), Frans Hals, (anläßlich einer Ausstellung), München 1989.
Souriau, Etienne, L'Univers filmique, Paris 1953.
Spielmann, Yvonne, Framing, Fading, Fake: Peter Greenaways Kunst der Regeln, in: Paech, Joachim (Hg.), Film, Fernsehen, Video und die Künste. Strategien der Intermedialität, Dokumentationsband der Konstanzer Tagung der Gesellschaft für Film und Fernsehwissenschaft 1992, Stuttgart 1994, S. 132-149.
Stelzner-Large, Barbara, Zur Bedeutung der Bilder in Alfred Hitchcocks Psycho, in: Korte, Helmut, Johannes Zahlten (Hg.), Kunst und Künstler im Film, Hameln 1990, S. 121-133.
Strieder, Peter, Dürer und die Perspektive, Königstein im Taunus 1981.

Stuttmann, F. (Hg.), Katalog der Gemälde Alter Meister in der Niederländischen Landesgalerie Hannover, Hannover 1954.

Sutton, Peter C., Meister Holländischer Genremalerei, in: Von Frans Hals bis Vermeer, Meisterwerke holländischer Genremalerei (Ausstellungskatalog), Ausstellung in der Gemäldergalerie Staatliche Museen Preussischer Kulturbesitz Berlin, 8. Juni bis 12. August 1984, Berlin 1984, S. 9-57.

Theissing, Heinrich, Die Zeit im Bild, Darmstadt 1987.

Thiele, Jens, Das Kunstwerk im Film - Zur Problematik filmischer Präsentationsformen von Malerei und Grafik, Frankfurt a.M. - München 1976.

Trunz, Erich, Die Kupferstiche zu den 'Lebenden Bildern' in den Wahlverwandtschaften, in: ders., Weimarer Goethe Studien, Weimar 1980, S. 203-217.

Tyler, Parker, The Film Sense and the Painting Sense, in: Perspectives (USA), Nr. 11, 1955, S. 95-106.

Tudor, Andrew, Film-Theorien, Frankfurt 1977.

van Mengden, Lida, Vermeers Schilderkunst in den Interpretationen von Kurt Badt und Hans Sedlmayr, Frankfurt 1984.

Villain, Dominique, L'œil á la caméra, Paris 1984.

von Röttgen, Herwath, Vorwort, in: Korte, Helmut, Johannes Zahlten (Hg.), Kunst und Künstler im Film, Hameln 1990, S. 7f.

Wagner, Fritz, Zur Apotheose Newtons. Künstlerische Utopie und naturwissenschaftliches Weltbild im 18. Jahrhundert, München 1974.

Walker, George Graham, Film and Fine Art, in: Sight & Sound, Nr. 68, Winter 1948/49, S. 173f.

Warncke, Carsten-Peter, Sprechende Bilder - sichtbare Worte, Das Bildverständnis der frühen Neuzeit, Wiesbaden 1987.

Watney, Simon, Gardens of Speculation - Landscape in The Draughtsman's Contract, in: Hayward , Phillip (Hg.), Picture This, London 1988, S. 183-192.

Weisner, Ulrich, Original und Reproduktion, Sonderdruck aus der Zeitschrift "Westfalen", 55. Bd., Heft 1-2, Münster 1977.

Welsh, Henry in einem Gespräch mit Peter Greenaway, in: Jeune Cinema, Nr 158, April 1984, S. 24-27.

Wheelock, Arthur K., Jr., Jan Vermeer, Köln 1992.

Wrathall, John, in einem Gespräch mit Peter Greenaway, Mosaic Mindscapes, in: Screen International, Nr. 824, 13. Sept. 1991, S. 16 u. 18.